BÍBLIA, EXEGESE
E RELIGIÃO

ADOLFO
D. ROITMAN

BÍBLIA, EXEGESE
E RELIGIÃO

Uma leitura do judaísmo

Vida
ACADÊMICA

© 2010, Adolfo D. Roitman
Originalmente publicado na Espanha com
o título *Biblia, exégesis y religión:
uma lectura crítico-histórica del judaísmo.*
Copyright da edição brasileira © 2015, Editora Vida.
Edição publicada com permissão contratual
de Editorial Verbo Divino, Avenida de Pamplona, 41,
31200 Estella (Navarra), Espanha.

EDITORA VIDA
Rua Conde de Sarzedas, 246 – Liberdade
CEP 01512-070 – São Paulo, SP
Tel.: 0 xx 11 2618 7000
Fax: 0 xx 11 2618 7030
www.editoravida.com.br

*Todos os direitos desta tradução em língua
portuguesa reservados por Editora Vida.*

PROIBIDA A REPRODUÇÃO POR QUAISQUER MEIOS,
SALVO EM BREVES CITAÇÕES, COM INDICAÇÃO DA FONTE.

Scripture quotations taken from *Bíblia Sagrada,
Nova Versão Internacional, NVI* ®.
Copyright © 1993, 2000 by International Bible
Society ®. Used by permission IBS-STL U.S.
All rights reserved worldwide.
Edição publicada por Editora Vida,
salvo indicação em contrário.

Editor responsável: Marcelo Smargiasse
Editor-assistente: Gisele Romão da Cruz Santiago
Tradução: Reginaldo Souza
Revisão de Tradução: Rogério Portella
Revisão de provas: Josemar de Souza Pinto
Projeto gráfico e diagramação: Claudia Fatel Lino
Capa: Arte Peniel

Todas as citações bíblicas e de terceiros foram
adaptadas segundo o Acordo Ortográfico da
Língua Portuguesa, assinado em 1990,
em vigor desde janeiro de 2009.

1. edição: ago. 2015

Dados Internacionais de Catalogação na Publicação (CIP)
(Câmara Brasileira do Livro, SP, Brasil)

Roitman, Adolfo D.
    Bíblia, exegese e religião : uma interpretação do judaísmo / Adolfo D. Roitman ; [tradução Reginaldo Souza]. -- São Paulo : Editora Vida, 2015.

    Título original: *Bíblia, exégesis y religión : una lectura crítico-histórica del judaísmo*
    ISBN 978-85-383-0319-0

    1. Bíblia. A. T. - Crítica e interpretação 2. Bíblia. A. T. - Histórias dos eventos bíblicos 3. Judeus - História I. Título.

15-04184   CDD-221.6

Índice para catálogo sistemático:

    1. Antigo Testamento : Bíblia : Interpretação e crítica   221.6

Aos meus pais Manuel (*in memoriam*) e Susana.
Ao meu irmão Isidoro.
Aos meus filhos Emmanuel, Natanael e Mical.

Agradecemos às seguintes famílias e pessoas a contribuição que deram à publicação desta obra:

Família SZCLAR-BIALIK
Famílias SARAGA-RIMOCH
Dr. Jorge KERSHENOVICH e família
Esther MARCOS DE ABADI
Em honra de Samuel e Sarita Goldsmit.
Em saudosa memória de Ida Wilk de Alerhand, Z"L.

Sumário

Prefácio à Edição Brasileira 11

Introdução 13

Parte 1
PERSONAGENS BÍBLICAS

Capítulo 1	Abraão: o pai do monoteísmo?...	17
Capítulo 2	Abraão no Egito: um desafio exegético	21
Capítulo 3	Esaú e Jacó: dois arquétipos da natureza humana..................	27
Capítulo 4	Raquel: de matriarca a santa..	32
Capítulo 5	A luta de Jacó contra "um homem": um texto mitológico ou psicológico?...	38
Capítulo 6	O sequestro de Diná: melodrama bíblico	45
Capítulo 7	José no Egito: história real ou romance histórico?..................	51
Capítulo 8	A castidade de José..	56
Capítulo 9	Moisés: o nascimento de um herói..	61
Capítulo 10	"Moisés subiu para Deus": o novo Enoque?	64
Capítulo 11	Balaão: profeta do Senhor ou adivinho?.................................	69
Capítulo 12	Josué, filho de Num: personagem histórica ou construção literária?..	73
Capítulo 13	Fineias, filho de Eleazar: sacerdote fiel ou assassino fanático?......	79

Parte II
TEMAS BÍBLICOS

Capítulo 1	O dilúvio universal: lenda ou fato histórico?	85
Capítulo 2	O sacrifício de Isaque: um Deus cruel ou um pai insensível?..	91
Capítulo 3	A bênção de Judá: uma chave messiânica?	95
Capítulo 4	As pragas do Egito: prodígios divinos ou fenômenos da natureza?	100
Capítulo 5	O êxodo do Egito: mito ou realidade?	104
Capítulo 6	O milagre do mar: história mitificada ou mito historiado?....	108
Capítulo 7	O bezerro de ouro: um pecado de idolatria?	115
Capítulo 8	A geração do deserto: o modelo de inspiração para João Batista?	121
Capítulo 9	O nazireado bíblico: a santidade autoimposta	125
Capítulo 10	A história da exploração de Canaã: uma avaliação crítico-literária	131
Capítulo 11	Os judeus acreditavam em gigantes?	136
Capítulo 12	A guerra santa: uma doutrina bíblica?	140

Parte III
A REVOLUÇÃO ESPIRITUAL DE DEUTERONÔMIO

Capítulo 1	Deuteronômio: a primeira *Torá* de Moisés?	149
Capítulo 2	O decálogo: o código básico de Israel	156
Capítulo 3	"O Senhor, o nosso Deus, é o único Senhor": monoteísmo ou monolatria?	163
Capítulo 4	A fé de Moisés no Senhor: revolução israelita ou herança egípcia?	168

Capítulo 5	A deusa Aserá: consorte do Senhor?	174
Capítulo 6	A religião de Israel sempre se opôs às imagens?	182
Capítulo 7	A centralização do culto	189
Capítulo 8	A legislação deuteronomista: retrógrada ou progressista?	192
Capítulo 9	A instituição do livro em Israel	197
Capítulo 10	Terra e povo em Deuteronômio: uma ideologia etnocêntrica?	201
Capítulo 11	O que significa a expressão "não poderá entrar na assembleia do Senhor"?	207
Capítulo 12	A instituição da realeza: uma perspectiva judaica	212
Capítulo 13	Livre-arbítrio ou determinismo no judaísmo?	217

Epílogo 225

Glossário e fontes 227

Bibliografia 235

Índice de ilustrações 245

Prefácio à Edição Brasileira

A experiência humana é, por definição, misteriosa e fascinante. O ser humano parece único em sua capacidade de ler e interpretar a realidade à sua volta e expressar isso de maneira multiforme e criativa. Nessa trajetória, geralmente chamada de civilização, a experiência do sagrado tem sido uma das marcas mais inconfundíveis da realidade humana. Desde os primórdios, o fascínio pela realidade transcendente tem convidado o homem à fé.

Na caminhada de fé pela história, a tradição monoteísta tem sido a principal referência da cultura ocidental — ou, como preferem alguns, judaico-cristã — e do mundo islâmico. É a grande maioria da humanidade! A experiência de fé do hebreu marcará a história para sempre. Dessa experiência florescem as tradições do judaísmo, do cristianismo e do islamismo. A Bíblia é a maior obra literária da humanidade. Tem permanentemente fascinado, criado polêmicas, gerado reflexões e delineado a fé.

É com vasta experiência linguística, literária, arqueológica, teológica e judaica que o dr. Adolfo Roitman traz suas reflexões nesta obra intitulada *Bíblia, exegese e religião*. Trata-se de uma obra de aguda reflexão e que traz muita informação, interagindo com diferentes áreas de pesquisa e levantando algumas polêmicas e provocações.

A obra de Roitman tem viés acadêmico e técnico, mas mesmo sendo um escrito que surge num contexto do judaísmo, com certeza não é uma obra dogmática, religiosa e alinhada com a teologia mais ortodoxa do contexto judaico. Também não é uma obra que pretenda reforçar conceitos teológicos particulares e comuns do contexto cristão, quer católico, quer evangélico. Deve ser lida a partir do foco acadêmico e da pesquisa mais ampla, ainda que seja escrita em linguagem acessível.

O autor faz uma viagem por várias histórias bíblicas, visita conceitos importantes que estabeleceram raízes nas tradições judaica e cristã, e discute os temas de modo simples e profundo. A abordagem é rica, variável e imprevisível. A bibliografia é ampla e diversificada e a obra é de grande utilidade e valor.

O leitor que apreciar a obra de Roitman descobrirá um vasto mundo de culturas pertinentes ao mundo do Israel antigo, que são fundamentais para entender o texto da Bíblia Hebraica. O Egito antigo, os acadianos, os povos de Canaã e os textos de Ugarite são apenas alguns exemplos dessa realidade. Todavia, a riqueza da obra não encerra aí. A imensa discussão bíblica da tradição rabínica, conservada no *Talmude* com suas histórias, midraxim e debates, é trazida à tona. A vasta maioria do público cristão (e até judeu) pouco conhece essa tradição e sua relação com o texto bíblico.

Além de trabalhar suas discussões de forma criativa e especial, o dr. Roitman, de certa forma, humaniza a Bíblia e a recupera em grande parte. A fragilidade das personagens bíblicas, as limitações de suas virtudes e o enfoque sociológico e psicológico de alguns temas fazem o leitor sentir a realidade das histórias bíblicas mais ao lado do que numa prateleira alta de uma estante inacessível. Só por isso, o livro já tem valor!

No entanto, o livro não pretende ser diretriz teológica ou hermenêutica única. As provocações são feitas e os conceitos comuns revisitados. A abordagem histórico-crítica está presente e sua proposta não é confessional. A discussão é rica e aberta, e os debates arqueológicos e históricos recentes, e pouco conhecidos, aparecem no texto. Existe uma espécie de rodízio de "carnes" distintas que nos convida para o almoço. Nem tudo o que é servido é de sua preferência: há alguns "pratos" mais apreciáveis e há outros que vamos recusar. Pode até ser que haja carne não muito *kosher* para muitos. Mas, a comida é farta, variável e saborosa. O almoço está servido. Vamos almoçar?

Luiz Sayão
Hebraísta, teólogo e linguista
Diretor da FABAT (Seminário Teológico Batista do Sul do Brasil)
Coordenador de Tradução da NVI

Introdução

O trabalho que tenho o prazer de compartilhar com os leitores apresenta uma seleção de artigos, corrigidos e ampliados, publicados originariamente no semanário israelense *Aurora*, entre os anos 2007 e 2009, em forma de comentário da porção semanal da *Torá* que os judeus leem nas sinagogas todos os sábados de manhã. Nesses artigos são estudadas criticamente passagens do Pentateuco, utilizando-se para isso metodologias derivadas de várias disciplinas científicas, como crítica textual, teologia, história, arqueologia, sociologia e religião comparada.

Este livro não se destina a especialistas na área de estudos bíblicos, nem pressupõe conhecimento prévio de filologia e exegese. Seu objetivo puro e simples é convidar os leigos na matéria, judeus ou cristãos, à entrada no mundo emocionante da Bíblia hebraica, guiando-os pelos labirintos da intrincada realidade social, política e religiosa do povo de Israel nos tempos antigos. Minha esperança é que os leitores alcancem por meio dele uma visão nova e, provavelmente, desconhecida, do mundo bíblico, em que a tradição religiosa, a história e o mito se confundem, se entrechocam ou se excluem.

No entanto, além do propósito intelectual, este livro também tem um objetivo humanista. Os temas aqui discutidos foram concebidos, desde o começo, com o objetivo consciente de gerar dúvida e discussão e, assim, promover na consciência do leitor a liberdade de pensamento, a tolerância para com o "outro" e o diálogo inter-religioso.

Esta obra se compõe de três partes. Na primeira, estudam-se algumas das personagens mais conhecidas da narrativa bíblica, enfatizando o tratamento exegético dessas figuras na tradição judaico-cristã. Na segunda parte, abordam-se temas clássicos do Pentateuco, explorando muitas vezes as fronteiras difusas entre história e mito. E, por fim, a terceira parte é dedicada a estudar em detalhes um dos momentos principais da história religiosa de Israel e, por assim dizer, de toda a humanidade: a revolução espiritual de Deuteronômio. O texto principal, acompanhado de notas explicativas no rodapé, termina com uma breve conclusão, um glossário de conceitos e fontes e uma bibliografia.

Por último, quero fazer alguns agradecimentos. Primeiro, a Mario Wainstein, por convidar-me para escrever uma coluna semanal no *Aurora* e sugerir a ideia deste livro; a Arie Avidor, pela confiança; ao professor Florentino García Martínez, pelo apoio desinteressado; ao dr. Daniel Fainstein e Daliah Mizrahi, pela iniciativa e amizade; a Judith Amselem, pelos comentários pertinentes; e a Guillermo Santamaria, pelo entusiasmo para com o projeto. A todos eles a minha mais profunda gratidão, esperando que o resultado seja do gosto e satisfação deles.

Jerusalém, 27 de janeiro de 2010.

Parte 1
PERSONAGENS BÍBLICAS

Capítulo 1

Abraão: o pai do monoteísmo?

Abraão: o primeiro monoteísta?

Segundo o relato bíblico, Deus se revelou ao patriarca Abraão pela primeira vez na terra de Harã (região localizada a noroeste da Mesopotâmia), dizendo-lhe:

> Então o SENHOR disse a Abrão: "Saia da sua terra, do meio dos seus parentes e da casa de seu pai, e vá para a terra que eu lhe mostrarei. Farei de você um grande povo, e o abençoarei. Tornarei famoso o seu nome, e você será uma bênção. Abençoarei os que o abençoarem e amaldiçoarei os que o amaldiçoarem; e por meio de você todos os povos da terra serão abençoados" (Gn 12.1-3).

E sem fazer perguntas ou demonstrar qualquer oposição, Abrão obedeceu rigorosamente à ordem divina e partiu em direção ao destino assinalado (v. 4,5).

O texto é extremamente intrigante. Por que Abraão foi escolhido? Por que ele obedeceu e ficou em silêncio? Porventura, Abraão já apresentava a consciência da existência de Deus antes da revelação em Harã? Provavelmente, essas perguntas soam um pouco surpreendentes, dada a crença amplamente difundida entre os cristãos de que o patriarca Abraão teria sido o primeiro homem a reconhecer a existência do Deus único. E isso teria acontecido, de acordo também com esse ponto de vista, em sua terra natal: Ur dos caldeus (cidade situada na Baixa Mesopotâmia).

No entanto, uma rápida leitura da narrativa bíblica nos revela que essas tradições sobre as origens de Abraão não aparecem no texto tradicional de Gênesis. A não ser algumas informações sobre a família de Abraão (Gn 11.27-32), a narrativa bíblica não se refere em qualquer lugar à descoberta da fé monoteísta pelo patriarca, tampouco fala de sua luta contra os idólatras ou os sofrimentos experimentados por causa de suas crenças revolucionárias.

O patriarca de Israel é, sem dúvida, descrito no seu ciclo de histórias (Gn 11.27—25.11) como um homem de fé (v. especialmente a história do sacrifício de Isaque [Gn 22]), mas em nenhum lugar se faz referência clara à "descoberta da fé monoteísta" durante a estada em Ur.[1] Já a narrativa bíblica pressupõe que Adão e Noé teriam acreditado na existência do Deus único muito antes do surgimento de Abraão.

Além disso, o livro de Gênesis não se refere em lugar algum ao politeísmo da sociedade circundante. Essa tradição, pressuposta pelos leitores no relato bíblico sobre Abraão, é mencionada pela primeira vez em outro livro da Bíblia (Josué): "Então Josué [...] disse a todo o povo: Assim diz o Senhor, o Deus de Israel: 'Há muito tempo, os seus antepassados, inclusive Terá, pai de Abraão e de Naor, viviam além do Eufrates e *prestavam culto a outros deuses*'" (Js 24.1,2).

Sendo assim, cabe a pergunta: quando surgiram tais tradições extrabíblicas ou apócrifas sobre as origens de Abraão?

Abraão na literatura judaica greco-romana

É muito difícil determinar com exatidão quando surgiram essas lendas. Alguns sugeriram sua existência já nos tempos bíblicos, mas que, por algum motivo, foram esquecidas ou silenciadas.[2] Seja como for, a única certeza é que essas histórias aparecem mencionadas explicitamente, pela primeira vez, em fontes literárias da época greco-romana (de II a.C. a I d.C.). Por exemplo, no *Livro dos Jubileus* se faz referência a essa tradição afirmando que

> "a criança começou a perceber o erro da terra, como todos erravam adorando esculturas e abominações [...] e separou-se de seu pai para não adorar ídolos com ele. Ele começou a orar ao Criador de tudo, para que o salvasse do erro dos homens e não lhe permitisse errar cometendo impureza e abominação" (11.16,17).[3]

Outro testemunho antigo a esse respeito encontra-se no livro de Judite, ao pôr na boca do general amonita Aquior a seguinte tradição acerca das origens de Israel:

> "Este povo é descendente dos caldeus. Primeiro emigraram para a Mesopotâmia, porque não quiseram seguir os deuses de seus pais, que viveram na terra dos caldeus. Abandonaram o caminho dos seus progenitores e adoraram o Deus do céu, que reconheceram como Deus" (5.6-8, *Bíblia de Jerusalém*).[4]

---

[1] No entanto, esta tradição certamente aparece no Novo Testamento, no discurso de Estêvão, antes do seu apedrejamento: "[...] A isso ele respondeu: 'Irmãos e pais, ouçam-me! O Deus glorioso apareceu a Abraão, nosso pai, estando ele ainda na Mesopotâmia, antes de morar em Harã, e lhe disse: 'Saia da sua terra [...]'" (At 7.2,3).

[2] Sobre esse tópico, consulte o artigo de Zakovitch, "The Exodus from Ur of the Chaldeans".

[3] Segundo o que dá a entender o autor anônimo de *Jubileus*, a idolatria havia surgido algumas gerações antes do nascimento de Abraão, no tempo de Ur, filho de Kesed: "estátuas de fundição foram fabricadas, e cada um adorava seus ídolos de metal. Eles começaram a fazer esculturas e imagens sensuais, e os espíritos malignos os ajudavam, induzindo-os a cometer pecado e impureza" (11.4).

[4] O nome de Abraão não é mencionado na fonte, mas é evidente que faz alusão a ele. Para mais detalhes sobre esta fonte um pouco esquecida, v. Roitman: The Traditions about Abraham's Early Life in the Book of Judith (5,6-9).

Uma tradição parecida com essa também pode ser encontrada nos escritos do historiador judeu Flávio Josefo, quando apresentava o patriarca Abraão como "filósofo grego" que já em Ur dos caldeus havia inferido dos fenômenos naturais a existência do Deus único:

> Ele era um homem muito inteligente, que entendia tudo e sabia convencer seus ouvintes, e não errava em suas opiniões. Então, começou a conceber uma ideia mais elevada da virtude que a de outros homens, e decidiu mudar-lhes a noção sobre Deus naquele tempo: porque ele foi o primeiro a declarar que há um só Deus, Criador do Universo; e que, se outros seres contribuíam de alguma maneira para a felicidade dos homens, eles o faziam de acordo com o papel que lhes fora determinado pela vontade divina, não pela própria força. Essas opiniões lhe foram inspiradas pelos fenômenos naturais observados na terra e no mar, como também no Sol, na Lua e nos outros corpos celestes. Se estes corpos, dizia ele, tivessem poder em si mesmos, cuidariam de cumprir seus movimentos em ordem; faltando-lhes esse poder, é indubitável que colaboram em nosso benefício não pela própria capacidade, mas como subordinados de quem os comanda e a quem devemos oferecer nossas honras e agradecimentos (*Antiguidades judaicas* I, vii, 1).[5]

Abraão na tradição rabínica

Essas tradições antigas sobre Abraão como o primeiro monoteísta foram recolhidas pela tradição rabínica. Como sugere o seguinte testemunho: "Com quantos anos Abraão reconheceu o Criador? Disse r[abino] Hananias: reconheceu o Criador quando contava um ano. R. Levi disse em nome de r. Simeão b[en]. Laquis: Ele contava três anos" (*Gênesis Rabá* 95,3).[6]

De uma forma que lembra a tradição presente em Josefo, os rabinos também acreditavam que o patriarca havia descoberto a existência do Deus único por meio do raciocínio:

> R. Isaque disse: Isso pode ser comparado ao homem que viajava de lugar em lugar quando viu uma casa em chamas. "É possível que a casa não tenha uma pessoa que cuide dela?", perguntou-se com surpresa. O dono da casa olhou e disse: "Eu sou o dono da casa". Da mesma forma, como nosso pai Abraão disse: "É possível que o mundo não tenha um guia?", o Santo, bendito seja, olhou e disse: "Eu sou o guia, o soberano do Universo" (*Gênesis Rabá* 39,1).[7]

---

[5] Sobre o raciocínio de Abraão mediante a observação dos corpos celestes, v. tb. *Apocalipse de Abraão* 7.6-10. Para um paralelo no *Alcorão*, cf. surata 6.74-79. Sobre Abraão, "o filósofo grego" em Josefo, consulte FELDMAN, Abraham the Greek Philosopher in Josephus.
[6] Apud VEGAS MONTANER, La figura de Abraham en el midras Génesis Rabbah, p. 132.
[7] Apud ibid., p. 133.

Daí em diante, essas tradições lendárias sobre Abraão como "o pai do monoteísmo" foram popularizadas entre os judeus, até o ponto de se tornarem "verdades históricas" sagradas. Prova disso é a versão das origens de Abraão presente nos escritos do grande filósofo racionalista medieval Maimônides (1135–1204), que o imaginava como um filósofo aristotélico:

> Nos dias de Enoque, a humanidade cometeu um grande erro [...] eles raciocinavam que se o Senhor criou as estrelas e os corpos celestes e os pôs no céu, o que lhes dá grande importância, eles deviam servir diante deles. Por conseguinte, isso os levou a cultuá-los, reverenciá-los e a dar-lhes a honra, porque acreditavam que era a vontade do Senhor que honrassem o que ele criou grande e honroso [...]. As pessoas construíram, então, altares para as estrelas, a fim de adorá-las, cultuá-las e inclinarem-se diante delas [...] e isso se tornou o culto aos ídolos [...]. Em seguida, nas gerações seguintes, levantaram-se falsos profetas que disseram ter o Senhor realmente ordenado às pessoas que rendessem culto às estrelas [...] e eles construíram imagens em sua honra [...] propagando essas imagens falsas, construindo-as em vários lugares, debaixo de árvores, nos cumes dos montes e nos vales, ensinando as pessoas a se inclinarem diante delas, e afirmando: "Com certeza uma imagem traz boa ou má sorte e, por isso, eu a temerei" [...] depois de várias gerações, o nome Divino foi completamente esquecido [...] até que o poderoso [Abraão] começou a questionar isso em sua mente e perguntou: "Como é possível que os corpos celestes se movam, se não houver um Movedor que permita isso? É impossível que se movam por si mesmos". Ele não teve professor algum ou outra pessoa que o orientasse, porque ele viveu em Ur dos caldeus, cercado por adoradores de ídolos [...]. Ele [Abraão], portanto, levantou-se e declarou às pessoas que há um só Senhor em todo o mundo e que só a ele se deve adorar, enquanto ensinava a algumas pessoas dessa cidade e desse reino, até que veio à terra de Canaã, como está dito: "Abraão, por sua vez, plantou uma tamargueira em Berseba e ali invocou o nome do Senhor, o Deus Eterno [El Olam]" (Gn 21.33).[8]

Em resumo, o texto bíblico original foi recriado ao longo das gerações até converter o patriarca bíblico, um homem de fé e obediente, em um "filósofo grego". Os judeus, da mesma maneira que os cristãos e muçulmanos logo fariam, procuraram nos relatos antigos sobre Abraão sentido e inspiração para sua vida, relendo os textos antigos e modelando-os "à sua imagem e semelhança".

---

[8] *Mishnê Torá, Sefer Mada*, cap. 1. Disponível em: <http://pentecostalesdelnombre.com/x/index.php?option=com_glossary&func=display&letter=M&Itemid=43&catid=13&page=1>.

Capítulo 2
Abraão no Egito: um desafio exegético

Abraão: um gigante moral?

De acordo com o Pentateuco, Deus apareceu primeiramente ao patriarca Abraão e lhe ordenou que deixasse sua família e sua terra para ir a uma região desconhecida:

> Então o Senhor disse a Abrão: "Saia da sua terra, do meio dos seus parentes e da casa de seu pai, e vá para a terra que eu lhe mostrarei. Farei de você um grande povo, e o abençoarei. Tornarei famoso o seu nome, e você será uma bênção. Abençoarei os que o abençoarem e amaldiçoarei os que o amaldiçoarem; e por meio de você todos os povos da terra serão abençoados" (Gn 12.1-3).

Ao contrário do que foi sugerido pela tradição posterior,[1] o relato bíblico não pressupõe o conhecimento prévio entre eles. Por isso, a reação de Abraão é particularmente louvável. Sem apresentar dúvidas ou pedir explicações, o patriarca cumpriu sem demora a ordenança divina, revelando-se, assim, um homem de profunda fé: "Partiu Abrão, como lhe ordenara o Senhor, e Ló foi com ele. Abrão tinha setenta e cinco anos quando saiu de Harã" (v. 4). Quando chegou à terra de Canaã, Abraão voltou a ser merecedor da revelação divina (v. 7), tornando-se a partir desse ponto um decidido adorador de Deus (v. 7,8).

Essa manifestação de fé de Abraão na primeira parte de Gênesis 12 (v. 1-9) contrasta claramente com a imagem do patriarca na segunda seção do capítulo (v. 10-20), uma vez que, de acordo com o relato, ao deparar com o primeiro obstáculo na nova terra, Abraão decidiu deixar Canaã e descer ao Egito: "Houve fome naquela terra, e Abrão desceu ao Egito para ali viver algum tempo, pois a fome era rigorosa" (v. 10). Assim, o primeiro imigrante para a terra de Israel se tornou também o primeiro emigrante da história do povo judeu.

No entanto, esse aspecto constrangedor da vida de Abraão foi apenas o primeiro de uma série de atitudes reprováveis, levando-se em consideração o ponto de

---

[1] V. o capítulo anterior.

vista moral adotado pelo patriarca na seção. Por exemplo, estando perto de entrar no Egito, Abraão disse a Sarai, sua mulher: "[...] Bem sei que você é bonita. Quando os egípcios a virem, dirão: 'Esta é a mulher dele'. E me matarão, mas deixarão você viva'" (v. 11,12). Como se pode inferir do episódio, Abraão se mostrou aqui egoísta e mentiroso, interessado apenas na própria vida, a ponto de não enxergar qualquer impedimento moral na distorção da realidade, a fim de salvar sua pele.

O problema, porém, não acabou aqui. Uma vez no Egito, como Abraão havia antecipado, Sarai, a matriarca, foi levada para a casa do faraó. E, para surpresa do leitor, Abrão não apenas deixou de impedir o sequestro, como pareceu lamentar-se bem pouco pelo que aconteceu. Mais do que isso, o patriarca aceitou de bom grado os presentes dados pelo faraó em troca de "sua irmã" e, assim, tornou-se uma pessoa muito rica: "Ele tratou bem a Abrão por causa dela, e Abrão recebeu ovelhas e bois, jumentos e jumentas, servos e servas, e camelos" (v. 16). Em contraste com a indiferença mostrada por Abrão, o Senhor mostrou interesse no destino da matriarca: "Mas o SENHOR puniu o faraó e sua corte com graves doenças, por causa de Sarai, mulher de Abrão" (v. 17).

Então chegamos ao final da história, e a diferença da baixeza moral manifestada por Abraão ao longo de toda a seção se ergue em claro contraponto à inocência, dignidade e altruísmo do faraó:

> "Por isso o faraó mandou chamar Abrão e disse: 'O que você fez comigo? Por que não me falou que ela era sua mulher? Por que disse que era sua irmã? Foi por isso que eu a tomei para ser minha mulher. Aí está a sua mulher. Tome-a e vá!' A seguir o faraó deu ordens para que providenciassem o necessário para que Abrão partisse, com sua mulher e com tudo o que possuía" (v. 18-20).

Abraão em Gerar: um antigo *midrash*?

Parece que já nos tempos antigos esse relato representava um verdadeiro desafio exegético para os estudiosos. Prova disso é a presença na atual narrativa bíblica de outro relato suavizado dessa história (Gn 20.1-18), que revelaria um verdadeiro esforço redacional da parte do autor bíblico para atenuar a má impressão causada pela versão mais antiga.[2]

Na nova versão, Abraão desce "para a região do Neguebe" e se estabelece em Gerar (cidade localizada a oeste do Neguebe, ao sul do território atual de Israel). Pressupondo os detalhes da narrativa anterior (como o costume do governante local de tomar por esposa a irmã de um novo imigrante [20.2; cf. 12.11-15]), o relato

---

[2] Existe a terceira apresentação desse episódio, que trata de Isaque em Gerar (Gn 26.1-21), muito parecida com as duas histórias anteriores. De acordo com alguns biblistas, os três relatos teriam existido como unidades literárias independentes antes de serem combinados pelo redator do livro de Gênesis em uma narrativa contínua.

apresenta um padrão moral muito mais elevado. Exemplo disso é que, ao contrário da mentira implícita em Gênesis 12.13 sobre a condição de Sarai, aqui aparece Abraão explicando ao rei Abimeleque a "verdadeira" razão para sua afirmação ("era sua irmã" [20.2]): "Além disso, na verdade ela é minha irmã por parte de pai, mas não por parte de mãe; e veio a ser minha mulher. E quando Deus me fez sair errante da casa de meu pai, eu disse a ela: Assim você me provará sua lealdade: em qualquer lugar aonde formos, diga que sou seu irmão" (v. 12,13).

Se compararmos as duas versões, fica parecendo que o relato de Gênesis 20 havia sido um antigo *midrash* de Gênesis 12, que, por meio da exegese intertextual, teria completado certas lacunas de informação existentes na versão anterior. Exemplo disso é a seguinte questão: Como o faraó soube que Sarai era mulher de Abraão? Ao contrário da ausência de resposta a essa pergunta na versão de Gênesis 12, em Gênesis 20 há a resposta clara a um interrogador implícito. Deus falou a Abimeleque, certa noite, em sonho: "[...] Você morrerá! A mulher que você tomou é casada" (v. 3).

Outro exemplo é o tema da "praga" com que Deus castigou o faraó: Qual foi a praga específica? O que aconteceu com ela após a partida de Abrão?[3] Como no caso anterior, na versão antiga, não encontramos resposta para essas perguntas, mas no novo relato as perguntas encontram clara solução. A doença é identificada: "porque o Senhor havia tornado estéreis todas as mulheres da casa de Abimeleque por causa de Sara, mulher de Abraão" (v. 18). E a punição divina é interrompida pela intervenção de Abraão, "o profeta" (v. 7):[4] "A seguir Abraão orou a Deus, e Deus curou Abimeleque, sua mulher e suas servas, de forma que puderam novamente ter filhos" (v. 17).

A descida de Abraão ao Egito na exegese judaica antiga

As gerações posteriores de intérpretes continuaram recriando a história de Abraão no Egito, aprofundando seus significados e enriquecendo seu conteúdo com novos detalhes. Encontramos um exemplo disso em um dos rolos dos manuscritos do mar Morto chamado *Apócrifo de Gênesis*.

Essa nova versão da história bíblica, por exemplo, conta-nos sobre um sonho que Abraão teve antes da chegada ao Egito:

---

[3] Os temas da praga em Gn 12.17 (cf. Êx 7.8-13,16), a descida ao Egito por causa da fome (Gn 12.10; cf. 46.1-27) e a saída de lá com riquezas (v. 20; cf. Êx 12.35,36) são comuns à história de Abraão e ao relato da escravidão de Israel no Egito. A tentativa de vincular Abraão ao tema da permanência de Israel no Egito aparece de forma explícita em Gn 15.13,14. O autor bíblico tinha deliberadamente projetado a história de Abraão no Egito como uma antecipação "profética" da escravidão futura do povo hebreu no Egito, seguindo o princípio exegético hebraico (de formulação medieval): "*Maaseh avot siman lebanim*" ("a ação dos pais é um sinal para os filhos").
[4] Este é o único lugar na Bíblia hebraica em que o patriarca é qualificado com esse título.

> Eu, Abraão, tive um sonho na noite da minha chegada ao Egito. Eu vi em meu sonho um cedro e uma palmeira. [...] Chegaram alguns homens pretendendo cortar e arrancar o cedro, deixando a palmeira sozinha. Mas a palmeira gritou e disse: Não cortem o cedro, porque nós dois somos da mesma família. E o cedro foi salvo graças à palmeira, e não foi cortado (col. XIX, 14-17).

Como se sabe, não há menção alguma do sonho em nossa versão bíblica. Então surge a pergunta: Que propósito teve o autor da obra apócrifa ao acrescentar o tema do sonho? Pois bem, como mencionamos anteriormente, o tema do sonho aparece na versão duplicada da história, quando Deus apareceu em sonhos a Abimeleque para adverti-lo sobre Sara (20.3-7). E a partir daí, aproveitando a aparição na história bíblica, o autor anônimo do *Apócrifo de Gênesis* voltou a fazer uso do artifício literário para resolver uma questão crucial: O que motivou Abraão a conceber a mentira/verdade sobre a condição de Sara como sua irmã? Teria sido mero egoísmo? Diante da questão, o exegeta antigo sugeriu uma resposta original: A ideia de salvar-se não foi de Abraão, nem se deveu ao egoísmo, mas lhe foi sugerida por meio de um sonho (implicando que Deus comunica sua vontade por meio da atividade onírica):[5]

> Despertei da minha sonolência à noite e disse para minha esposa Sara: Tive um pesadelo [...] [e] estou assustado com esse sonho. Ela me disse: Conte-me o sonho para que eu o conheça. E comecei a contar-lhe o sonho. [E lhe fiz saber a interpretação dele]. Disse: [...] vão querer me matar, e deixá-la viva. Somente esse favor [você tem que me fazer]: toda vez que [chegarmos a um lugar, diga] de mim: Ele é meu irmão. E eu viverei sob sua proteção e minha vida será poupada por sua causa [...] eles vão tentar me afastar de você e matar-me (col. XIX, 17-21).[6]

Outro marco na exegese da nossa história se encontra no testemunho de Flávio Josefo, que, afastando-se dos princípios por ele mesmo estabelecidos,[7] apresenta uma versão totalmente diferente da descida de Abraão ao Egito. De acordo com seu relato, a verdadeira intenção de Abraão não foi saciar sua fome, mas "ouvir a opinião de seus sacerdotes sobre os deuses e, então, segui-los, se os conceitos deles fossem melhores que os seus, ou convertê-los, se os conceitos dele resultassem mais verdadeiros" (*Antiguidades judaicas* I, viii, 1). Assim, quando o patriarca chegou ao Egito:

---

[5] Cf. Gn 28.12-15; 37.5-7, 9,10; 40.9-19; 41.1-36.
[6] Para mais detalhes, v. EVANS, Abraham in the Dead Sea Scrolls; SKA, *Abrahán y sus huéspedes*, p. 26-28.
[7] "Na minha história, vou descrever em detalhes os registros de nossos anais, em ordem cronológica; pois tenho prometido fazê-lo ao longo deste trabalho, sem acrescentar nada ao que eles contêm, nem tirar nada" (*Antiguidades judaicas* I, Prefácio, 3).

Abrão conversou com cada um deles refutando as razões dadas em respaldo das respectivas práticas, e demonstrando que essas razões eram vãs e desprovidas de verdade. Todos o admiravam como um homem sábio, espirituoso e perspicaz quando falava sobre qualquer assunto; e não só para pensar sobre ele, mas também para explicá-lo e obter o consentimento de quem o ouvia. Ele lhes ensinou aritmética e a ciência da astronomia; porque antes da chegada de Abrão ao Egito não conheciam essas disciplinas, que vieram da Caldeia para o Egito e daí passaram aos gregos (*Antiguidades judaicas* I, viii, 2).

Nessa nova imagem de Abraão, Josefo apresentava o patriarca de Israel como um filósofo-missionário itinerante, cujo verdadeiro propósito havia sido promover a fé no Deus verdadeiro e, assim, mostrar aos sacerdotes egípcios seus erros e disseminar os tesouros da cultura universal.[8] O modelo que serviu a Josefo para a elaboração desse desenvolvimento exegético da figura de Abraão foram os filósofos itinerantes da época greco-romana (como no caso de Paulo de Tarso)[9] que costumavam viajar de lugar em lugar ensinando e difundindo suas doutrinas.

Comentário final

A história da interpretação do episódio da descida de Abraão ao Egito nos ensina que, já desde os tempos bíblicos em diante, os antigos sábios de Israel trataram de retocar e melhorar a imagem do patriarca, dissimulando suas falhas morais (Gn 20; *Apócrifo de Gênesis*) ou transformando-as em virtudes excepcionais (Josefo).

No entanto, a presença da história de Abraão no Egito em Gênesis 12 nos leva a perguntar: Não teria sido mais fácil omitir uma história tão desfavorável à imagem de Abraão? Para que deixar no Pentateuco uma história tão embaraçosa sobre o patriarca de Israel?

Uma resposta de caráter literário-formal baseada na história da redação dos livros bíblicos pode ser a de que o autor antigo não teria se sentido livre para descartar uma história já consagrada pela tradição. Dessa forma, então, a única opção que lhe havia restado para contornar o problema criado teria sido a de adicionar uma nova versão para "melhorar" a imagem de Abraão no relato antigo.

Outra resposta, no entanto, poderia ser de viés ideológico. Segundo essa explicação alternativa, a finalidade do autor antigo ao apresentar o patriarca de Israel como um grande homem de fé e, ao mesmo tempo, como uma pessoa egoísta e insensível, teria sido nos comunicar de maneira sutil e indireta a profunda lição sobre

---

[8] A abordagem de Abraão como difusor cultural foi parte da estratégia apologética judaica na Antiguidade para combater as acusações dos antissemitas, que culpavam os judeus de ser um povo prejudicial à civilização e hostil às outras nações.

[9] Cf. At 9.19-22 (Damasco); 13.13-43 (Antioquia da Pisídia) etc.

a natureza do homem; ou seja: não há homens perfeitos e incontaminados. Mesmo um gigante da fé como Abraão poderia ser vítima do egoísmo e comportar-se de forma mesquinha. Como afirmava o biblista Uriel Simon: "A grandeza de Abraão não está na inexistência de problemas de caráter, mas na luta constante para superar suas fraquezas e limitações".[10]

De acordo com esse ensino, portanto, os homens bíblicos são heróis não por terem uma vida angelical, mas, sim, por tentarem ser absolutamente humanos em meio à realidade complexa e desafiadora. Como registra uma história hassídica:

> "O rabino de Kobryn olhou certa vez para o céu e exclamou: 'Anjo, pequeno anjo! Não é uma grande façanha ser um anjo lá no céu! Você não tem que comer ou beber, nem criar filhos e ganhar dinheiro. Desça à terra e se preocupe em ter de comer e beber, criar os filhos e ganhar dinheiro, e veremos se você continua sendo um anjo. Se você tiver sucesso, vai poder se vangloriar, mas por enquanto não!' ".[11]

---

[10] SIMON, El Abraham bíblico, p. 43 (tradução nossa).
[11] BUBER, **Contos hassídicos: os mestres seguidores** [**Histórias do Rabi**, Ed. Perspectiva, São Paulo, 2013], v. 1, p. 141.

Capítulo 3
Esaú e Jacó: dois arquétipos da natureza humana

O nascimento de Esaú e Jacó

Depois de fechar o ciclo de histórias sobre Abraão (cap. 12—25) com a história de sua morte e sepultamento (Gn 25.7-11), o Pentateuco abre um novo ciclo narrativo: a história de Isaque e Jacó (25.19—37.1).[1]

Essa nova seção começa narrando o nascimento de Esaú e Jacó:

> Isaque orou ao Senhor em favor de sua mulher, porque era estéril. O Senhor respondeu à sua oração, e Rebeca, sua mulher, engravidou. Os meninos se empurravam dentro dela, pelo que disse: "Por que está me acontecendo isso?" Foi então consultar o Senhor. Disse-lhe o Senhor: "Duas nações estão em seu ventre, já desde as suas entranhas dois povos se separarão; um deles será mais forte que o outro, mas o mais velho servirá ao mais novo". Ao chegar a época de dar à luz, confirmou-se que havia gêmeos em seu ventre. O primeiro a sair era ruivo, e todo o seu corpo era como um manto de pelos; por isso lhe deram o nome de Esaú. Depois saiu seu irmão, com a mão agarrada no calcanhar de Esaú; pelo que lhe deram o nome de Jacó. Tinha Isaque sessenta anos de idade quando Rebeca os deu à luz. Os meninos cresceram. Esaú tornou-se caçador habilidoso e vivia percorrendo os campos, ao passo que Jacó cuidava do rebanho e vivia nas tendas. Isaque preferia Esaú, porque gostava de comer de suas caças; Rebeca preferia Jacó (Gn 25.21-28).

Como em outras histórias bíblicas (Sara [Gn 11.30; 16.1], Raquel [29.31], a esposa de Manoá [Jz 13.2], Ana [1Sm 1.6]), também a matriarca Rebeca é apresentada em nossa história como uma mulher estéril. E, como no caso de Isaque, José, Sansão e Samuel, também aqui esse motivo literário (que implica uma concepção de caráter miraculoso, não natural) antecipa o nascimento de um homem ilustre de Israel:

---

[1] Com exceção do relato de caráter independente sobre as aventuras de Isaque em Gerar (Gn 26), que interrompe claramente o fluxo da narrativa, não há no livro de Gênesis um ciclo de histórias dedicado exclusivamente a esse patriarca, como acontece em relação às histórias de Abraão e de Jacó.

o patriarca Jacó.² No entanto, diferentemente das histórias sobre o nascimento dos outros heróis, nesse caso Jacó não é concebido sozinho, mas junto com um irmão gêmeo, Esaú. De acordo com o relato bíblico, ambos já "se empurravam" no ventre de Rebeca, antecipando a rivalidade futura entre os irmãos e seus descendentes.³

Esaú e Jacó: dois arquétipos humanos

Os dois irmãos são apresentados como arquétipos humanos totalmente antagônicos.⁴ Esaú, o filho mais velho, é descrito de forma negativa. Sua aparência física é desagradável, e produz rejeição ou medo: a cor do seu cabelo ou da sua pele era "ruiva" (*admoni*),⁵ e seu corpo, peludo como "um manto de pelos" (*ke-aderet sear*).⁶ Sua ocupação era a caça, e sua residência, o campo (v. 27; 27.3), o que sugere um caráter primitivo e selvagem. Esaú, então, foi uma espécie de antigo "Tarzan", oposto por natureza ao mundo civilizado.⁷

Por sua vez, Jacó é apresentado como um homem que "vivia nas tendas" (Gn 25.27). Ao contrário da natureza violenta e selvagem do irmão mais velho, caçador e homem do campo, Jacó parece ser de personalidade tranquila, dedicado a

---

2   Para um paralelo neotestamentário, cf. a esterilidade de Isabel (Lc 1.7).
3   O tema da luta pré-natal entre gêmeos também aparece na história de Tamar, que engravidou de Judá, seu sogro, e deu à luz Perez e Zerá (Gn 38.27-30). Esses dois casos hebreus têm equivalente no mito grego, com a luta entre Preto e Acrísio no útero da rainha Aglaia, ou a luta entre Flint e Sapling, entre os índios iroqueses.
4   O tema do antagonismo entre irmãos é recorrente no livro de Gênesis, a saber: Abel/Caim; Isaque/Ismael. De acordo com Theodor Gaster, "este é um modelo comum no folclore, uma vez que muitos povos no mundo contam (ou contaram) histórias sobre gêmeos primevos ou pares de heróis de que eles, ou eles e seus vizinhos mais próximos, derivam origens étnicas e culturais. Essas histórias têm diferentes motivações. Elas podem refletir: a) a mistura originária de duas raças em determinada população; b) a divisão de um tronco familiar comum em dois grupos distintos; c) a estrutura dualista de determinada sociedade, ou a coexistência em uma área de dois tipos diferentes de habitantes, por exemplo, pastores e agricultores; d) a fundação de duas cidades vizinhas pelo mesmo povo, ou a servidão de ambas ao mesmo governo. Ou, mais uma vez, podem expressar simplesmente o dualismo inato — o *yin-yang* — da natureza" (Gaster, **Mito, leyenda y costumbre en el libro de Génesis**, p. 213).
5   A crença de que os ruivos são sinistros e perigosos tem ampla difusão no folclore mundial.
6   Segundo a etnografia bíblica, depois de deixar Canaã, Esaú se estabeleceu na terra de Seir (região localizada no sul do atual território da Jordânia) e se tornou pai dos edomitas (Gn 36.6-43). É daqui, então, que a descrição física de Esaú se deriva de algumas etimologias populares desses nomes em hebraico: *Edom* = "vermelho" e *Seir* = "cabelo". A história da venda do direito de primogenitura de Esaú a Jacó em troca de um prato de cor avermelhada (*adom*) [Gn 25.30] também teria origem na mesma etimologia popular.
7   As características de Esaú se assemelham às de Ismael, também descrito na narrativa bíblica como "jumento selvagem; sua mão será contra todos, e a mão de todos contra ele" (Gn 16.12), que vivia no deserto, e tornou-se "um grande flecheiro" (21.20). Esaú tem características que fazem lembrar o Sansão bíblico (Jz 13—16) e o selvagem *Enkidu*, mencionado na *Epopeia de Gilgamesh*: "Seu corpo está todo coberto de pelos, seus cabelos são como os de uma mulher [...]" (col. II, 36).

uma atividade pacífica: o preparo de legumes, especificamente lentilhas (Gn 25.29).[8] O texto define o patriarca de forma literal como "um homem simples" (*tam*), que também pode ser entendido no sentido de um homem "perfeito", "puro" e "inocente".[9]

No entanto, o Jacó bíblico pouco tinha de "simples" e "inocente".[10] Ao contrário, ele é descrito como uma pessoa muito perspicaz, que alcança seus objetivos com astúcia. Um exemplo disso acontece quando Jacó se aproveita do cansaço e da fome de Esaú, ao retorno do campo, e lhe oferece um ensopado de lentilhas que estava preparando em troca da venda do direito de filho mais velho (Gn 25.29-34).[11] Em outra passagem, Jacó é apresentado como verdadeiro enganador, quando suplantou Esaú para "roubar" a bênção de Isaque destinada a seu irmão (Gn 27).[12]

O antagonismo de Esaú e Jacó: uma metáfora histórica?

De acordo com alguns estudiosos da Bíblia, a história de Esaú e Jacó não seria mais que a projeção no passado mítico das relações existentes entre os israelitas e edomitas nos tempos históricos. Como diz a palavra profética do Senhor em nosso texto: "Duas nações estão em seu ventre, já desde as suas entranhas dois povos se separarão; um deles será mais forte que o outro, mas o mais velho servirá ao mais novo" (Gn 25.23).

O rei Davi (séc. X a.C.) foi o primeiro conquistador da terra de Edom; ele estabeleceu ali uma guarnição militar (2Sm 8.14; 1Rs 11.15,16). Assim, os edomitas ficaram sujeitos ao jugo israelita até o reinado do rei Jeorão (848-841 a.C.), quando se rebelaram proclamando rei próprio (2Rs 8.20-22). Quase um século depois, o rei Amazias (796-781 a.C.) venceu os edomitas e conquistou a cidade de Selá, dando-lhe o nome de Jocteel (2Rs 14.7), passando a terra de Edom a estar sob pleno controle israelita no tempo do rei Uzias (781-740 a.C.; 2Rs 14.22; 2Cr 26.1,2). Por fim,

---

[8] A polaridade existente entre Esaú/caçador/carnívoro e Jacó/cozinheiro/vegetariano faz lembrar a oposição estrutural estudada pelo antropólogo e filósofo francês Claude Lévi-Strauss na sua obra principal *Mitológicas I: Lo crudo y lo cocido*, segundo a qual "o cru" (mundo selvagem/natural) e o "cozido" (mundo civilizado/cultural) são duas realidades culturais fundamentais, opostas e complementares, análogas à polaridade básica: "morte" (caça) — "vida" (agricultura).
[9] Cf. Jó 1.1; Sl 37.37.
[10] "A explicação bíblica do nome de Jacó como aquele que 'agarra com a mão o calcanhar' (em hebraico, *aqueb*) ou 'suplanta' (em hebraico, *aqab*) (Gn 25.26; 27.36) é uma etimologia popular, ou talvez um trocadilho com o nome, como as palavras de Jeremias 9.2: 'são todos [...] um bando de traidores' (*Ya'qobh*). Seu significado original era teofórico, e a forma completa *Ya'qob-el* significa 'Deus protege'" (GRAVES; PATAI, **Los mitos hebreos**, p. 230).
[11] A astúcia de Jacó fica evidente também em outra história bíblica: a da prosperidade de Jacó (Gn 30.25-43).
[12] Curiosamente, o texto bíblico de Gênesis não desaprova as ações de Jacó. No entanto, na literatura profética posterior, a ação de Jacó de suplantar no útero materno seu irmão foi vista como negativa, própria do pecador (Os 12.3,4).

Edom alcançou a independência no tempo do rei Acaz (736-716 a.C.; 2Rs 16.6), para perdê-la no século VI a.C. nas mãos do Império Babilônico.

Nos séculos seguintes, entraram nas terras de Edom tribos nômades que empurraram os edomitas para a região oeste, forçando-os ao estabelecimento no território de Judá, ao sul da cidade de Hebrom. E assim chegamos ao tempo dos macabeus (séc. II a.C.), quando o governador João Hircano I se apoderou das populações da Idumeia, Adora e Maressa, e subjugou todos os idumeus, aos quais permitiu a permanência em seu país, desde que fossem circuncidados e observassem as leis dos judeus" (Josefo, *Antiguidades judaicas* XIII, ix, 1).[13]

Esaú e Jacó na exegese bíblica antiga

De volta ao antagonismo presente no texto bíblico entre Esaú e Jacó, verificamos sua ampliação e redefinição na literatura judaica posterior. Segundo uma nova versão desse antagonismo encontrada no *Livro dos Jubileus*, por exemplo, Jacó foi "um homem de letras", e Esaú, um "iletrado": "E na sexta semana, no segundo ano, Rebeca deu à luz dois filhos de Isaque, Jacó e Esaú. Jacó era sem barba e um homem reto, enquanto Esaú era rude, peludo e dos campos; Jacó, ao contrário, permanecia em sua tenda. E os jovens cresceram, e Jacó aprendeu a escrever; mas Esaú não aprendeu, porque ele era um homem do campo, caçador, que aprendeu a lutar, e todas as suas ocupações eram rudes" (19.13,14).

Nessa nova versão da tradição bíblica, porém, a oposição entre os dois irmãos ganha também a dimensão moral. Ao contrário do Jacó astuto e enganador da versão originária, na literatura judaica posterior o patriarca de Israel tornou-se um "filho perfeito e reto, pois não tem maldade, senão bondade" (35.12). Esaú, por sua vez, foi transformado de um homem rude, mas não malvado, da versão bíblica (conforme se vê na história do reencontro de Esaú e Jacó, quando este retorna de Harã [Gn 33.1-17]), em uma figura enganadora e malévola:

> E assim, o legislador testifica que o homem malvado é um homem sem cidade e sem lugar, quando se refere a Esaú, homem de natureza áspera e hábil no vício, e diz: "Esaú, que era um perito caçador, foi um homem do campo" (Gn 25.27). Não está, com efeito, na natureza desse caçador de paixões, que é vício, habitar na cidade da virtude, e sim buscar a vida rústica e inculta com grande insensatez. Ao contrário, Jacó, cheio de sabedoria, é, claramente, um homem da cidade e tem como morada a virtude (Fílon, *Interpretação alegórica* III, 2).[14]

---

[13] Um descendente ilustre dos edomitas convertidos ao judaísmo seria rei da Judeia: Herodes, o Grande (c. de 74 a.C.-4 d.C.).
[14] V. tb. o *Livro dos jubileus* 15.30; 35.13; Rm 9.10-13; Hb 12.16,17.

Essa identificação de Esaú com o mal levou os sábios antigos a enxergar no irmão de Jacó o antepassado de Roma, o arqui-inimigo do povo judeu. De acordo com a interpretação do *midrash* de Gênesis 27.22: "A voz é de Jacó, mas os braços são de Esaú": [realmente se refere ao povo de Israel e ao de Roma], porque Jacó governa apenas por meio da voz, enquanto Esaú [Roma] o faz por meio dos braços (*Gênesis Rabá* 65.19 [tradução nossa]).

Comentário final

Séculos mais tarde, a mesma imagem dos gêmeos Esaú e Jacó inspiraria o biblista contemporâneo Alan Segal a definir a relação tão complexa entre o judaísmo e o cristianismo. No livro *Rebecca's Children: Judaism and Christianity in the Roman World* [Os filhos de Rebeca: judaísmo e cristianismo no mundo romano], Harvard University Press, Cambridge [Massachusetts] e Londres [Reino Unido], 1986, ele demonstrou com grande erudição que, ao contrário do que a maioria das pessoas acreditava, o cristianismo não foi "filho" do judaísmo; antes, um "irmão" do judaísmo rabínico. Como no caso dos dois irmãos bíblicos, ambas as religiões tiveram uma mãe comum (ou seja, o judaísmo formativo da era greco-romana), e, a partir daí, se desenvolveram paralelamente, disputando por séculos, com rancor e violência, a "primogenitura" de Israel.

CAPÍTULO 4

Raquel: de matriarca a santa

Jacó se apaixona por Raquel

Depois que Deus apareceu para Jacó em um sonho em Betel, prometendo-lhe a posse da terra de Canaã, uma prolífica descendência e proteção durante a viagem (Gn 28.10-22), o patriarca chegou por fim a Harã (região localizada a noroeste da Mesopotâmia), o lugar da residência de Labão (irmão de sua mãe Rebeca), com o propósito de encontrar ali uma noiva entre as filhas de seu tio, segundo a ordem de seu pai Isaque (28.1-5).[1]

Recém-chegado ao lugar, ocorreu "casualmente" um encontro com sua futura noiva:

> Ele ainda estava conversando [com os pastores], quando chegou Raquel com as ovelhas de seu pai, pois ela era pastora. Quando Jacó viu Raquel, filha de Labão, irmão de sua mãe, e as ovelhas de Labão, aproximou-se, removeu a pedra da boca do poço e deu de beber às ovelhas de seu tio Labão. Depois Jacó beijou Raquel e começou a chorar bem alto. Então contou a Raquel que era parente do pai dela e filho de Rebeca. E ela foi correndo contar tudo a seu pai (Gn 29.9-12).

O primeiro encontro entre Jacó e Raquel nas proximidades do poço faz lembrar a cena do encontro do servo de Abraão com Rebeca, a futura mulher de Isaque (Gn 24.10-27), e a de Moisés com Zípora (Êx 2.16-22). E, como no caso de Moisés, em que ele deu mostras de seu cavalheirismo ao ajudar Zípora e as irmãs dela (v. 17), no caso de Jacó ele exibiu força excepcional ao remover sem ajuda a pedra da boca do poço para obter a admiração de Raquel.[2]

Assim começou uma verdadeira história de amor, que não deve nada às melhores produções de Hollywood. Por estar perdidamente apaixonado por sua prima,

---

[1] De acordo com outra versão, a viagem de Jacó a Harã aconteceu por causa do conselho de sua mãe Rebeca, para ele escapar da vingança do irmão Esaú (27.42-45). Sobre a proibição de se casar com mulheres cananeias, consulte Êx 34.16; Dt 7.2-4.

[2] A força excepcional que Jacó demonstra na cena lembra as palavras de Homero. Durante a luta com Aquiles, Eneias "pegou uma grande pedra que dois homens não podiam levar e que ele facilmente manipulava" (*Ilíada*, canto XX). A força de Jacó também se reflete na história da luta com o anjo (Gn 32.25-33).

Jacó estava disposto a trabalhar para Labão durante sete anos. E mesmo depois de ter sido enganado pelo sogro e forçado a se casar com Lia,[3] a filha mais velha, Jacó concordou em trabalhar mais sete anos para alcançar o objetivo final: a união com a amada Raquel (Gn 29.15-30).[4]

Ao contrário da fértil Lia, Raquel era estéril. Como no caso da matriarca Sara, que havia sugerido a Abraão ter uma criança com sua serva Hagar (16.1-3), Raquel pediu a Jacó que tivesse relações com sua serva Bila (30.1-3). E, como aconteceu com Isaque (21.1,2), também agora "[...] Deus lembrou-se de Raquel. Deus ouviu o seu clamor e a tornou fértil. Ela engravidou, e deu à luz um filho e disse: 'Deus tirou de mim a minha humilhação'. Deu-lhe o nome de José e disse: 'Que o Senhor me acrescente ainda outro filho'" (30.22-24).

Raquel e os ídolos

Na sequência da história, depois de usar uma estratégia sutil para aumentar significativamente seu rebanho (v. 25-43), Jacó decidiu fugir da casa de Labão com suas mulheres, servas, filhos e gado, e voltar para a terra de Canaã (31.1-17). Foi então que "Raquel roubou de seu pai os ídolos [terafins] do clã [...]" (v. 19).[5] Ao saber da fuga, Labão perseguiu Jacó e o alcançou nas montanhas de Gileade, tendo a intenção de censurá-lo pela fuga, como também encontrar os ídolos roubados (v. 22-30).

Como Jacó não sabia que Raquel havia roubado os ídolos, disse a Labão: "Quanto aos seus deuses, quem for encontrado com eles não ficará vivo. Na presença dos nossos parentes, veja você mesmo se está aqui comigo qualquer coisa que lhe pertença, e, se estiver, leve-a de volta [...]" (v. 32). No entanto, Labão não teve sucesso em sua busca por causa da ousadia e astúcia de sua filha Raquel:[6]

> Então Labão entrou na tenda de Jacó, e nas tendas de Lia e de suas duas servas, mas nada encontrou. Depois de sair da tenda de Lia, entrou na tenda de Raquel. Raquel tinha colocado os ídolos dentro da sela do seu camelo e estava sentada em cima. Labão vasculhou toda a tenda, mas nada encontrou. Raquel disse ao pai: "Não se irrite, meu senhor, por não poder me levantar em sua presença, pois estou com o fluxo das mulheres". Ele procurou os ídolos, mas não os encontrou (v. 32-35).

O que está por trás dessa história? Por que Raquel levou os *ídolos*? Alguns pensam que esses objetos sagrados eram ídolos do lar que representavam a alma dos

---

[3] É evidente o paradoxo da história: o astuto Jacó foi enganado por Labão, seu sogro, quando este trocou Raquel por Lia na noite de núpcias.
[4] O casamento de Jacó com duas irmãs contraria as leis do Pentateuco (Lv 18.18).
[5] Originariamente, o termo "terafim" se referia a um espírito protetor. Na Bíblia hebraica, essa palavra se refere a estatuetas familiares ou a ídolos do lar. A religião bíblica os considerava objetos mágicos e idolátricos (Jz 17.5; 18.14,17,18; 1Sm 15.23; 2Rs 23.24; Ez 21.26; Os 3.4; Zc 10.2).
[6] Qualidade que complementa o caráter de seu marido Jacó.

antepassados mortos, destinados a proteger seus portadores. Vem daqui, portanto, a prática de levar ídolos como amuletos protetores, quando se faz uma viagem. Flávio Josefo nos deixou um exemplo desse costume entre os partos:

> Quando seu primeiro marido morreu, foi feita prisioneira, e levou consigo, escondidos, os simulacros de seus deuses gentios e os de seu primeiro marido, pois é costume nessa região guardar em casa os deuses e levá-los consigo quando saem em viagem (*Antiguidades judaicas* XVIII, ix, 5).[7]

O túmulo histórico de Raquel

Prosseguindo no relato em Gênesis, o texto nos diz que o desejo de Raquel voltar a ter filho se tornou realidade, mas a um custo elevado:

> Eles partiram de Betel, e quando ainda estavam a certa distância de Efrata, Raquel começou a dar à luz com grande dificuldade. E, enquanto sofria muito, tentando dar à luz, a parteira lhe disse: "Não tenha medo, pois você ainda terá outro menino". Já a ponto de sair-lhe a vida, quando estava morrendo, deu ao filho o nome de Benoni.[8] Mas o pai deu-lhe o nome de Benjamim.[9] Assim morreu Raquel e foi sepultada junto do caminho de Efrata, que é Belém. Sobre a sua sepultura Jacó levantou uma coluna, e até o dia de hoje aquela coluna marca o túmulo de Raquel (35.16-20).[10]

Como se pode deduzir do relato no livro de Gênesis, e de acordo com as palavras ditas pelo profeta Samuel a Saul ("Hoje, quando você partir, encontrará dois homens perto do túmulo de Raquel, em Zelza, na fronteira de Benjamin [...]" [1Sm 10.2]) e por Jeremias ("Assim diz o Senhor: 'Ouve-se uma voz em Ramá, pranto e amargo choro; é Raquel, que chora por seus filhos e recusa ser consolada, porque os seus filhos já não existem'" [31.15]), a antiga tradição (e, provavelmente, com razão) localizava o túmulo de Raquel nas imediações de Ramá, nas proximidades da atual vila de er-Ram, a 9 quilômetros ao norte de Jerusalém, ao sul de Betel e ao norte de Efrata (região habitada por um clã de Judá do mesmo nome [1Cr 2.19,24,50], localizada no limite norte de Judá), nos confins de Benjamim. Ao contrário de todos os outros patriarcas e matriarcas sepultados em um local definido (a caverna de Macpela), Raquel foi a única matriarca sepultada "junto do caminho".[11]

---

[7] Segundo Gaster (*Mito, leyenda y costumbre en el libro de Génesis*, p. 258-259), à luz de um documento cuneiforme encontrado na Mesopotâmia (Nuzi) do ano 1400 a.C., outra explicação para a ação de Raquel podia ser a intenção de garantir a Jacó o direito de reclamar herança das propriedades de seu sogro, Labão, pelo fato de possuir os ídolos protetores do clã.
[8] Em hebraico, "filho da minha aflição".
[9] Em hebraico, "filho da minha direita"; ou seja, "filho da felicidade".
[10] V. tb. Gn 48.7.
[11] Seu filho José será enterrado em Siquém, cidade na fronteira entre os territórios das tribos de Manassés e Efraim, filhos de José (Js 24.32). A partir daqui, então, a conclusão de que essas tradições

O túmulo de Raquel em Belém

No entanto, uma tradição alternativa posterior que remonta ao período do Segundo Templo (Mt 2.16-18) fixava o túmulo de Raquel não na região de Benjamim, mas, sim, nas imediações da cidade judaica de Belém, chamada também nesse tempo Efrata.[12]

Figura 1: O túmulo de Raquel em Belém: o lugar tradicional de culto da "santa" bíblica.

---

sobre os túmulos do patriarca José e da matriarca Raquel teriam sido comuns aos membros das tribos de Raquel.

[12] Segundo a tradição bíblica, o clã de Efrata (de Judá) se estabelecera em Belém (1Sm 17.12; Rt 1.2). Como resultado disso, a cidade de Belém passou também a ser chamada Efrata (Rt 4.11; Mq 5.1). Essa identificação tardia entre a cidade de Belém e a região de Efrata explica a glosa ou palavras explicativas: "que é Belém" em Gn 35.19 e 48.7.

Com o passar do tempo, essa última tradição foi se firmando no conceito popular, até se tornar o "verdadeiro" lugar do sepultamento da matriarca. Dessa forma, então, o túmulo de Raquel em Belém é mencionado por fontes cristãs antigas (Jerônimo, Eusébio de Cesareia e o viajante de Bordeaux) do período bizantino (séculos IV e V), bem como por fontes judaicas medievais ("Guia de Jerusalém" [texto do século X encontrado na *Guenizá do Cairo*]) e o rabino viajante Benjamin de Tudela (c. 1170). Um exemplo nesse sentido são as palavras escritas pelo grande exegeta bíblico e filósofo catalão Nachmânides (1194-1270) na exegese de Gênesis 35.16: "E agora que tive a sorte de vir a Jerusalém graças ao Deus Todo-poderoso, vi com meus olhos que o túmulo de Raquel não se encontra a mais que um *mil* [medida antiga equivalente a 1.200 metros] de Belém [...] e também vi que não há sepultamento algum em Ramá ou perto desse lugar [...]" (tradução nossa).

Quanto ao aspecto físico, o túmulo foi mudando ao longo do tempo. Como se sabe, até o século XI havia no lugar um monumento com forma de 11 ou 12 pedras de acordo com o número das tribos de Israel. No século XII, foi construída sobre as pedras uma cúpula sustentada por quatro colunas que, depois de ser removida pelos muçulmanos, foi novamente reconstruída no século XV. No século XVI, a segunda cúpula foi construída, e, no século XVII, os judeus fecharam as colunas com paredes. No século XIX, o filantropo judeu de origem inglesa Moses Montefiore (1784-1885) construiu o segundo espaço ao lado do túmulo, que, sem grandes alterações, é o prédio conhecido até hoje.[13]

O culto a Raquel

O túmulo de Raquel é considerado um dos lugares sagrados mais típicos da terra de Israel, imortalizado em vários postais e obras de arte. Por gerações, o ponto tem servido como lugar de oração, em especial no dia 11 do mês de *marcheshvan* (outubro-novembro), considerado pela tradição judaica o aniversário do falecimento da matriarca.

Uma pesquisa moderna estabeleceu que o túmulo de Raquel tornou-se, no final do século XIX, o lugar favorito de culto de mulheres imigrantes da comunidade ultraortodoxa de Jerusalém. Elas encontraram na figura de Raquel conforto para seu estado de privação e isolamento. A matriarca bíblica, descrita pelo profeta Jeremias (31.15-17) e pela tradição rabínica (*Pesiqta Rabbati* 83) como "mãe sofredora", tornou-se para essas mulheres uma verdadeira santa, um protótipo histórico da "mãe da nação", que suplica a Deus saúde, meios de subsistência e fertilidade de seus filhos.[14]

---

[13] É quase impossível ver o prédio originário, porque, desde a segunda *Intifada* [setembro de 2000], o exército israelense construiu um grande baluarte para protegê-lo.

[14] Para mais detalhes, consulte SHILO, Self-sacrifice, National-Historical Identity and Self-denial.

Daí em diante, o culto a Raquel cresceu de modo considerável, em especial após a Guerra dos Seis Dias, em 1967. As mulheres visitam o túmulo buscando sua assistência e intermediação em assuntos relacionados à gravidez e ao ciclo de vida feminino, tão característicos da infértil Raquel bíblica.[15] Assim, a matriarca Raquel se tornou para a religiosidade popular judaica uma verdadeira santa.[16]

---

[15] O túmulo de Raquel é o único lugar de culto dedicado a uma "santa judia" na terra de Israel, em uma tradição religiosa monoteísta e androcêntrica. Pelo fato de Raquel personificar o clamor pelo retorno físico dos filhos de Israel deportados pelos assírios (cf. Jr 31.15-17), o dia da sua comemoração tornou-se apropriado para lembrar os prisioneiros e soldados desaparecidos.

[16] A antropóloga americano-israelense Susan Sered comparou a figura de Raquel no judaísmo com as figuras de Maria no cristianismo e Fátima no islamismo, afirmando que, apesar das diferenças nos níveis mítico, litúrgico e teológico, todas essas mulheres santas apresentam nas respectivas tradições religiosas um traço comum; ou seja, são especialistas em entender e melhorar o sofrimento das pessoas, mediando entre deuses transcendentes masculinos e as necessidades humanas naturais. Para mais detalhes, v. SERED, Rachel, Mary, and Fatima.

CAPÍTULO 5

A luta de Jacó contra "um homem": um texto mitológico ou psicológico?

As duas versões bíblicas

Após a longa permanência de Jacó com seu tio Labão, em Harã, durante a qual ele se casou com suas filhas Lia e Raquel (e com suas respectivas servas Zilpa e Bila), gerou 11 filhos e uma filha, e acumulou grande riqueza (Gn 29—31), o patriarca iniciou a viagem de volta à sua terra para se reunir com seu irmão Esaú. Segundo o relato bíblico, ao aproximar-se de Seir (uma região montanhosa que se estende desde o sul do mar Morto até o golfo de Ácaba, no atual território da Jordânia), onde seu irmão residia, Jacó tomou suas precauções, como ocorre com toda caravana que se aproxima de um território desconhecido e hostil.

De acordo com a atual tradição textual, existem duas versões diferentes das medidas adotadas por Jacó. Segundo uma das versões (32.4-14a), ao ouvir que Esaú vinha a seu encontro com quatrocentos homens, Jacó dividiu o acampamento em dois grupos, tendo como estratégia: "Se Esaú vier e atacar um dos grupos, o outro poderá escapar" (v. 9). Conforme outra versão da história (32.14b-22), Jacó dividiu os seus rebanhos em várias manadas, deixando espaço entre elas, a fim de ganhar a afeição de seu irmão por meio de presentes (v. 21).

A presença de duas versões alternativas da mesma história não é um fenômeno incomum na literatura bíblica. Como acontece em relação às duas versões da criação (Gn 1.1—2.4a; 2.4b-25), também aqui o redator final da história teria combinado tradições literárias alternativas (uma originada no Reino de Israel ["fonte eloísta"] e outra no Reino de Judá ["fonte javista"]), preferindo pagar o preço da incoerência literária a ser forçado a renunciar a uma das tradições consagradas.

Jacó luta com um "homem"

A história relata que Jacó e sua família atravessaram de noite o vau de Jaboque, e que assim que todos passaram pelo rio o patriarca ficou sozinho. Nesse momento aconteceu um fato excepcional, carregado de mistério e interrogações: Jacó lutou com "um homem" até o dia amanhecer (v. 25). A história prossegue:

Quando o homem viu que não poderia dominá-lo, tocou na articulação da coxa de Jacó, de forma que lhe deslocou a coxa, enquanto lutavam. Então o homem disse: "Deixe-me ir, pois o dia já desponta". Mas Jacó lhe respondeu: "Não te deixarei ir, a não ser que me abençoes". O homem lhe perguntou: "Qual é o seu nome?" "Jacó", respondeu ele. Então disse o homem: "Seu nome não será mais Jacó, mas sim Israel, porque você lutou com Deus [*Elohim*] e com homens e venceu". Prosseguiu Jacó: "Peço-te que digas o teu nome". Mas ele respondeu: "Por que pergunta o meu nome?" E o abençoou ali. Jacó chamou àquele lugar Peniel, pois disse: "Vi a Deus [*Elohim*] face a face e, todavia, minha vida foi poupada". Ao nascer do sol atravessou Peniel, mancando por causa da coxa (v. 25-31).

E a história termina com o relato: os israelitas não comem o músculo ligado à articulação femoral pelo fato de Jacó claudicar ao ser tocado na articulação da coxa (v. 32,33).

Essa história é muito intrigante: Quem era o homem com quem Jacó lutou? Por que ele mudou de nome? Que significado tem essa história?

Leituras alternativas da história

Essa história permite vários níveis de leitura. A narrativa conta com um caráter etiológico claro, pelo qual procura explicar a etimologia popular de nomes ("Israel", "Peniel") ou a origem de uma proibição alimentícia.[1]

Outro nível de leitura mais interessante e desafiador é o caráter mítico. A história de Jacó preservaria uma tradição antiga, segundo a qual o patriarca teria lutado com um anjo (cf. Os 12.4,5); em tradições posteriores, o ser celestial seria identificado com o arcanjo Miguel ou Samael (o nome de Satanás nas fontes rabínicas).[2] Em termos bíblicos, esse "anjo" teria sido a projeção concreta e visual do próprio Deus, e representaria a presença divina diante dos homens.[3]

---

[1] O costume de não comer o tendão dos animais foi verificado entre os índios da América do Norte. Segundo Gaster, os índios cheroquis explicam de duas maneiras esse costume: "Uma é que 'esse tendão, quando cortado, encolhe; logo, qualquer um que tivesse a infelicidade de compartilhar esse tendão da coxa descobriria que seus membros se encolheriam da mesma forma' ". "A outra maneira é que, se o caçador, em vez de retirar o tendão da perna, o comesse, ele se cansaria muito facilmente ao caminhar" (*Mito*, p. 271). Assim, as razões para não consumi-lo podem ter tido origem mágica.

[2] De acordo com o *midrash* rabínico, o patriarca Jacó lutou com o anjo protetor de Esaú (*Gênesis Rabá* 77.3). Do ponto de vista etnográfico, Gaster sugeriu a hipótese "de que o misterioso adversário de Jacó era o espírito do rio e que Jacó provocara a luta a fim de obter a bênção" (*Mito*, p. 266).

[3] Como Richard Elliot Friedman explica: "Com que isso se parece? Com a possibilidade de ouvir um concerto em nossa casa por meio de um equipamento eletrônico. É impossível instalar uma orquestra completa na casa de uma pessoa, mas você pode ouvi-la, isto é, o som que uma orquestra de verdade produz, por meio do rádio, gravador ou CD; e, depois de ouvir a música, você pode dizer: "Eu vi a orquestra"; a afirmação é certa de um ponto de vista, mas não é certa de outro ponto. A pessoa não viu nem ouviu a orquestra, mas ondas de som e luz que se originaram na orquestra.

Embora essa possibilidade para muitos leitores seja inaceitável, e até mesmo herética, o texto em questão é claro e preciso nesse sentido. A palavra "homem" (em hebraico, *ish*) do texto aparece muitas vezes na Bíblia hebraica com o sentido de "anjo" ou "ser celestial".[4] E se somarmos a isso o fato de a própria narrativa dizer sem rodeios que Jacó "lutou com Deus" e viu "a Deus face a face", não se pode deixar de concluir que o relato de Gênesis com certeza fazia alusão a uma tradição lendária, não muito diferente de histórias existentes nas culturas "pagãs" ou "primitivas", nas quais o herói bíblico "lutou com Deus" (ou, melhor, com seu representante). E, como nessas histórias míticas, também no caso de Jacó a vitória heroica sobre o "homem" o transformou em uma "nova" pessoa (daí a mudança de nome)[5] para merecer tornar-se o pai da nação: "Israel".[6]

No entanto, o contexto literário da história — isto é, os temores que assediavam Jacó diante do iminente encontro com seu irmão Esaú — permite também a leitura de caráter psicológico. De acordo com essa terceira opção, Jacó não teria lutado contra Deus ou outro ser celestial, mas contra si mesmo. Segundo Elie Wiesel:

> Naquela noite, os dois Jacós se encontraram. O sonhador heroico e o fugitivo inveterado, o homem modesto e o fundador de uma nação se enfrentaram em Peniel em uma batalha feroz e decisiva. Matar ou ser morto. Era o momento decisivo para Jacó. Ele tinha uma escolha: morrer antes de morrer, ou assumir o controle da situação e lutar. E ganhar. E ele ganhou. Podia ser um anjo, seu *alter ego*, ou um homem, mas uma coisa é certa: o adversário foi derrotado. Agora Jacó estava preparado para enfrentar seu irmão inimigo.[7]

É difícil saber qual dos significados é o mais próximo da intenção originária do autor. Mas, na realidade, pouco importa. A riqueza do texto bíblico se manifesta precisamente nas inúmeras leituras, que deixam a porta aberta para a contínua recriação e imaginação dos leitores.

Assim, os homens da Bíblia viram os anjos e, em seguida, disseram que ouviram e viram os seus deuses" (*La desaparición de Dios*, p. 25-26 [tradução nossa]). Sobre os anjos na Bíblia hebraica e no judaísmo do Segundo Templo, consulte o Apêndice no final do artigo.

4   Cf. Gn 19.5,8,12,16; Ez 47.3.
5   Em uma versão paralela, o nome "Israel" foi dado a Jacó pelo Senhor, e o acontecido teve lugar em Betel, não em Peniel. Cf. Gn 35.10-15. A combinação das duas tradições aparece aludida no livro do profeta Oseias (séc. VIII a.C.): "[...] como homem [isto é, Jacó] lutou com Deus [*elohim*]. Ele lutou com o anjo [*malach*] e saiu vencedor; chorou e implorou o seu favor. Em Betel encontrou a Deus, que ali conversou com ele" (12.4-6).
6   "A explicação do nome Israel em Gn 32.29 se dá por etimologia popular. Nos títulos dos deuses o elemento que contém o nome do deus é o sujeito, não o objeto. Portanto, Israel significa mais 'ele luta' do que 'lutou com ele' [...]. O propósito de nomes como estes era conseguir a ajuda divina para quem os usava. *Israel* significa, portanto, 'ele luta contra seus inimigos'" (Graves; Patai, **Los mitos hebreos**, p. 277).
7   Wiesel, **Mensajeros de Dios**, p. 100.

APÊNDICE

Os anjos na Bíblia

Há um vocabulário rico e variado na Bíblia para designar os "anjos" ou os vários tipos de "seres celestiais". O mais comum é o nome *mal'ak*, "enviado", "mensageiro" (Gn 24.7; Êx 23.20-23; Nm 20.16).[8] Outros termos recorrentes na literatura bíblica denotam o *status* divino desses seres celestiais (como *bene elohim* [lit., "filhos de Deus"] em Gn 6.2.4; Jó 1.6; 2.1; *bene elim* ["filhos dos deuses, seres divinos"] em Sl 29.1; 89.7; ou *elohim* ["deuses"] em Sl 82.1), sua santidade especial (como *qedoshim* ["santos"] em Jó 5.1; 15.15; Sl 89.6,8), suas funções (como *mesharetim* ["ministros, servidores"] em Sl 103.21; *sar* ["comandante"] em Js 5.14; Dn 10.21; 12.1; *tseva'ot* ["exército"] em Sl 89.9).[9]

De acordo com a concepção presente nos estratos mais antigos da literatura bíblica, o mundo divino é imaginado em termos de uma corte celestial. Como as representações mitológicas do mundo sobrenatural do antigo Oriente, também em Israel se imaginava Deus como "rei" e os anjos como seus "servidores". Um exemplo nesse sentido é encontrado na visão do profeta Micaías nos tempos de Acabe, rei de Israel:

> [...] Vi o Senhor assentado em seu trono, com todo o exército dos céus ao seu redor, à sua direita e à sua esquerda. E o Senhor disse: "Quem enganará Acabe para que ataque Ramote-Gileade e morra lá?" E um sugeria uma coisa, outro sugeria outra, até que, finalmente, um espírito colocou-se diante do Senhor e disse: "Eu o enganarei". "De que maneira?", perguntou o Senhor. Ele respondeu: "Irei e serei um espírito mentiroso na boca de todos os profetas do rei". Disse o Senhor: "Você conseguirá enganá-lo; vá e engane-o" (1Rs 22.18-22; v. tb. Is 6.1ss).

Em várias ocasiões encontramos esses servidores cumprindo diversas funções: anunciam nascimentos (Gn 16.11,12); confiam tarefas a pessoas (Êx 3.2; Jz 31.11-13); transmitem mensagens de Deus aos profetas (2Rs 1.3; Is 6) e lhes explicam o significado de visões (Zc 1.9; Dn 8.15,16); louvam a Deus no céu (Sl 29; 103.20,21). Os anjos podem ser agentes de proteção (Gn 24.7,40; Nm 20.16) e também de punição (Nm 22.33; 2Sm 24.16). Em numerosas oportunidades eles são representados

---

[8] Na Bíblia hebraica, o termo *mal'ak* pode designar um ser humano (1Sm 23.27; 2Sm 11.19) e um ser celestial. Todavia, em alguns casos, nem sempre é possível fazer essa distinção (p. ex., Ml 3.1). A *Septuaginta*, antiga tradução grega dos Setenta, traduz regularmente a palavra *mal'ak* por *angelos*, que levou ao termo técnico *angelus* em latim, para denominar esses seres celestiais, e, mais tarde, deu origem à palavra "anjo" em português.

[9] Os "querubins" não eram estritamente anjos, mas, sim, um tipo de "animal" do mundo celestial, cuja função era sustentar o trono (Sl 80.2; 99.1), movimentar a carruagem divina (Ez 10.1ss) ou guardar a entrada dos domínios sagrados (Gn 3.24; Ez 28.14). Os "serafins" eram figuras aladas em forma de serpente (Is 6). Na tradição posterior, esses seres alcançariam o grau de anjos.

em forma humana quando entram em contato com os homens (Gn 18.2; Js 5.13), comportando-se até mesmo de maneira muito humana, participando, por exemplo, de refeições (Gn 18.19). No entanto, o autor bíblico põe na boca do anjo: "O Anjo do Senhor respondeu: 'Se eu ficar, não comerei nada [...]' " (Jz 13.16).

De particular interesse é o caso do "Anjo do Senhor" (*mal'ak YHWH*). Em alguns casos, esse nome se refere a um ser que desfruta de uma existência pessoal distinta da do próprio Deus, como na história em que o anjo fala com Hagar:

> O Anjo do Senhor encontrou Hagar perto de uma fonte no deserto, no caminho de Sur, e perguntou-lhe: "Hagar, serva de Sarai, de onde você vem? Para onde vai?" Respondeu ela: "Estou fugindo de Sarai, a minha senhora". Disse-lhe então o Anjo do Senhor: "Volte à sua senhora e sujeite-se a ela" (Gn 16.7-9).

No entanto, nessa mesma história, esse ser "independente" é apresentado como a manifestação do próprio Deus: "Este foi o nome que ela deu ao Senhor que lhe havia falado: 'Tu és o Deus que me vê', pois dissera: 'Teria eu visto Aquele que me vê?' " (v. 13). E, assim, há muitos casos em que o "Anjo do Senhor" é trocado pelo próprio Senhor (Gn 21.15-21; 22.11-12; 31.11-13; Êx 3.2-6; Jz 6.11-24).

Em suma, como afirma Edmond Jacob:

> O anjo não tem existência ou função, nem como sósia do Senhor, nem como seu mensageiro, senão em virtude da livre decisão do Senhor; ele tem tão pouca existência em si mesmo que, de uma história à outra, não se pode afirmar que se trata da mesma personagem, tanto mais que, gramaticalmente, a expressão pode ser traduzida indistintamente como "o anjo do Senhor" ou como "um anjo do Senhor". O anjo existe quando o Senhor tem necessidade dele, como a multidão de anjos de que, afinal, o anjo do Senhor faz parte e que constitui a corte celestial, não existe de fato mais do quando o Senhor dos anjos lhes confia uma missão, precisa e temporária, que deve ser executada.[10]

Os anjos no judaísmo do Segundo Templo

Ao contrário da doutrina sobre os anjos adotada por Israel no período bíblico anterior, a partir do período do exílio e do pós-exílio na Babilônia é possível notar o aumento significativo na especulação sobre o mundo celestial e seus habitantes. Prova disso é a presença significativa dos anjos nas visões dos profetas da época. Em Ezequiel, por exemplo, vemos que um anjo em forma de "homem que parecia de bronze" levou o profeta pelas diferentes partes do futuro templo (cap. 40—42). Ou o caso de Zacarias, em que o "Anjo do Senhor" atua como guia e intérprete (cap. 1—6),

---

[10] Jacob, **Teología del Antiguo Testamento**, p. 78.

intercede por Israel (1.12-17), preside e julga na corte celestial (cap. 3), e comanda as hostes angelicais (1.11; 6.7).

Com o passar do tempo, pode-se ver claramente o aumento do interesse pelo mundo angelical, dando origem a novos e originais desenvolvimentos. Em geral, pode-se dizer que os anjos nos períodos persa e greco-romano tornaram-se muito mais ativos no papel como agentes da vontade divina. Por exemplo, e de acordo com a concepção conhecida dos primeiros tempos bíblicos, vemos que os anjos vêm em auxílio dos justos e levam as orações a Deus:

> Disse então Nabucodonosor: "Louvado seja o Deus de Sadraque, Mesaque e Abede-Nego, que enviou o seu anjo e livrou os seus servos! Eles confiaram nele, desafiaram a ordem do rei, preferindo abrir mão de sua vida a prestar culto e adorar a outro deus que não fosse o seu próprio Deus" (Dn 3.28).

Em outros casos, os anjos anunciam e executam os juízos de Deus (Dn 4.13-26).

No entanto, também encontramos novas ideias sobre as funções dos anjos. Um exemplo é o dos anjos que atuam como instrutores e mediadores da revelação, e, no caso da literatura apocalíptica ou de visões, eles atuam como reveladores, guias celestiais e intérpretes de mistérios e visões, como ocorre nos livros de Daniel (cap. 7—12), *1Enoque* (cap. 17—36), *Apocalipse de Abraão* (cap. 10—18) e *4Esdras* (cap. 3—14). Um exemplo claro disso encontra-se em Daniel. Depois da visão sobre os animais (7.1-8), do Ancião e do Filho do homem (v. 9-14), o texto diz:

> Eu, Daniel, fiquei agitado em meu espírito, e as visões que passaram pela minha mente me aterrorizaram. Então me aproximei de um dos que ali estavam e lhe perguntei o significado disso tudo. E ele me respondeu, dando-me esta interpretação (v. 15,16).

Outra indicação da nova fase da angelologia em Israel é o fato de certos anjos serem identificados por nomes pessoais, sendo os mais citados Miguel, Gabriel, Rafael e Uriel (Dn 9.21; 10.13; *Tobias* 12.15). Esses seres são considerados criaturas espirituais, cuja manifestação física e ação de comer e beber são entendidas como aparentes, não reais. Como se pode ler em Josefo, quando ele reconta a história dos três anjos que vieram visitar Abraão (cf. Gn 18):

> Quando Deus decretou o destino dos sodomitas, Abrão (que estava sentado à porta de sua casa, ao lado dos carvalhos de Manre) viu três anjos, e acreditando que eram forasteiros, levantou-se, cumprimentou-os e lhes ofereceu sua hospitalidade. Eles aceitaram e, logo, Abrão ordenou que se fizessem pães de flor de farinha, matou um bezerro, assou-o e levou a refeição aos seus hóspedes, que estavam sentados sob a árvore. *Eles fizeram que comiam* [...] (*Antiguidades judaicas* I, xi, 2).

Em plena concordância com a antiga tradição, também no período do Segundo Templo os anjos formavam parte da corte e do tribunal celestiais (Dn 7.9,10). Contudo, encontramos uma nova ideia, segundo a qual os anjos atuavam como sacerdotes que servem a Deus no templo celestial. Como afirma o *Testamento de Levi*:

> No seguinte céu se acham os anjos da presença do Senhor, seus servos, que intercedem diante do Senhor por todos os pecados dos justos cometidos inadvertidamente. Eles oferecem ao Senhor um sacrifício de aroma suave, uma oferta razoável e sem sangue (3.5,6).

Afirmava-se inclusive que os anjos, assim como os israelitas, estavam obrigados a descansar no sábado (*Jubileus* 2.17,18).

Dado o aumento qualitativo e quantitativo dos anjos no reino celestial, eles aparecem organizados em ordem hierárquica, sendo Miguel o arcanjo responsável pelo destino de Israel (Dn 12.1). Além disso, podemos achar nas fontes distintas categorias de anjos: os anjos da presença, querubins, serafins, ofanim etc. Podemos ver inclusive em alguns textos que a distintos grupos de anjos são assinalados diferentes céus, a ponto de creditar a esses seres a responsabilidade pelos processos físicos do cosmo:

> No primeiro dia criou o céu superior, a terra, as águas, todos os espíritos que servem diante dele, os anjos da face, os santos anjos, os da rajada de fogo, os anjos da atmosfera respirável, os anjos do nevoeiro, da escuridão, do granizo, da neve e do gelo [...] (*Jubileus* 2.2).

Por fim, os seres celestiais eram vistos como responsáveis pelo funcionamento do Universo, e também os anjos foram considerados ativos no processo histórico. A partir daqui, então, surge a noção de que os anjos lutavam no céu a batalha de Israel na terra, a ponto de afirmar-se que os anjos do bem e da luz comandados pelo Príncipe da Luz enfrentavam os anjos do mal e das trevas a mando de Belial, Mastema, Satanás ou Malkiresha. Como enuncia claramente o seguinte texto de Qumran: "E no sétimo lote a grande mão de Deus submeterá [a Belial e a to]dos os anjos de seu domínio e a todos os homens de [seu lote]" (*1QRolo da guerra* I, 14,15).

Como entender essa "explosão" da angelologia no universo espiritual de Israel do período do Segundo Templo? Segundo parece, a crença tradicional na divina providência e no agir de Deus na história a favor de Israel havia sido substituída pela sensação de vazio, silêncio e distanciamento resultante da destruição do templo e do Exílio. O Deus todo-poderoso parecia ter entrado em um estado de letargia e esquecimento (Sl 74.22,23); ele escondeu seu rosto, deixando Israel à mercê de suas iniquidades (Is 64.6; Dt 31.17,18). Dada a sensação de afastamento, os anjos vieram "preencher" a lacuna existente entre o céu e a terra como mediadores, oferecendo ao homem desesperado e angustiado uma luz de esperança em meio à realidade caótica.

Capítulo 6
O sequestro de Diná: melodrama bíblico

O relato bíblico

Depois de relatar o reencontro emocionante com seu irmão Esaú (Gn 33.1-17), o Pentateuco nos diz que, "tendo voltado de Padã-Arã, Jacó chegou a salvo à cidade de Siquém, em Canaã, e acampou próximo da cidade. Por cem peças de prata comprou dos filhos de Hamor, pai de Siquém, a parte do campo onde tinha armado acampamento. Ali edificou um altar e lhe chamou El Elohe Israel" (v. 18-20).

Algum tempo depois, Siquém, filho de Hamor, o heveu (um dos antigos povos de Canaã [10,17]), raptou e estuprou Diná, apaixonando-se depois intensamente por ela, a ponto de pedir a sua mão:

> Então Hamor, pai de Siquém, foi conversar com Jacó. Quando os filhos de Jacó voltaram do campo e souberam de tudo, ficaram profundamente entristecidos e irados, porque Siquém tinha cometido um ato vergonhoso em Israel, ao deitar-se com a filha de Jacó — coisa que não se faz. Mas Hamor lhes disse: "Meu filho Siquém apaixonou-se pela filha de vocês. Por favor, entreguem-na a ele para que seja sua mulher. Casem-se entre nós; deem-nos suas filhas e tomem para si as nossas. Estabeleçam-se entre nós. A terra está aberta para vocês: Habitem-na, façam comércio nela e adquiram propriedades". Então Siquém disse ao pai e aos irmãos de Diná: "Concedam-me este favor, e eu lhes darei o que me pedirem. Aumentem quanto quiserem o preço e o presente pela noiva, e pagarei o que me pedirem. Tão somente me deem a moça por mulher" (Gn 34.6-12).

Em resposta ao pedido, os filhos de Jacó responderam "com falsidade" exigindo a circuncisão de todos os homens do povo como pré-requisito para entregar em casamento Diná (v. 13-18). A exigência não pareceu suspeita ou irracional para Hamor e seu filho Siquém, e, regressando à cidade deles, convenceram seus concidadãos a aceitar a proposta dos filhos de Jacó, argumentando que "esses homens são de paz" (v. 21), e que o acordo lhes traria grande benefício (v. 23).

No entanto, os siquemitas pagaram muito caro a confiança que depositaram nos filhos de Jacó, já que

Três dias depois, quando ainda sofriam dores, dois filhos de Jacó, Simeão e Levi, irmãos de Diná, pegaram suas espadas e atacaram a cidade desprevenida, matando todos os homens. Mataram ao fio da espada Hamor e seu filho Siquém, tiraram Diná da casa de Siquém e partiram. Vieram então os outros filhos de Jacó e, passando pelos corpos, saquearam a cidade onde sua irmã tinha sido desonrada. Apoderaram-se das ovelhas, dos bois e dos jumentos, e de tudo o que havia na cidade e no campo. Levaram as mulheres e as crianças, e saquearam todos os bens e tudo o que havia nas casas (v. 25-29).

A história termina com as palavras de Jacó e de seus filhos:

Então Jacó disse a Simeão e a Levi: "Vocês me puseram em grandes apuros, atraindo sobre mim o ódio dos cananeus e dos ferezeus, habitantes desta terra. Somos poucos, e se eles juntarem suas forças e nos atacarem, eu e a minha família seremos destruídos". Mas eles responderam: "Está certo ele tratar nossa irmã como uma prostituta?" (v. 30,31).

O episódio é uma unidade literária independente, sem relação alguma com o restante das histórias do livro de Gênesis. Diná não volta a desempenhar nenhum papel em outra história do livro:[1] O que aconteceu com ela depois do estupro? Ela engravidou? Terá se casado depois de voltar para casa? Além disso, a Bíblia hebraica não faz referência às consequências do massacre cometido por Simeão e Levi. Por acaso, os outros povos cananeus deixaram passar impunemente o massacre? E se às questões relacionadas à narrativa adicionarmos a dimensão ética do relato, segundo a qual o texto não parece condenar a conduta imoral de Simeão e Levi, então não surpreende que a exegese bíblica tenha redobrado esforços para responder aos muitos questionamentos dessa história bíblica.

A interpretação do texto

Esse capítulo de Gênesis combina uma história familiar e uma história tribal. Como em outras histórias do livro, em que se explicam de maneira etiológica as origens das relações entre Israel e os povos vizinhos (Amom e Moabe [13.12,13; 19.30-38]; as tribos do deserto [21.8-21; 25.12-18]; os filisteus [21.22-34; 26.26-33]; os sírios [31.44-54] e os edomitas [cap. 25ss]), também nesse caso somos informados da intenção (malsucedida) de Israel de fazer uma aliança com os filhos da terra. O tema central da narrativa gira em torno da questão do casamento entre os filhos de Jacó e os siquemitas: "Casem-se entre nós; deem-nos suas filhas e tomem

---

[1] Só é mencionada de passagem no texto que detalha "os filhos que Lia deu a Jacó em Padã-Arã" (Gn 46.15).

para si as nossas" (v. 9; 21). Sem dúvida, a história serve como introdução dramatizada às leis israelitas contra os casamentos mistos (Êx 34.12-16; Dt 7.2-4).[2]

No entanto, a questão mais desconcertante e premente dessa história é, sem dúvida, a da moralidade. Será que o Pentateuco aceita abertamente e sem reparação a vingança de Simeão e Levi? Conforme se depreende das palavras de Jacó no final do capítulo, sua crítica não resultava da imoralidade da ação, mas, sim, de suas consequências políticas: "[...] Vocês me puseram em grandes apuros, atraindo sobre mim o ódio dos cananeus e dos ferezeus, habitantes desta terra. Somos poucos, e se eles juntarem suas forças e nos atacarem, eu e a minha família seremos destruídos" (v. 30). Mas, da resposta dos filhos de Jacó à crítica dele: "Está certo ele tratar nossa irmã como uma prostituta?" (v. 31), e da falta de uma resposta de Jacó a essa pergunta retórica, pode-se concluir que o massacre dos siquemitas parece não ter sido reprovado pelo autor bíblico.

No entanto, em clara contradição com essa posição tão complacente, em outra seção do mesmo livro de Gênesis parece haver uma censura declarada desses fatos. Na ocasião de abençoar os seus descendentes, quando estava em seu leito de morte, Jacó disse aos seus dois filhos:

> Simeão e Levi são irmãos; suas espadas são armas de violência. Que eu não entre no conselho deles, nem participe da sua assembleia, porque em sua ira mataram homens e a bel-prazer aleijaram bois, cortando-lhes o tendão. Maldita seja a sua ira, tão tremenda, e a sua fúria, tão cruel! Eu os dividirei pelas terras de Jacó e os dispersarei em Israel (49.5-7).[3]

Seguindo este modo crítico de pensar, de acordo com o *Quarto livro dos Macabeus* Jacó repreendeu seus filhos por não saberem dominar a ira por meio da razão:

> Por que, então, nosso sapientíssimo pai Jacó repreende as casas de Simeão e Levi por terem matado sem motivo a tribo dos siquemitas, e diz: "Maldita seja a sua ira!"? Se a razão não pudesse dominar a ira, ele não teria falado assim (4Macabeus 2.19,20).

Para espanto de nossa sensibilidade ética e religiosa, as fontes judaicas antigas não revelam condenação alguma à ação criminal levada a efeito pelos patriarcas; ao contrário, mostram condescendência com a atitude deles, elogiando sua "façanha"

---

[2] O tema da proibição de casamento com os habitantes de Canaã já foi mencionado em histórias anteriores de Gênesis; por exemplo, Isaque (24.3,37), Esaú e Jacó (28.1,6,9).

[3] As últimas palavras pronunciadas por Jacó — "os dividirei pelas terras de Jacó e os dispersarei em Israel" — são um anacronismo que reflete a época em que os nomes "Jacó" e "Israel" serviam para denominar as tribos de Israel que se instalaram em sua terra. Com certeza, a "profecia" do patriarca se cumpriu em tempos históricos: a herança de Simeão foi absorvida por Judá (Js 19.1), e a tribo de Levi foi dispersa entre as tribos restantes (13.14).

com palavras grandiloquentes. Exemplo claro disso é encontrado no *Livro dos Jubileus*. De acordo com a avaliação moral desse autor anônimo, o massacre dos siquemitas foi uma ação legítima e apropriada como punição pelo estupro de uma moça de Israel:

> O dia em que os filhos de Jacó mataram a Siquém foi-lhes registrado no céu o terem praticado justiça, direito e vingança contra os pecadores, sendo-lhes registrado este ato como uma bênção (30.23).[4]

Outro exemplo contemporâneo encontra-se no livro de *Judite*, em que se faz uma verdadeira apologia do massacre:

> Senhor, Deus de meu pai Simeão, em cuja mão puseste uma espada para vingança contra os estrangeiros que desataram o cinto de uma virgem, para sua vergonha, que desnudaram sua coxa para sua confusão, e profanaram seu seio, para sua desonra; porque disseste: "Não será assim"; e eles o fizeram. Por isso entregaste seus chefes à morte, e seu leito, aviltado pela astúcia, foi enganado até ao sangue. Feriste os escravos com os príncipes, e os príncipes com os seus servos. Entregaste suas mulheres ao rapto e suas filhas ao cativeiro, e todos os seus despojos à partilha, em proveito dos filhos por ti amados, os que arderam de zelo por ti, abominaram a mancha de seu sangue e invocaram o teu socorro. Deus, ó meu Deus, ouve-me, que sou uma pobre viúva (9.2-4, *Bíblia de Jerusalém*).[5]

Em outros casos, a estratégia exegética para justificar a ação dos irmãos foi ver no massacre de Simeão e Levi um castigo divino, em virtude da série de crimes cometidos pelos siquemitas ao longo das gerações. Segundo palavras do próprio Levi:

> Somente eu vi que se tratava de uma sentença divina contra Siquém, pelo mal praticado. Outrora tentaram fazer com Sara a mesma coisa que fizeram com nossa irmã Diná. Mas foram impedidos pelo Senhor. Eles molestavam nosso pai Abraão, por ser ele um estrangeiro; tanto os jovens quanto os velhos atacavam suas ovelhas prenhes, e fizeram coisas vergonhosas com Eblaém, o criado que nasceu na casa. Da mesma forma agiam com todos os forasteiros; raptavam com violência as mulheres, para desonrá-las, e expulsavam-nos do país. Assim, incorreram na ira do Senhor até o extermínio (*Testamento de Levi* 6.8-11).

---

[4] Em contraposição ao ato violento cometido por Simeão e Levi, a legislação bíblica prescreve que para o caso de rapto e estupro não se deve castigar com a morte o estuprador, mas, ao contrário, lhe é permitido casar com a mulher em troca de um pagamento a seu pai. Cf. Dt 22.28,29.

[5] As palavras elogiosas da devota Judite à ação de Simeão servem nesta mesma obra como justificativa ideológica para a posterior decapitação do general assírio Holofernes pelas mãos da heroína (cap. 13).

Diná na exegese

No entanto, não podemos nos esquecer da verdadeira vítima da história: Diná. Como foi antecipado, ela não é mais mencionada na longa história de José. E mesmo quando seu nome é repetido na lista dos descendentes de Jacó (46.15), ela não se juntou ao pai e aos irmãos quando foram para o Egito. Que aconteceu com ela depois do retorno para casa?

De acordo com uma tradição presente na literatura rabínica, Diná teria engravidado de Siquém, e dessa relação nasceu a futura mulher do patriarca José:

> [...] ele a sequestrou e se deitou com ela. Ela concebeu e deu à luz Azenate. Os filhos de Israel disseram para matá-la, "porque agora — diziam eles —, todo mundo vai dizer que as tendas de Jacó são um prostíbulo". Então, o que fez Jacó? Ele apanhou uma medalha e escreveu nela o Santo Nome, depois a pendurou no pescoço dela e a despediu, e ela foi embora. Tudo foi planejado pelo Santo, bendito seja. O anjo Miguel desceu e a levou até o Egito, à casa de Potífera, porque Azenate estava destinada a ser a esposa de José. Como a mulher de Potífera não tinha filhos, ele a criou como filha. Quando José desceu ao Egito, ele a tomou como mulher, como está registrado: "[...] e lhe deu por mulher Azenate, filha de Potífera, sacerdote de Om" (Gn 41.45) (*Capítulos do rabino Eliezer* XXXVIII, 1).[6]

De acordo com outra tradição apócrifa, Diná teria se casado com o Jó da Bíblia:

> Siquém, filho de Hamor, o heveu, raptou e estuprou Diná. Então, Simeão e Levi, filhos de Jacó, entraram na cidade deles e mataram todos os seus habitantes ao fio da espada; tomaram sua irmã Diná e saíram dali. Após isso, ela se casou com Jó, de quem teve catorze filhos e seis filhas, ou seja, sete filhos e três filhas antes de passar pelo sofrimento, e outros sete filhos e três filhas depois que ele foi curado (*Antiguidades bíblicas* 8.7,8).

Esse último desenvolvimento exegético teve sua origem na assimilação de Jó por Jobabe, um dos reis edomitas da casa de Esaú (Gn 36.33) e, portanto, um "contemporâneo" de Diná. Segundo a versão do *Testamento de Jó*:

> Eu sou vosso pai, Jó, um homem que tem suportado tudo com paciência. Vós sois uma raça escolhida, honorável, da semente de Jacó, o pai de vossa mãe. Eu pertenço aos filhos de Esaú, o irmão de Jacó. Dele descende a vossa mãe, Diná, da qual os gerei (1.5,6).

---

[6] A lenda aqui presente não tem base alguma no texto bíblico. Sua origem se deve a razões puramente apologéticas, tendo o objetivo de desfazer o escândalo gerado pelo casamento de José com uma estrangeira no judaísmo pós-bíblico.

E assim, a imaginação popular transformou o piedoso Jó bíblico, da "terra de Uz" (Jó 1.1), de origem não israelita, em um descendente de Esaú vinculado à linhagem sagrada de Jacó por meio de Diná.

Comentário final

Como em muitos outros casos, também aqui a interpretação bíblica surgiu para solucionar as dificuldades do relato. Segundo essa nova versão dos fatos, Simeão e Levi com certeza não cometeram nenhum crime contra a humanidade, mas eram pessoas "justas e retas" que executaram a merecida punição em nome da justiça divina. E Diná deixou de ser uma personagem passiva e quase anônima na versão bíblica para se converter por meio da exegese na esposa do piedoso Jó ou na devota mãe da esposa do justo José. Dessa forma, a sabedoria popular transformou um melodrama bíblico de violação, amor e vingança em uma história edificante, repleta de conteúdo espiritual.

CAPÍTULO 7

José no Egito: história real ou romance histórico?

A história de José

A última parte do livro de Gênesis apresenta a maravilhosa e emocionante história de José (cap. 37—50).[1] Sem dúvida, a biografia do patriarca José é uma das peças mais bem realizadas da narrativa bíblica, em que as técnicas literárias e a sofisticação psicológica das personagens chegam aos níveis mais altos da literatura mundial.

Esse romance histórico que, com toda a probabilidade, teve uma origem independente antes de ser incorporado ao presente contexto narrativo (a história patriarcal), não foi originariamente escrito com o propósito de distrair os leitores ou ouvintes; antes, teve um objetivo didático. Segundo palavras de Roland de Vaux:

> [...] também quer ensinar. Parece com a antiga literatura sapiencial. A longanimidade de José (cf. Pv 14.29; 15.18), seu esquecimento dos delitos (cf. Pv 24.29), sua castidade (cf. o tema sapiencial da "mulher estrangeira"), fazem dele um modelo imitável. A humildade de José o leva às honras, como se diz em Provérbios (15.33; 22.4). Mas o fundamento da humildade é o temor de Deus (cf. Pv 15.33), e José "teme a Deus" (Gn 42.18), é submisso à sua vontade. Porque, em que pese sua aparência profana e suas relações com a sabedoria oriental, a antiga sabedoria israelita é religiosa. "O Senhor dirige os passos do homem", diz Provérbios 20.24. Na história de José, Deus não aparece nem fala, como o faz nas histórias dos patriarcas; mas guia todos os acontecimentos.
>
> A chave dessa longa história nos é dada em Gênesis 45.8: "Assim, não foram vocês que me mandaram para cá", e em Gênesis 50.20: "Vocês planejaram o mal contra mim, mas Deus o tornou em bem". Esses dois textos expressam com clareza a lição que no relato estava apenas implícita. Esse ensinamento de sabedoria também está relacionado à "história sagrada". A providência especial que Deus dispensa a José tem como consequência o estabelecimento de seus irmãos no Egito

---

[1] Com exceção dos capítulos 38 ("História de Judá e de Tamar") e 49 ("Bênçãos de Jacó"), que claramente são unidades literárias independentes, incluídas numa fase posterior (por ocasião da redação final do livro).

e é garantia de que Deus continuará guiando-os: "Mas Deus certamente virá em auxílio de vocês e os tirará desta terra, levando-os para a terra que prometeu com juramento a Abraão, a Isaque e a Jacó". São as últimas palavras de José (Gn 50.24).[2]

O contexto egípcio do relato

A história de José se caracteriza por apresentar numerosos detalhes provenientes da cultura egípcia. Um exemplo é a história de José e a esposa de Potifar (Gn 39.1-20), que encontra paralelo notável no conto egípcio "a história dos dois irmãos".[3] Como no similar bíblico, em que José permaneceu fiel a seu dono (v. 7-9), também aqui um irmão se recusou a trair seu irmão:

> Para mim você é como uma mãe, e seu marido é um pai para mim, porque ele me educou, o que vale mais. Será que não percebe quão horrível é isso que tem me proposto? Não volte a dizer isso, e eu não o contarei a ninguém, nem alguém o ouvirá da minha boca.[4]

E da mesma forma que a sedutora insatisfeita acusou com falsidade o justo José de tentar estuprá-la (v. 11-20), também no conto egípcio a mulher acusou gratuitamente o irmão mais novo de querer deitar-se com ela:

> Ninguém tem falado comigo além de seu irmão mais novo. Quando veio buscar o cereal, como eu estava sozinha, ele disse: "Venha, vamos nos deitar juntos um pouco. Coloque seu melhor vestido". Eu não quis atendê-lo e lhe disse: "Eu não sou uma mãe para você, e seu irmão mais velho não é para você como um pai?". Então ele ficou assustado e me bateu para que não dissesse nada.[5]

Outro paralelo impressionante encontra-se no tema da ascensão de José ao poder. Como na versão bíblica (41.37-49), as fontes egípcias relatam sobre outros semitas que fizeram carreira no Egito. Nesse sentido, um bom exemplo é o túmulo de certo Tutu, encontrado em Amarna, que acumulou, entre outros, o título de mordomo de Amenófis IV-Aquenáton, ou o caso do semita Yanhamu, que era encarregado dos celeiros reais. E, como no caso de José, que o faraó lhe pôs o nome

---

[2] DE VAUX, **Historia antigua de Israel**, v. I, p. 293-294. As qualidades narrativas sublimes da história, o tema central da chegada de José ao poder e a chave teológica da história, lembram notavelmente as características literárias e a mensagem religiosa do livro bíblico de Ester. No entanto, ao contrário da história de José, o tema da providência divina aparece totalmente velado e implícito em Ester, a ponto de o próprio nome de Deus não ser mencionado nessa obra.

[3] Este conto de caráter moral foi parcialmente traduzido por Emmanuel de Rougé em 1852, e foi um dos primeiros relatos egípcios recuperados já na idade contemporânea.

[4] VIDAL MANZANARES, **Contos**, p. 129.

[5] Ibid., p. 130.

egípcio *Zafenate-Paneia* — "Deus disse que está vivo" — (v. 45), o semita Benazén, um nativo de Ziribashani, no norte da Transjordânia, recebeu dois nomes egípcios: Ramsés-em-per-Ra, que lhe tinha sido dado por Ramsés II, e Miri-unu.

No entanto, o nome egípcio de José é apenas um dos muitos nomes no relato com origem na onomástica egípcia: *Potifar* — "Presente de Rá" — (39.1); *Asenate* — "Que pertence à deusa Neith" — (41.45). E, se a isso acrescentarmos a referência à prática de embalsamamento de Jacó e José (50.2,3,26), a cerimônia da nomeação de José como alto oficial (41.42,43) ou os detalhes da reforma agrária (47.13-26), torna-se claro que o autor bíblico detinha um conhecimento bastante qualificado da sociedade e cultura egípcias.[6]

Essa seção "etnográfica" do livro de Gênesis, tão excepcional na literatura bíblica, lembra a famosa descrição do Egito encontrada no segundo livro das *Histórias*, de Heródoto de Halicarnasso (séc. V a.C.), na qual o grande historiador grego descreve com riqueza de detalhes a topografia do país, os costumes civis e religiosos (como a crença nos animais sagrados e os métodos de embalsamamento de cadáveres), ou o método de construção das pirâmides. Todavia, ao contrário de Heródoto, cujo interesse primário foi apresentar ao leitor uma descrição "fidedigna" da sociedade e da cultura egípcias ao estilo da ciência etnográfica (desenvolvida originariamente pelos mesmos gregos), a narrativa bíblica, apesar de sua impressionante curiosidade a respeito das instituições, costumes e modo de governo, usou os elementos egípcios mais como decoração do enredo, sem o objetivo científico claro de conhecer o "outro".

História real ou romance histórico?

Os historiadores e estudiosos bíblicos avaliaram de formas distintas a presença dos elementos egípcios na história de José. Em uma delas, a informação foi vista como prova da autenticidade da história: "A história bíblica de José e a estada dos filhos de Israel no Egito têm lugar no turbulento período do domínio dos estrangeiros hicsos no Nilo".[7] (De fato, Josefo foi o primeiro, a partir da tradição presente na obra do sacerdote egípcio e historiador Maneto [séc. III a.C.], a vincular esse povo de "pastores" com a história de José e seus irmãos.)[8]

---

[6] No entanto, em alguns casos é possível constatar que o autor israelita adaptou certos elementos à realidade palestinense. Segundo Briend ("José", p. 342), "assim, no sonho do faraó, as espigas são ressequidas pelo vento leste (Gn 41.23-27); mas, se o redator conhecesse melhor o clima do Egito, deveria ter falado do vento sul".

[7] KELLER, **E a Bíblia tinha razão**, p. 107. Os hicsos (uma palavra de origem egípcia que significa "governantes de nações estrangeiras") eram um povo de origem semita (hurritas?, amorreus?, cananeus?) que, graças ao domínio de avanços tecnológicos significativos, como, por exemplo, a introdução do arco composto, a armadura de escamas de bronze, os punhais e espadas curvas de bronze, o uso do cavalo e dos carros de guerra, tomaram o controle político do Egito entre 1700 e 1550 d.C., estabelecendo sua capital na cidade de Aváris, localizada no delta do rio Nilo.

[8] Cf. **Contra Apião** I, 14-15.

O renomado arqueólogo Roland de Vaux vai nessa mesma direção, afirmando que a tradição acerca de José "deve ter uma base histórica. Não há razão alguma para duvidar de que uma personagem chamada José tenha existido de fato".[9] No entanto, ao contrário da opinião mencionada anteriormente, De Vaux considerava que as fontes à disposição dos estudiosos não permitem fixar com precisão o contexto histórico desse relato bíblico:

> Em resumo, os documentos extrabíblicos tornam provável a vinda de um semita chamado José, que, sendo escravo, passou a desempenhar altas funções; tornam igualmente plausível o assentamento de um grupo de semitas, aparentados com José, no delta, ou seja, essencialmente a história de José e seus irmãos. Mas estes documentos não permitem determinar o período de José nem a data da vinda de seus "irmãos".[10]

Contudo, apesar da dificuldade de fixar seu contexto histórico real, De Vaux concluiu que a história de José havia sido composta no reinado de Salomão:

> [...] nasceu em Israel a literatura sapiencial, em que este povo se abriu à influência da cultura estrangeira, em especial a do Egito, e que se escreveu a primeira grande obra literária de Israel, a história da sucessão ao trono de Davi (2Sm 9; 1Rs 2), que se pode comparar em qualidade com a história de José.[11]

G. Coats adota outra linha de interpretação; ao aceitar a datação salomônica do relato bíblico, faz a distinção metodológica de dois conceitos distintos e inconfundíveis: "história" e "literatura":

> No entanto, é importante observar que nenhum dos documentos do segundo milênio menciona José e seus irmãos pelo nome. Os documentos servem apenas para estabelecer que a história de José constrói seu enredo com cuidadosa atenção aos detalhes culturais de um período particular. O relato usa a verossimilhança histórica de maneira efetiva. Mas a descrição efetiva de uma cultura que existiu de verdade não estabelece a historicidade dos acontecimentos e das personagens apresentados na narrativa de José, tampouco os nega. O relato tem valor *como relato*, não como um objeto que conduz o leitor para além da narrativa, a outra realidade, como os acontecimentos históricos, reais, que envolvem José, seus irmãos e seu pai. O mesmo processo pode ser formulado sobre a definição do gênero literário do relato. Definir o relato como um conto não implica que a descrição dos acontecimentos da trama seja simplesmente ficção. Nada na definição do gênero

---

[9] Vaux, **Historia antigua de Israel**, v. I, p. 308.
[10] Ibid., p. 311.
[11] Ibid., p. 294.

nega a possibilidade de que a estrutura da trama reflita acontecimentos históricos. Mas a definição do gênero não permite ao crítico ir além do relato, a fim de reconstruir o processo histórico.[12]

Comentário final

Essas considerações metodológicas provavelmente são confusas, e até extremamente sofisticadas para muitos leitores. Alguns podem estar se perguntando: que importância tem estabelecer a distinção entre "história" e "literatura"? No entanto, essa distinção é fundamental. Na época em que o fundamentalismo e o literalismo têm se alastrado com força incomum entre os devotos das três religiões monoteístas, torna-se, portanto, essencial distinguir as duas categorias de análise ao estudar a Bíblia ou qualquer outra fonte escrita, e assim evitar cair na apologia selvagem, no cientificismo barato ou nos erros crassos.

---

[12] Coats, Joseph, son of Jacob, p. 980-981 (tradução nossa).

Capítulo 8
A castidade de José

A sabedoria de José

O patriarca José é apresentado na narrativa bíblica como um sábio dotado de qualidades intelectuais excepcionais. Sua capacidade lhe permitiu interpretar sonhos intrincados (Gn 40; 41.1-32), como também administrar o país em tempos de crise (47.13-26). De acordo com as palavras elogiosas do governante egípcio: "Por isso o faraó lhes perguntou: 'Será que vamos achar alguém como este homem, em quem está o espírito divino?' Disse, pois, o faraó a José: 'Uma vez que Deus lhe revelou todas essas coisas, não há ninguém tão criterioso e sábio como você'" (41.37-39).

Como demonstrou alguns anos atrás o teólogo alemão Gerhard von Rad (1901–1971), a história de José reflete os mais altos ideais da antiga *hokma* ou sabedoria; ou seja, a longanimidade (cf. Pv 14.29; 15.18), o perdão de ofensas (cf. Pv 24.29; 10.12) e a humildade (cf. Pv 15.33; 22.4). Em sua opinião, esses elementos sapienciais tiveram origem na literatura egípcia:

> Não que em sua forma atual fosse só uma narrativa egípcia (é evidente que foi contada por um não egípcio para pessoas não egípcias), mas se deve supor que estímulos literários, modelos e mesmo materiais literários diretos, do Egito, intervieram no nascimento da história de José.

Portanto, não surpreende que o tema da sabedoria de José fosse também um dos temas preferidos da antiga exegese judaica. Como afirmava Flávio Josefo:

> Jacó alcançou uma felicidade tão grande que dificilmente algum outro homem a terá igualado. Era o mais rico dos habitantes de sua terra, e era invejado e admirado ainda mais por ter filhos virtuosos, sem defeitos, trabalhadores e capazes de notável inteligência. [...] José, filho de Raquel, era quem mais ele amava de todos os seus filhos, pela beleza do corpo e as virtudes da alma (porque era superior a todos em sabedoria) (*Antiguidades judaicas* II, ii, 1).

Nos círculos rabínicos, a sabedoria de José não foi entendida como qualidade natural, mas como resultado da eleição divina:

> Rabino Pinchas dizia: O Espírito Santo habitou em José desde sua juventude até o dia de sua morte, e lhe estava guiando com palavras de sabedoria como o pastor conduz seu rebanho, como está dito: "Pastor de Israel, escuta, tu que guias José como a um rebanho" [Sl 80.2] (*Capítulos do rabino Eliezer*, cap. XXXIX, 2).

A castidade de José

Uma das virtudes mais elogiadas na literatura sapiencial antiga era a capacidade de o sábio não cair na armadilha preparada pela "mulher imoral":

> Pois os lábios da mulher imoral destilam mel; sua voz é mais suave que o azeite, mas no final é amarga como fel, afiada como uma espada de dois gumes. Os seus pés descem para a morte; os seus passos conduzem diretamente para a sepultura. Ela nem percebe que anda por caminhos tortuosos, e não enxerga a vereda da vida (Pv 5.3-6).

Esse tema tão popular nos livros de sabedoria havia servido como pano de fundo da história de José e a esposa de Potifar:

> [...] e, depois de certo tempo, a mulher do seu senhor começou a cobiçá-lo e o convidou: "Venha, deite-se comigo!" Mas ele se recusou e lhe disse: "Meu senhor não se preocupa com coisa alguma de sua casa, e tudo o que tem deixou aos meus cuidados. Ninguém desta casa está acima de mim. Ele nada me negou, a não ser a senhora, porque é a mulher dele. Como poderia eu, então, cometer algo tão perverso e pecar contra Deus?" Assim, embora ela insistisse com José dia após dia, ele se recusava a deitar-se com ela e evitava ficar perto dela. Um dia ele entrou na casa para fazer suas tarefas, e nenhum dos empregados ali se encontrava. Ela o agarrou pelo manto e voltou a convidá-lo: "Vamos, deite-se comigo!" Mas ele fugiu da casa, deixando o manto na mão dela (v. 7-12).

A ação piedosa de José foi considerada pelos antigos intérpretes o episódio mais importante da vida do patriarca, destacando sua notável capacidade de autocontrole sexual:

> Por isso elogiamos o virtuoso José, porque venceu a luxúria com seu raciocínio. Apesar da juventude e de possuir plena capacidade para a união carnal, reprimiu com a razão o aguilhão de suas paixões. No entanto, a razão vence o impulso não só do desejo carnal, mas de qualquer outro desejo (*4Macabeus* 2.2-4).

O fascínio dos judeus pelo controle sexual de José levou os exegetas do passado a reescreverem a história original, expandindo-a e a dramatizando ao estilo helenístico.

Um exemplo nesse sentido é a versão encontrada na obra apócrifa chamada *Testamento de José*.

De acordo com esse livro, José contou aos filhos e irmãos no leito de morte as vicissitudes sofridas na casa de Potifar:

> Quantas vezes a egípcia me ameaçou de morte! Quantas vezes ela me mandava chamar e me infligia castigos e ameaças quando me recusava a satisfazer sua vontade! [...] Eu, porém, pensava nas palavras do meu pai Jacó, recolhia-me ao quarto e orava a Deus. Durante os sete anos pratiquei o jejum; no entanto, parecia aos egípcios como se eu estivesse vivendo de forma regalada. Pois todos os que jejuam por amor de Deus conservam a face radiante (3.1-4).

Segundo essa nova versão dos fatos, a insistência da mulher não conhecia limites, a ponto de sugerir o assassinato do próprio marido:

> Em outra ocasião, voltou a falar-me: "Se você não deseja o adultério, então envenenarei meu marido, depois casarei com você segundo a lei". Ao ouvir isso, rasguei minhas vestes e exclamei: "Mulher, tenha temor a Deus! Não cometa esse ato criminoso, para não cair em completa ruína! Denunciarei todas as suas más intenções". Então ela suplicou-me, cheia de medo, para que eu não revelasse seu plano (5.1-3).

No entanto, a sedução da mulher não cessou; ao contrário, tornou-se um verdadeiro assédio sexual: "Quando eu ainda me encontrava em sua casa, ela desnudava seus braços, seu peito e suas pernas, no intuito de me atrair. Ela era muito bonita, e enfeitava-se admiravelmente, apenas para me seduzir" (9.5).

E, assim, chegamos ao ápice do relato:

> Digo-lhes, meus filhos, que era aproximadamente três horas da tarde quando ela se afastou de mim. Prostrei-me de joelhos diante do Senhor durante toda aquela tarde e continuei durante toda a noite. Pela manhã, levantei-me derramando lágrimas e suplicando pela minha libertação daquela mulher. Por fim, ela me agarrou pelas vestes e procurou deitar-se comigo à força. Ao perceber que ela se agarrava alucinadamente às minhas roupas, consegui livrar-me e fugi nu. Então ela foi caluniar-me junto ao marido, e este me lançou na prisão da casa. No dia seguinte mandou açoitar-me e, depois, enviou-me ao cárcere do faraó (8.1-4).

No entanto, mesmo estando na prisão, José se viu submetido às incessantes solicitações da egípcia:

> Muitas vezes me mandou um mensageiro para dizer-me: "Aceite satisfazer meu desejo! Então o livrarei das suas cadeias e o tirarei dessa escuridão". Mas nem

em pensamento eu estava disposto a concordar. Pois Deus ama muito mais quem vive em castidade, no fosso escuro, que quem se refestela no aposento real (9.1,2).

Essa nova versão da história de José é concluída com uma lição de moral; ou seja, as virtudes da castidade:

> Vejam agora, meus filhos, que obras grandiosas produzem a paciência, a oração e o jejum! Se vocês se esforçam em ser castos e puros com paciência e humildade de coração, o Senhor habitará em vocês. Ele ama a castidade. Quando o Altíssimo mora no coração de alguém, ainda que este seja alvo de inveja, seja escravizado, seja caluniado, o Senhor que habita nele, contudo, não só o livrará do mal por causa da sua castidade, como o exaltará e o honrará como fez comigo, pois [essas vicissitudes] oprimem o homem em obras, palavras ou em pensamento (10.1-4).

O ascetismo judaico no período greco-romano

Esses elogios à castidade não eram atípicos no judaísmo desse tempo. Ao contrário, a modéstia sexual e a vida ascética eram consideradas virtudes religiosas de alta estima no período greco-romano. Um exemplo nesse sentido é encontrado no livro de *Judite*. Segundo o relato, depois da morte do marido,

> Judite vivia em sua casa, desde que se tornara viúva havia três anos e quatro meses. Fizera para si um quarto no terraço da casa. Vestia um pano de saco sobre os rins e cobria-se com o manto de sua viuvez. Jejuava todos os dias de sua viuvez, exceto nas vigílias de sábado, nos sábados, nas vigílias da lua nova, nas luas novas e nos dias de festa e de regozijo da casa de Israel (8.4-6, *Bíblia de Jerusalém*).

E, com exceção de sua ação salvadora (a decapitação do general assírio Holofernes), para a qual se tornou uma *mulher fatal*, Judite viveu a vida ascética até o final da existência.

Outro testemunho notável de ascetismo encontra-se na seita dos essênios. Como afirmam os testemunhos antigos (Fílon de Alexandria, Josefo e Plínio, o Velho), esses judeus piedosos não costumavam se casar (ou pelo menos, um de seus ramos mais radicais). E, ao estilo dos monges cristãos de épocas posteriores, eles também se dedicavam à oração, à contemplação e ao estudo das Escrituras a vida inteira.

Por fim, temos o caso emblemático de Paulo de Tarso, que formulou com sua habitual profundidade e maestria a doutrina sobre a castidade e o casamento nos seguintes termos:

> Quanto aos assuntos sobre os quais vocês escreveram, é bom que o homem não toque em mulher [...]. Digo isso como concessão, e não como mandamento.

> Gostaria que todos os homens fossem como eu; mas cada um tem o seu próprio dom da parte de Deus; um de um modo, outro de outro. Digo, porém, aos solteiros e às viúvas: é bom que permaneçam como eu. Mas, se não conseguem controlar-se, devem casar-se, pois é melhor casar-se do que ficar ardendo de desejo (1Co 7.1-9).

Todos esses exemplos nos mostram com clareza, portanto, que em certos círculos piedosos do judaísmo do Segundo Templo se tinha desenvolvido uma clara tendência ascética, provavelmente em reação à libertinagem e ao descontrole sexual prevalecentes na sociedade greco-romana da época. Assim, essa orientação religiosa levou o autor anônimo de *Testamento de José* a transformar o outrora sábio bíblico em um "quase monge" judeu.

Capítulo 9
Moisés: o nascimento de um herói

O nascimento de Moisés

O livro de Êxodo começa seu relato contando-nos sobre a mudança de circunstâncias experimentada por Israel no Egito, passando de uma situação de prosperidade para um período de tirania e escravidão (Êx 1.8-14). Essa nova realidade dos hebreus tornou-se mais problemática quando o novo faraó, sem qualquer razão explícita, deu uma ordem totalmente irracional: "Lancem ao Nilo todo menino recém-nascido, mas deixem viver as meninas" (v. 22).

Logo depois dessa introdução, o Pentateuco apresenta a personagem central: Moisés. Segundo o relato bíblico, um casal "anônimo" da tribo de Levi deu à luz um filho. Não podendo escondê-lo por mais tempo, depois de três meses a mãe decidiu salvá-lo de uma forma "original": "[...] pegou um cesto feito de junco e o vedou com piche e betume. Colocou nele o menino e deixou o cesto entre os juncos, à margem do Nilo" (Êx 2.3).

A providência fez que a filha do faraó descesse ao rio para se banhar, e, nessa oportunidade, ela avistou um cesto entre os juncos, salvando então, milagrosamente, a criança da morte certa (v. 5,6). Dessa maneira, o futuro herói de Israel, que salvaria Israel das águas (Êx 14.15-30), foi ele mesmo retirado da água, derivando desse episódio seu nome: "Moisés" (2.5-10).

O motivo do infanticídio: uma lenda antiga

Como se viu, a sucessão de acontecimentos que levaria Moisés a ser criado pela filha do faraó e crescer com os egípcios teve origem na ordem do governante de matar os meninos. No entanto, a razão da ordem em si não aparece exposta no relato bíblico: Por que o faraó decidiu pôr em prática a política sistemática de assassinato? Que motivos ele tinha para matar os meninos em uma economia baseada no trabalho escravo?

No livro de Êxodo, sem dúvida, não há resposta para essas perguntas. No entanto, nos escritos de Flávio Josefo, historiador judeu da Palestina, encontramos a "solução" para o problema. De acordo com a sua versão dos acontecimentos:

> Estando assim as coisas, ocorreu um evento que aumentou o desejo dos egípcios de exterminar nossa nação. Um dos escribas sagrados, homens muito astutos para prever eventos futuros, disse ao rei que por esse tempo nasceria um menino israelita que, quando fosse adulto, derrubaria o domínio dos egípcios e exaltaria os israelitas. Superaria a todos os homens em virtudes e obteria uma glória que duraria para sempre. O rei teve tanto medo que, de acordo com a opinião desse homem, ordenou a matança de todos os meninos que nascessem aos israelitas, lançando-os ao rio [...] (*Antiguidades judaicas* II, ix, 2).

Essa lenda em Josefo faz lembrar a história do nascimento de outro famoso herói antigo, Ciro, rei da Pérsia (séc. VI a.C.). De acordo com a versão encontrada na obra histórica do grego Heródoto (séc. V a.C.), o rei medo Astíages, como resultado de um sonho estranho, em que parecia que do ventre de sua filha saía uma videira que cobria com sua sombra toda a Ásia,

> [...] fez vir da Pérsia a sua filha, que já estava nos últimos dias de sua gravidez, e colocou-a sob vigilância, com a intenção de matar a criança que estava para nascer, pelo fato de os magos lhe terem predito que a criança estava destinada a reinar em seu lugar (*Os nove livros de história* I, CVIII).

Um relato muito parecido aparece também na história das origens de Jesus. De acordo com a versão encontrada em Mateus (2.1-12), em razão do surgimento prodigioso de uma estrela e sua posterior fixação sobre o lugar onde estava o menino recém-nascido Jesus, o rei Herodes temia que se cumprisse a profecia anunciada pelo profeta Miqueias (5.1), segundo a qual a cidade de Belém seria o local de nascimento do Messias. Como no caso dos relatos de Ciro e Moisés (segundo a versão de Josefo), também aqui o rei governante decidiu eliminar o rival, e "ordenou que matassem todos os meninos de dois anos para baixo, em Belém e nas proximidades, de acordo com a informação que havia obtido dos magos" (2.16).

Por sua vez, conta-se uma história muito parecida com a de Jesus sobre as origens de Abraão em uma obra medieval judaica, chamada *Sefer HaYashar*. De acordo com essa composição, nos tempos do rei Ninrode, na noite em que o príncipe Tera teve um filho, os cortesãos, conselheiros e astrólogos do rei viram no céu um enorme cometa que corria pelo horizonte desde o oriente e tragava quatro estrelas, cada uma delas fixa em uma parte diferente do céu. Em vista desse presságio, a conclusão era óbvia para eles: "O filho recém-nascido de Tera será um imperador poderoso. Seus descendentes se multiplicarão e herdarão a terra por toda a eternidade, destronarão reis e possuirão sua terra". De modo previsível, também nesse caso o temeroso rei quis matar o recém-nascido para evitar ser deposto.

Moisés: herói mitológico?

Como se pode observar, em todas essas histórias encontramos uma estrutura similar dos acontecimentos: 1) o nascimento dos heróis foi anunciado por meio de sinais; 2) o menino estava destinado a reinar em lugar do governante no poder; e 3) o medo do governante de ser substituído pelo recém-nascido leva-o a querer matá-lo. Como se poderia supor, então, em alguma versão antiga sobre as origens de Moisés, também teria existido igualmente uma sucessão parecida de acontecimentos. No entanto, vimos anteriormente que apenas a última das razões aparece no livro de Êxodo. Por que o autor bíblico quis apresentar uma versão parcial sobre as origens do herói e omitir a história sobre os prodígios?

De acordo com Avigdor Shinan e Yair Zakovitch, professores da Universidade Hebraica de Jerusalém, essa modificação da história básica se devia a razões teológicas. O autor bíblico não quis apresentar Moisés como um herói mitológico que desde o início da existência havia sido designado pelo destino para ser o salvador de Israel. Ao contrário dos heróis lendários, escolhidos por meio de sinais para governar seu povo, o escriba antigo preferiu apresentar Moisés como uma pessoa real, de carne e osso, que obteve o direito por seu mérito próprio, ao demostrar responsabilidade social, compaixão pelo sofrimento dos outros e uma profunda consciência de justiça (Êx 2.11-17). Nas palavras dos professores: "O Moisés da *Torá* nasceu como todos os homens e, como tal, merece a honra de um grande homem, porém não mais do que isso".

Capítulo 10

"Moisés subiu para Deus": o novo Enoque?

A subida de Moisés ao monte

De acordo com a narrativa bíblica, no terceiro mês após a saída do Egito, o povo de Israel chegou ao deserto do Sinai e acampou diante do monte. Foi nessa ocasião que "Moisés subiu o monte para encontrar-se com Deus" (Êx 19.3), e para receber a revelação da seguinte mensagem:

> E o Senhor disse a Moisés: "Vá ao povo e consagre-o hoje e amanhã. Eles deverão lavar as suas vestes e estar prontos no terceiro dia, porque nesse dia o Senhor descerá sobre o monte Sinai, à vista de todo o povo. Estabeleça limites em torno do monte e diga ao povo: Tenham o cuidado de não subir ao monte e de não tocar na sua base. Quem tocar no monte certamente será morto" (v. 10-12).

A partir desse ponto, Moisés vai subir o monte várias vezes para receber a mensagem divina e transmiti-la ao povo.

Como anunciado, o Senhor apareceu no terceiro dia em toda a sua glória no monte:

> Ao amanhecer do terceiro dia houve trovões e raios, uma densa nuvem cobriu o monte, e uma trombeta ressoou fortemente. [...] O monte Sinai estava coberto de fumaça, pois o Senhor tinha descido sobre ele em chamas de fogo. Dele subia fumaça como que de uma fornalha; todo o monte tremia violentamente, e o som da trombeta era cada vez mais forte. Então Moisés falou, e a voz de Deus lhe respondeu. O Senhor desceu ao topo do monte Sinai e chamou Moisés para o alto do monte. Moisés subiu [...] (v. 16-20).

Após o diálogo mantido no monte (v. 21-23), Deus ordenou a Moisés descer até o povo para depois voltar a subir com Arão (v. 24,25).

Segundo a ordenança divina, então, Moisés voltou a subir o monte. Um primeiro trecho fez em companhia de Arão, Nadabe e Abiú e 70 autoridades de Israel (24.9), ou, de acordo com outra versão, com Josué, seu auxiliar (v. 13), para finalmente entrar sozinho "na nuvem" e permanecer no monte quarenta dias e quarenta noites (v. 15-18).

O monte Sinai: uma montanha sagrada

O relato sobre a revelação do Senhor no monte Sinai pressupõe que a montanha sagrada seja um espaço de interseção entre o humano e o divino. Essa crença, é claro, não é exclusiva de Israel. Como afirma Gerardus van der Leeuw:

> Há montanhas sagradas em todo o mundo, sejam as que se lhes atribuem apenas algum poder, sejam as em que se concebe o poder como demônio ou deus. As montanhas distantes, inacessíveis, frequentemente vulcânicas, sombrias, sempre majestosas, se afastam do cotidiano e por isso têm a força do totalmente outro.

Assim como o Japão tem o seu sagrado monte Fuji ou a Grécia, o monte Olimpo, também Israel tem suas montanhas sagradas, seja o Tabor, seja o Hermom, seja o Sinai.

Seguindo a análise proposta por um estudioso das religiões, o romeno Mircea Eliade (1907-1986), pode-se dizer que por trás do conceito "monte Sinai", como por trás de qualquer outro espaço sagrado, está implícita

> uma sequência de concepções religiosas e imagens cosmológicas solidárias e se articulam em um "sistema", ao qual se pode chamar de "sistema do mundo" das sociedades tradicionais: a) um lugar sagrado constitui uma rotura na homogeneidade do espaço; b) essa rotura é simbolizada por uma "abertura", pela qual se tornou possível a passagem de uma região cósmica a outra (do céu à terra e vice-versa; da terra ao mundo inferior); c) a comunicação com o céu é expressa indiferentemente por certo número de imagens referentes todas elas ao *Axis mundi*: pilar (cf. a *universalis columna*), escada (cf. a escada de Jacó), montanha, árvore, cipós etc.; d) em torno desse eixo cósmico estende-se o "mundo" ("nosso mundo") — logo, o eixo encontra-se "ao meio", no "umbigo da Terra", é o centro do mundo.

A ascensão ao céu e a transformação de Moisés

No entanto, uma antiga tradição rabínica propôs uma interpretação altamente ousada, segundo a qual o encontro de Deus com Moisés não ocorreu na terra, mas no céu. O monte Sinai se tornara uma "montanha celestial":

> A sexta descida foi quando baixou ao Sinai, como está escrito: "O Senhor desceu ao topo do monte Sinai" [Êx 19.20]. No dia seis de sivã, o Santo, bendito seja, se revelou a Israel no monte Sinai. O monte Sinai foi arrancado do seu lugar, e os céus se abriram, o topo da montanha penetrou nos céus, e o *Arafel* [em hebraico, "nuvem"] cobriu o monte. O Santo, bendito seja, estava sentado no trono,

com os pés firmes no *Arafel*, como está escrito: "Ele abriu os céus e desceu; nuvens escuras estavam debaixo dos seus pés" [2Sm 22.10; Sl 18.9] (*Capítulos do rabino Eliezer* XLI, 1).

Apesar da óbvia fantasia presente nessa tradição, esta daria a entender que, junto com a montanha, Moisés também havia ascendido ao céu para encontrar-se com Deus no templo celestial e receber ali a *Torá*. E, como sugerem algumas fontes antigas, na ocasião de sua subida ao monte Sinai, Moisés havia se transformado em um "ser divino". Como estabelecia a *Pesiqta deRav Kahana*: "[...] Moisés, homem de Deus" (Dt 33.1): um homem quando subiu às alturas, um deus quando desceu à terra" (*Zot haberakhah*; tradução nossa).

Essa transformação "ontológica" de Moisés é sugerida de alguma maneira nas Escrituras, quando nos dizem que, ao descer pela segunda vez do monte Sinai, "Moisés não sabia que o seu rosto resplandecia por ter conversado com o SENHOR" (Êx 34.29). Como afirmou Fílon de Alexandria:

> Com efeito, tendo subido por ordem divina ao monte inacessível e intransitável, o mais alto e sagrado da região, permaneceu nesse tempo sem levar nada apropriado para satisfazer sua necessidade de alimento; e após quarenta dias desceu com muito melhor aspecto do que quando havia subido, até o ponto que aqueles que o viam ficavam amedrontados, e seus olhos não podiam continuar olhando-o face a face, de tal maneira era resplandecente a claridade que, semelhante aos raios solares, chegava até eles (*Moisés* II, 70).

A ascensão ao céu e a transformação de Enoque

Mesmo que ao leitor pareça inverossímil e fantasioso que Moisés tenha ido ao céu e se tornado um ser quase celestial, essa possibilidade não havia parecido anormal ou inconcebível aos judeus da Antiguidade. No mundo impregnado de concepções míticas, como era a civilização greco-romana, os limites entre o "natural" e o "sobrenatural" eram vagos e flexíveis.

Um exemplo nesse sentido é a antiga tradição sobre o patriarca antediluviano Enoque. De acordo com a tradição presente em um dos livros apócrifos, Enoque foi levado ao céu para lhe dar a conhecer os segredos celestiais:

> Depois disso meu espírito foi arrebatado, ascendendo aos céus. Eu vi os filhos dos santos anjos andando em chamas de fogo, cujas vestimentas e mantos eram brancos e cujos semblantes eram transparentes como cristal. Eu vi dois rios de fogo brilhando como o jacinto [...]. E Miguel, um dos arcanjos, tomou-me pela mão direita e levantou-me, trouxe-me para onde estavam todos os segredos, e mostrou-me todos os arcanos da misericórdia e da retidão. Ele me mostrou todas

as coisas ocultas das extremidades do céu, todos os receptáculos das estrelas e o seu esplendor, desde quando elas saíram de diante da face do Santo (*Primeiro livro de Enoque* 71.1-4).

Na sequência do relato, depois de ter descoberto esses segredos celestiais, Enoque voltou do céu para entregar ao seu filho Matusalém os livros com todos os conhecimentos esotéricos adquiridos:

> Então aqueles sete santos fizeram que eu me aproximasse, e colocaram-me na terra, diante da porta da minha casa. E eles me disseram: Explique tudo a Matusalém, seu filho; e informe a todos os seus filhos que nenhuma carne será justificada diante do Senhor, pois ele os criou. Durante um ano nós lhe deixaremos com seus filhos, até que tenha retomado suas forças de novo, para que possa instruir sua família, escrever essas coisas e explicá-las a seus filhos (80.7-9).

Então, seguindo essas recomendações, diz Enoque a seu filho:

> Agora, meu filho Matusalém, todas estas coisas eu lhe falei, e lhe escrevi. A você eu revelei tudo, e lhe dei os livros de tudo. Preserve, meu filho Matusalém, os livros escritos por seu pai; para que você possa revelá-los às futuras gerações. Eu lhe tenho dado sabedoria, bem como a seus filhos e à sua posteridade, para que eles possam revelar aos filhos deles, por gerações sem fim, essa sabedoria superior a seu pensamento (81.1-3; 82.1,2).

De acordo com outra tradição antiga, após ter sido arrebatado ao céu no final de seus dias, o patriarca antediluviano Enoque havia mudado de natureza, transformando-se de um ser humano em um ser angelical. Segundo o diálogo mantido no céu entre o rabino Yismael (um sábio do séc. II d.C.) e o arcanjo Metatron:

> Rabino Yismael disse: "Perguntei a Metatron: Por que você era chamado com o nome do teu criador, [por que] com setenta nomes? E sendo você o maior de todos os príncipes, o mais elevado de todos os anjos [...], por que lhe chamam "jovem" nos altos céus?". Ele respondeu, dizendo-me: "Porque sou Enoque ben Yered [...]" (*Livro hebraico de Enoque* 4.1,2).

Moisés e Enoque: duas figuras paralelas?

Então, as descrições apócrifas do patriarca antediluviano Enoque e as de Moisés têm muitas características em comum. Como o grande profeta de Israel, Enoque havia acessado a sabedoria divina e a havia escrito em um livro para transmiti-la a seus filhos. À semelhança de Enoque, Moisés teria subido ao céu e se transformado em um ser quase angelical ou divino.

Esse intercâmbio de tradições entre as duas figuras do passado seria corroborado na intrigante passagem de Josefo sobre a "morte" de Moisés, que sugeria a existência de tradições similares ao desaparecimento misterioso de Enoque. Ao contrário do relatado no Pentateuco, em que o Senhor "o sepultou em Moabe, no vale que fica diante de Bete-Peor, mas até hoje ninguém sabe onde está localizado seu túmulo" (Dt 34.6), diz o famoso historiador judeu:

> Quando ele chegou ao monte Nebo, que está em frente a Jericó e é tão alto que de lá se pode ver todo o país de Canaã, despediu-se dos senadores, abraçou Eleazar e Josué e deu-lhes o último adeus. Ainda ele falava quando uma nuvem o rodeou e ele foi levado a um vale. Os Livros Santos, que ele nos deixou, dizem que Moisés morreu porque se temia que o povo não acreditasse que ele ainda estava vivo, arrebatado ao céu por causa de sua eminente santidade (*Antiguidades judaicas* IV, viii, 179).

De acordo com o antigo historiador, Moisés não teria morrido como todos os homens, mas teria desaparecido ascendendo ao céu de maneira maravilhosa.

Como se pode concluir do exposto anteriormente, os desenvolvimentos exegéticos de ambas as personagens lendárias sofreram influências em ambos os sentidos, a ponto de apresentarem características comuns, como: "a subida ao céu", "a transmissão de sabedoria e segredos", "a escrita de livros" e a "transformação em um ser quase angelical". Esse fenômeno literário, talvez, pode estar relacionado à hipótese sugerida pelo pesquisador ítalo-americano Gabriele Boccaccini (Universidade de Ann Arbor, Michigan, EUA), segundo a qual cada um desses antigos heróis teria sido o herói mítico de um diferente tipo de judaísmo no período greco-romano (séc. III a.C.–II d.C.). Moisés teria sido o pai do "judaísmo sadoquita-fariseu-rabínico", enquanto Enoque teria sido pai do "judaísmo enóquico" (do qual teria originado o movimento essênio e a seita do mar Morto).

Não são muitos os pesquisadores que aceitam essa sugestão. Seja como for, uma verdade é incontestável: as figuras do passado sagrado de Israel sofreram transformações profundas, revelando por meio delas novas percepções espirituais sobre Deus e o homem.

CAPÍTULO 11

Balaão: profeta do Senhor ou adivinho?

O profeta Balaão na tradição bíblica

O Pentateuco nos conta a história de Balaão, filho de Beor, um profeta não israelita, que convocado por Balaque, rei de Moabe, para amaldiçoar Israel (Nm 22.5, 6,17), acabou abençoando-o com uma série de oráculos (23.7-10,18-24; 24.3-9,15-24). Como refletem as seguintes palavras, eternizadas pela liturgia judaica no serviço matutino diário: "Quão belas são as suas tendas, ó Jacó, as suas habitações, ó Israel!" (24.5).

A história de Balaão encontrada em Números 22—24 mostra claros sinais de ser uma composição literária complexa, que combina tradições do norte ("eloísta") e do sul ("javista"). Esse modelo teórico sugerido por biblistas permite entender as repetições e as inconsistências encontradas ao longo do relato. Segundo a versão sulista, por exemplo, Balaão era um adivinho, um tipo de médium. Por isso, ele aparece recorrendo à "magia" (24.1) e tendo "visões" (24.4,16). De acordo com a tradição do norte, por sua vez, Balaão era um típico profeta do Senhor, que só poderia comunicar a palavra originada no próprio Deus. No entanto, apesar da complexa combinação de tradições, a figura de Balaão em Números 22—24 tem características altamente favoráveis.

No entanto, pode-se encontrar na narrativa bíblica uma tradição alternativa, segundo a qual Balaão foi um inimigo de Israel. De acordo com a tradição sacerdotal, Balaão aconselhou as mulheres midianitas a induzirem os homens de Israel a pecar contra Deus em Peor (Nm 31.16; cf. Nm 25), e, por isso, sofreu um merecido castigo: "Também mataram à espada Balaão, filho de Beor" (Nm 31.8; cf. Js 13.22).

Outra manifestação dessa tendência na tradição de macular Balaão aparece em outras fontes da tradição bíblica. No livro de Deuteronômio, por exemplo, se diz que "além disso convocaram Balaão, filho de Beor, para vir de Petor, na Mesopotâmia, para pronunciar maldição contra vocês. No entanto, o Senhor, o seu Deus, não atendeu Balaão, e transformou a maldição em bênção para vocês, pois o Senhor, o seu Deus, os ama" (23.4b,5). Esta versão é claramente oposta à de Números 22—24, já que, enquanto na última Balaão aparece como um "profeta do Senhor" ou como um "vidente", em Deuteronômio é apresentado como um malvado disposto a amaldiçoar Israel, cujo intento foi frustrado pela ação divina.

Essa linha da tradição orientada a desenhar com traços negativos a figura desse profeta se faz também presente na famosa história da jumenta de Balaão, que, ao contrário do seu dono "cego", pode ver com seus olhos a presença do anjo do Senhor (Nm 22.22-35). A ironia do relato é clara: o "profeta" Balaão não foi capaz de ver o que sua jumenta foi capaz de fazer. Como está escrito:

> Então o Senhor abriu os olhos de Balaão, e ele viu o anjo do Senhor parado no caminho, empunhando a sua espada. Então Balaão inclinou-se e prostrou-se, rosto em terra. E o anjo do Senhor lhe perguntou: "Por que você bateu três vezes em sua jumenta? Eu vim aqui para impedi-lo de prosseguir porque o seu caminho me desagrada. A jumenta me viu e se afastou de mim por três vezes. Se ela não se afastasse a esta altura eu certamente o teria matado; mas a ela eu teria poupado" (v. 31-33).

Balaão em uma inscrição aramaica

A figura ambivalente de Balaão na tradição bíblica adquire nova dimensão quando interpretada à luz de uma inscrição aramaica em argila encontrada em 1967 em Tell Deir 'Alla, na Jordânia moderna (a leste do vale do Jordão), datada dos séculos IX-VII a.C. No título desse texto (combinação I), escrito com tinta vermelha, é mencionado certo Balaão: "Inscrição de Balaão, filho de Beor, homem que é adivinho dos deuses".

O conteúdo do texto a seguir não mostra relação alguma com o conteúdo do relato em Números. No entanto, esse Balaão "adivinho dos deuses" (cf. Nm 24.3,4,15,16) apresenta características parecidas com a versão sulista de Balaão no Pentateuco. Na sequência da inscrição, esse adivinho teve uma visão divina em sonhos, de noite, que adverte o povo acerca de uma catástrofe iminente que a deusa Shagar enviará:

> E os deuses vieram até ele durante a noite, [e lhe falaram] segundo a palavra dele, e falaram a Balaão, filho de Beor, da seguinte maneira: "Ela fará [...]". Então, Balaão levantou-se na manhã seguinte [...] enquanto chorava, sim, chorava. Então, veio até ele Eliqa [...]. "Por que você chora?" Então, ele lhe disse: "Sente-se! Eu lhe direi o que a deusa Shag[ar fará]: Você pode romper os raios do céu, em sua nuvem [pode haver] escuridão [...]".

Segundo os estudiosos, essa antiga tradição sobre um "visionário/profeta" presente em um santuário da área leste do vale do Jordão podia ter sido a fonte originária das histórias sobre o Balaão bíblico. E mesmo a tradição negativa sobre Balaão em Números e Deuteronômio, Josué e Neemias, pode ter tido como propósito originário polemizar contra esse "profeta" não israelita.

Figura 2: Balaão, a jumenta e o anjo do Senhor: uma das cenas mais irônicas do Pentateuco.

Balaão na tradição judaica

A perspectiva negativa sobre a figura de Balaão se tornou predominante na tradição judaica posterior. Segundo a versão do historiador judeu Flávio Josefo, a verdadeira intenção de Balaão teria sido amaldiçoar Israel:

> Eu não me propus elogiar esse exército, nem enumerar as diversas coisas boas que Deus se propôs fazer a seu povo, mas, como Deus estava tão inclinado em seu favor e tão disposto a conceder-lhes uma vida feliz e glória eterna, ele me sugeriu a declaração dessas coisas (*Antiguidades judaicas* IV, vi, 5).

Contudo, como esse desejo lhe foi impossível alcançar, então aconselhou a Balaque o seguinte:

> Escolha as mais belas de suas filhas [...] e mande-as para as proximidades do acampamento israelita, dizendo-lhes que, quando os jovens hebreus pedirem sua companhia, elas os atendam. Quando se virem enamorados delas, elas devem se despedir e sair, e se eles lhes pedirem para ficar, que não consintam até que os tenham persuadido a deixar a obediência às suas leis e ao culto ao Deus que os estabeleceu e a adorar os deuses dos midianitas e dos moabitas; desse modo, Deus ficará irado com eles (*Antiguidades judaicas* IV, vi, 6).

Na versão do filósofo judeu Fílon de Alexandria, Balaão foi um mago-adivinho:

> Nessa época, vivia na Mesopotâmia um homem muito renomado como adivinho, que havia aprendido os segredos da adivinhação em todas as suas formas, mas era particularmente admirado por sua experiência em previsões, pois a muitas pessoas e muitas vezes havia revelado coisas incríveis e importantes (*Sobre a vida de Moisés* I, 264).

Em uma abordagem semelhante à de Josefo, Fílon desenvolveu em detalhes o tema dos conselhos malévolos dados por Balaão a Balaque:

> Sabendo que a única forma de subjugar os judeus era apartá-los de seus padrões de vida, procurou levá-los, por meio da libertinagem e da incontinência, a outro mal maior, a impiedade; para isso lhes estendeu a isca do prazer (ibid. I, 295).

Por fim, essa percepção negativa do profeta Balaão se faz presente também na tradição neotestamentária. Em duas epístolas universais, Balaão é acusado de querer obter um "salário da iniquidade" (2Pe 2.15,16; Jd 11), enquanto em Apocalipse de João se faz referência ao conselho mal-intencionado dado por Balaão a Balaque: "No entanto, tenho contra você algumas coisas: você tem aí pessoas que se apegam aos ensinos de Balaão, que ensinou Balaque a armar ciladas contra os israelitas, induzindo-os a comer alimentos sacrificados a ídolos e a praticar imoralidade sexual" (2.14). Na tradição rabínica, Balaão converteu-se em um modelo de impiedade. Como está escrito:

> Qualquer pessoa que tem essas três coisas é dos discípulos de Abraão, nosso pai, e quem tem outras três é dos discípulos de Balaão, o ímpio. Olho bom, espírito simples, alma humilde [caracterizam] o discípulo de Abraão, nosso pai. Olho mau, espírito altivo, alma ambiciosa [caracterizam] o discípulo de Balaão, o ímpio (*Mishná, Tratado dos pais* V, 19).

Em suma, este breve estudo nos mostrou como a antiga tradição não israelita sobre "Balaão, filho de Beor, o homem adivinho dos deuses" foi elaborada e recriada na literatura bíblica e pós-bíblica. Com isso, pois, aprendemos que a tradição de Israel não nasceu em um vácuo cultural; pelo contrário, foi o resultado de um diálogo frutífero, e muitas vezes polêmico, com seu contexto social.

Capítulo 12
Josué, filho de Num: personagem histórica ou construção literária?

A nomeação do sucessor de Moisés

Segundo o relato do Pentateuco, Deus fez um anúncio dramático a Moisés às portas de Canaã:

> Então o Senhor disse a Moisés: "Suba este monte da serra de Abarim e veja a terra que dei aos israelitas. Depois de vê-la, você também será reunido ao seu povo, como seu irmão Arão, pois, quando a comunidade se rebelou nas águas do deserto de Zim, vocês dois desobedeceram à minha ordem de honrar minha santidade perante eles". Isso aconteceu nas águas de Meribá, em Cades, no deserto de Zim (Nm 27.12-14).

No entanto, em um momento tão triste da vida de Moisés, o líder de Israel não pensou sobre seu futuro pessoal, mas, sim, no destino de seu rebanho:

> Moisés disse ao Senhor: "Que o Senhor, o Deus que a todos dá vida, designe um homem como líder desta comunidade para conduzi-los em suas batalhas, para que a comunidade do Senhor não seja como ovelhas sem pastor" (v. 15-17).

Em resposta à sua preocupação sincera e honesta,

> Então o Senhor disse a Moisés: "Chame Josué, filho de Num, homem em quem está o Espírito, e imponha as mãos sobre ele. Faça-o apresentar-se ao sacerdote Eleazar e a toda a comunidade e o comissione na presença deles. Dê-lhe parte da sua autoridade para que toda a comunidade de Israel lhe obedeça. Ele deverá apresentar-se ao sacerdote Eleazar, que lhe dará diretrizes ao consultar o Urim perante o Senhor. Josué e toda a comunidade dos israelitas seguirão suas instruções quando saírem para a batalha". Moisés fez como o Senhor lhe ordenou. Chamou Josué e o apresentou ao sacerdote Eleazar e a toda a comunidade. Impôs as mãos sobre ele e o comissionou. Tudo conforme o Senhor tinha dito por meio de Moisés (v. 17-23).

A carreira de Josué

A nomeação de Josué (originariamente chamado Oseias [cf. Nm 13.16]), da tribo de Efraim (Nm 13.8; 1Cr 7.27), foi o ponto culminante da longa carreira de serviço como auxiliar e homem de confiança de Moisés (Nm 11.28; v. tb. Êx 24.13; 33.11). Sua primeira aparição na Bíblia ocorreu na função de comandante, lutando contra os amalequitas em Refidim:

> Então Moisés disse a Josué: "Escolha alguns dos nossos homens e lute contra os amalequitas". [...] Josué foi então lutar contra os amalequitas, conforme Moisés tinha ordenado. [...] E Josué derrotou o exército amalequita ao fio da espada (Êx 17.9-13).

Outra de suas funções era servir como aprendiz nos assuntos relacionados ao culto, acompanhando Moisés na subida ao monte Sinai (Êx 24.13; 32.15-18) e servindo na tenda da revelação:

> O Senhor falava com Moisés face a face, como quem fala com seu amigo. Depois Moisés voltava ao acampamento; mas Josué, filho de Num, que lhe servia como auxiliar, não se afastava da tenda (Êx 33.11).

Por fim, Josué foi um dos 12 espiões enviados por Moisés para reconhecer a terra e os habitantes de Canaã. Ele e Calebe, filho de Jefoné, foram as duas únicas pessoas a recomendar a conquista da terra a Israel (Nm 13.6-9).

De acordo com alguns biblistas, o estudo detalhado das referências a Josué no Pentateuco revela que a maioria delas parece ter caráter secundário. Em particular, isso é bastante evidente na história sobre os espiões, em que a leitura crítica das diversas fontes (Nm 13.30,31; Dt 1.34-37; Js 14.6-8) mostra de modo claro que apenas Calebe teria depositado sua fé no Senhor, e que em um estágio posterior da evolução da tradição a figura de Josué foi incorporada à versão inicial.

Josué, "o conquistador"

Depois da morte de Moisés, e de acordo com o plano divino, Josué foi nomeado oficialmente pelo Senhor o novo líder de Israel. Como está escrito:

> Depois da morte de Moisés, servo do Senhor, disse o Senhor a Josué, filho de Num, auxiliar de Moisés: "Meu servo Moisés está morto. Agora, pois, você e todo este povo, preparem-se para atravessar o rio Jordão e entrar na terra que eu estou para dar aos israelitas. [...] Ninguém conseguirá resistir a você, todos os dias da sua vida. Assim como estive com Moisés, estarei com você; nunca o deixarei, nunca o abandonarei. Seja forte e corajoso, porque você conduzirá esse povo para herdar a terra que prometi

sob juramento aos seus antepassados. Somente seja forte e muito corajoso! Tenha o cuidado de obedecer a toda a lei que o meu servo Moisés lhe ordenou; não se desvie dela, nem para a direita nem para a esquerda, para que você seja bem sucedido por onde quer que andar. Não deixe de falar as palavras deste Livro da Lei e de meditar nelas de dia e de noite, para que você cumpra fielmente tudo o que nele está escrito. Só então os seus caminhos prosperarão e você será bem sucedido. Não fui eu que lhe ordenei? Seja forte e corajoso! Não se apavore, nem se desanime, pois o Senhor, o seu Deus, estará com você por onde você andar" (Js 1.1-9).

A partir desse momento, Josué tornou-se o comandante das forças invasoras. O relato bíblico nos conta com riqueza de detalhes as proezas militares de Josué e suas tropas, incluindo, entre outras, a famosa tomada de Jericó (6.11-27) e a vitória sobre Jabim e seus aliados (11.1-14). Com exceção de alguns territórios isolados (13.1-7), essa conquista-relâmpago foi coroada de êxito, ficando grande parte da terra de Canaã nas mãos de Israel (cap. 12).

Até alguns anos atrás, o relato do livro de Josué sobre a conquista militar de Canaã era aceito como verdade histórica (a escola do arqueólogo americano W. F. Albright [1891-1971]). No entanto, nos últimos anos os historiadores têm questionado essa "verdade" inquestionável e sugerido que a "conquista" da terra de Israel teria sido antes o resultado de uma rebelião de camponeses contra as cidades cananeias (G. Mendenhall e N. K. Gottwald) ou de um assentamento progressivo (A. Alt e I. Finkelstein). De acordo com Roland de Vaux, no entanto, existiria uma possibilidade intermediária, ou seja, o assentamento nas regiões pouco habitadas havia se realizado por infiltração pacífica ou, melhor, mediante acordos com os moradores, mas, em paralelo, teriam ocorrido ações militares em cada uma das regiões: contra Hormá, Hebrom e Debir, no sul; contra Hesbom, na Transjordânia; contra Jericó e Gibeão, no centro; contra Jabim de Hazor, no norte.

No caso de estarem certas essas novas teorias, Josué não teria sido com certeza uma personagem histórica real, de carne e osso, mas, sim, uma construção literária de caráter épico. Segundo conclui Jean-Louis Ska:

> Em primeiro lugar, tornou-se bastante claro, após a investigação que fizemos mais acima, que os fatos não se passaram como relata a Bíblia. Os israelitas não passaram ao fio da espada os habitantes de cidades inteiras. Como vimos antes, nem mesmo é seguro dizer que Israel conquistou a terra de Canaã por meio de armas. Por que, então, os acontecimentos são descritos desse modo? Em primeiro lugar, porque Israel quis prover a si uma epopeia nacional, como exigia a mentalidade da época. Israel converteu a Josué em um "campeão" ou um "conquistador" para rivalizar com outras nações que podiam se orgulhar do passado histórico. Graças a esses relatos, Israel também podia afirmar seus heróis, os quais haviam realizado façanhas extraordinárias.

Uma metáfora do rei Josias, um antítipo de Moisés ou um profeta?

Seguindo essa mesma linha de pensamento, R. D. Nelson sugeriu algum tempo atrás que a figura literária de Josué seria uma representação metafórica de Josias, rei de Judá (640-609 a.C.). Essa conclusão se baseava no fato de haver muitos elementos na representação de Josué que aparecem em outros lugares como características próprias de reis. Por exemplo, as palavras usadas por Moisés para definir a função de seu futuro substituto —"um homem como líder desta comunidade para conduzi-los em suas batalhas, para que a comunidade do Senhor não seja como ovelhas sem pastor" (Nm 27.17) — assemelham-se à terminologia associada de modo geral a valores régios (2Sm 5.2; 1Rs 22.17; 2Rs 11.8).

Sendo ainda mais específico, Nelson encontrava na história de Josué "precedentes históricos" das reformas religiosas realizadas pelo rei Josias. Um exemplo nesse sentido é a frase usada para descrever o piedoso Josias (2Rs 22.2), que só tem paralelo no relato sobre Josué (Js 1.7; 23.6), e, em todas as ocorrências, a expressão foi tomada emprestada de Deuteronômio 17.20: "[...] e não se desvie da lei, nem para a direita, nem para a esquerda". Além disso, relata-se que tanto Josias quanto Josué reuniram o povo com a finalidade de ouvir o conteúdo do Livro da Lei e renovar a aliança (Js 8.30-35; 2Rs 23.2,3). Por fim, a celebração da festa da Páscoa em Josué 5.10-12 poderia ter sido, sem dúvida, o "modelo" para a realização da mesma festa no reinado de Josias (2Rs 23.21-23).

Enquanto isso, outros estudiosos têm encontrado notáveis semelhanças entre as figuras de Moisés e Josué, chegando à conclusão de que este havia funcionado como antítipo literário do primeiro. Como exemplo, pode-se argumentar que a travessia do Jordão realizada por Josué (4.23) se parece muito com a travessia do mar Vermelho feita por Moisés (Êx 14.15-31). Ou, de outro modo, a função de Josué como mediador no acordo celebrado em Siquém (cap. 24) recorda a aliança celebrada por Moisés no monte Sinai (Êx 20—24).

A semelhança entre Moisés e Josué poderia também explicar a presença de funções proféticas no último. Segundo G. M. Ramsey:

> É certo que alguns textos sacerdotais dão a entender que, ao contrário de Moisés, Josué precisava da mediação de sacerdotes (Nm 27.15-23; Js 14.1; 19.51). Mas, no livro de Josué, o Senhor fala reiteradamente com ele de forma direta (por exemplo, Js 1.1; 3.7; 4.1,15; 8.1,18; 20.1). Josué usa a fórmula profética "assim diz o Senhor" (7.13; 24.2). O texto de 1Reis 16.34, referindo-se a Josué 6.26, nos informa acerca do cumprimento da "palavra que o Senhor tinha falado por meio de Josué, filho de Num". Como fizeram os profetas posteriores, Josué exerceu a função de intermediário (Js 7.6-9; cf. *2Esdras* 7.107) de uma maneira similar a Moisés (Êx 32.11-13; Nm 14.13-19). Não é inteiramente impossível

que o autor considerasse Josué como "o profeta como eu [Moisés]" mencionado em Deuteronômio 18.15-19.

Josué na exegese judaica e cristã

Na tradição pós-bíblica, alguns enalteceram Josué por suas realizações militares. Como testemunhava o sábio hierosolimitano Jesus ben Sira [ou Josué, filho de Siraque]:

> Valente na guerra, assim foi Josué, filho de Nun, sucessor de Moisés no ofício profético, ele que, fazendo jus ao nome, mostrou-se grande para salvar os eleitos, para castigar os inimigos revoltados e instalar Israel em seu território. Como era majestoso quando, de braços levantados, brandia a espada contra a cidade! Quem antes dele tinha a sua firmeza? Ele próprio conduziu as guerras do Senhor. Não foi por sua ordem que o sol foi parado e que um dia só tornou-se dois? Invocou o Altíssimo, o Poderoso, quando os inimigos o apertaram por todas as partes e o grande Senhor ouviu, lançando pedras de granizo com poder extraordinário. Caiu sobre ele a nação inimiga e na encosta destruiu os assaltantes: para fazer conhecer às nações todas as suas armas e que ele fazia guerra diante do Senhor (*Eclesiástico* 46.1-8).

No entanto, o livro judaico apócrifo *Pseudo Fílon* ou *Antiguidades bíblicas* mostrou pouco interesse nas façanhas militares de Josué, dando maior ênfase à sua liderança religiosa. Como o manifestam as palavras de Josué, na ocasião de sua despedida antes de sua morte:

> Agora, o Senhor deu testemunho entre vocês. Hoje ponho como testemunhas contra vocês o céu e a terra de que, se continuarem servindo ao Senhor, vocês serão seu próprio povo; ao contrário, se não quiserem servi-lo e preferirem escutar os deuses dos amorreus, em cuja terra vocês habitam, decidam hoje na presença do Senhor e marchem. Eu e minha casa serviremos ao Senhor (24.1).

Na tradição cristã, por sua vez, a figura de Josué foi interpretada (em razão do seu nome) como "tipo" ou "símbolo" do futuro salvador: Jesus de Nazaré. O melhor expoente nesse sentido é o pai apologista cristão Justino Mártir (séc. II), que disse ao judeu Trifão (uma referência ao sábio rabino Tarfon conhecido na tradição rabínica?):

> O que eu digo é o que segue. A Jesus, chamado antes Oseias [cf. Nm 13.8,16], como já disse muitas vezes, aquele que foi enviado junto com Calebe como explorador da terra de Canaã, foi Moisés quem lhe pôs esse nome; mas você não quer averiguar por que ele fez isso, não vê aí dificuldade, não tem interesse em perguntar. Por isso que você negligencia Cristo, e que lendo não entenda, e que

nem mesmo agora, ao ouvir que Jesus é o nosso Cristo, não reflita que não foi sem motivo ou por acaso que se lhe pôs esse nome. [...] Pois não somente lhe mudou o nome, mas que, tendo sido o sucessor de Moisés, foi o único, dos que da sua idade saíram do Egito, que introduziu na terra santa os que restaram do seu povo. De modo que foi ele, não Moisés, que introduziu o povo na terra santa, e a distribuiu por sorte aos que com ele entraram; assim, Jesus, o Cristo, fará o povo voltar da dispersão e distribuirá a cada um a terra boa, mas não como aquela. Porque Josué lhes deu uma herança momentânea, por não ser o Cristo, Deus ou Filho de Deus; mas Jesus, depois da santa ressurreição, nos dará uma possessão eterna (*Diálogo com Trifão* 113.1-4).

Josué na ideologia sionista

Vários séculos depois, a figura de Josué teria um papel fundamental na ideologia sionista. Na década de 1950, o primeiro-ministro David Ben-Gurion (1886-1973) mostrou um interesse especial nesse conquistador antigo, considerando-o o protótipo ideal do israelense do seu tempo. Segundo sua visão política:

> Com o estabelecimento do Estado dos judeus deu-se um salto de centenas de anos, e com a Guerra da Independência nos aproximamos dos dias de Josué, filho de Num, e os capítulos de seu livro tornaram-se mais próximos e compreensíveis para os jovens que todos os discursos dos congressos sionistas.

Nos anos de formação da nação, portanto, os relatos sobre as proezas militares de Josué serviram de inspiração para os pioneiros, funcionando como uma "utopia sionista". No entanto, a partir da década seguinte em diante, "o mito de Josué" começou a desvanecer-se. Ao converter-se com o passar do tempo de um guerreiro e conquistador ideal em um símbolo do nacionalismo e militarismo, o modelo de Josué tornou-se irrelevante em amplos círculos laicos da sociedade israelense, caracterizados pela orientação democrática, liberal e pós-sionista. Desse modo, a figura de Josué perdeu o antigo brilho e caiu lentamente no esquecimento da memória coletiva do Israel moderno.

Capítulo 13
Fineias, filho de Eleazar: sacerdote fiel ou assassino fanático?

Guerra santa contra Midiã

Uma história extremamente embaraçosa para a sensibilidade do homem contemporâneo é o relato da guerra santa contra Midiã. Segundo nos conta o Pentateuco, o Senhor deu ordem a Moisés para vingar-se dos midianitas (Nm 31.2), como castigo pelos pecados de fornicação e adoração a outros deuses praticados pelos filhos de Israel em Peor, induzidos pelas filhas de Moabe (25.1-18).

De acordo com a narrativa bíblica, Israel cumpriu a ordem divina com uma crueldade considerável:

> Lutaram então contra Midiã, conforme o Senhor tinha ordenado a Moisés, e mataram todos os homens. Entre os mortos estavam os cinco reis de Midiã [...] mataram à espada Balaão, filho de Beor. Os israelitas capturaram as mulheres e as crianças midianitas e tomaram como despojo todos os rebanhos e bens dos midianitas. Queimaram todas as cidades em que os midianitas haviam se estabelecido, bem como todos os seus acampamentos. Tomaram todos os despojos, incluindo pessoas e animais, e levaram os prisioneiros, homens e mulheres, e os despojos a Moisés, ao sacerdote Eleazar e à comunidade de Israel em seu acampamento, nas campinas de Moabe, do outro lado de Jericó (31.7-12).

No entanto, a carnificina de sangue e fogo não satisfez Moisés:

> "Vocês deixaram todas as mulheres vivas?", perguntou-lhes. "Foram elas que seguiram o conselho de Balaão e levaram Israel a ser infiel ao Senhor [...]. Agora matem todos os meninos. E matem também todas as mulheres que se deitaram com homem, mas poupem todas as meninas virgens" (v. 15-18).

A fidelidade de Fineias, filho de Eleazar

Embora tenha sido eleito chefe da comunidade (Nm 27.12-23), surpreendentemente Josué não saiu à frente dos guerreiros, mas foi Fineias, filho do sacerdote Eleazar, "que levou consigo objetos do santuário e as cornetas para o toque de guerra" (Nm 31.6). A menção de Fineias no contexto não surpreende, pois sua índole o tornava o mais preparado para liderar uma "guerra santa". E isso porque, na ocasião do pecado cometido por Israel em Peor e, mais particularmente, quando "um israelita trouxe para casa uma mulher midianita" (25.6), Fineias decidiu aplicar a lei com as próprias mãos:

> Quando Fineias, filho de Eleazar, neto do sacerdote Arão, viu isso, apanhou uma lança, seguiu o israelita até o interior da tenda e atravessou os dois com a lança; atravessou o corpo do israelita e o da mulher. Então cessou a praga contra os israelitas (v. 7,8).

Surpreendentemente, esse ato de violência descontrolada não foi reprovado no Pentateuco (como no caso, por exemplo, da matança dos siquemitas pelas mãos de Simeão e Levi [Gn 49.5-7]); ao contrário, foi merecedor da aprovação divina:

> E o SENHOR disse a Moisés: "Fineias, filho de Eleazar, neto do sacerdote Arão, desviou a minha ira de sobre os israelitas, pois foi zeloso, com o mesmo zelo que tenho por eles, para que em meu zelo eu não os consumisse. Diga-lhe, pois, que estabeleço com ele a minha aliança de paz. Dele e dos seus descendentes será a aliança do sacerdócio perpétuo, porque ele foi zeloso pelo seu Deus e fez propiciação pelos israelitas" (25.10-13).

Como em outras ocasiões, também aqui Fineias cumpriu com fidelidade o papel de sacerdote zeloso, encarregado de defender a tradição contra todos os dispostos a violá-la, sem poupar meios para alcançar seus propósitos. Desse modo, Fineias se transformou no símbolo da teologia caracterizada pelo rigor e pela violência. Como afirmou Jonathan Kirsch:

> Iavé é um Deus zeloso e furioso: entrega-se à fúria homicida quando se adora a qualquer outro deus ou deusa, seja no lugar dele, seja além dele. De seus fiéis exige não apenas fé, mas zelo; não se contenta com boas intenções e esforço sincero. Qualquer coisa que não seja a sujeição mesquinha à vontade divina torna-se tão pecaminosa quanto a feitiçaria e a idolatria. E qual é a vontade de Deus? Punir "pelo fio da espada", empunhada às vezes por um só homem zeloso e, em outras ocasiões, por um exército inteiro, a todos aqueles que se recusam a adorá-lo como único Deus verdadeiro.

Fineias, "o zeloso", no judaísmo antigo

Desse ponto em diante, a figura de Fineias tornou-se o modelo exemplar dos "zelosos do Senhor" na literatura bíblica e pós-bíblica. Um exemplo nesse sentido é o do profeta Elias, quando no episódio em que disputa com os profetas de Baal no monte Carmelo acaba no final matando seus adversários: "Então Elias ordenou-lhes: 'Prendam os profetas de Baal. Não deixem nenhum escapar!' Eles os prenderam, e Elias os fez descer ao riacho de Quisom e lá os matou" (1Rs 18.40). Como o filho de Eleazar, Elias também confessava "Tenho sido muito zeloso pelo Senhor, Deus dos Exércitos" (1Rs 19.14), e, por conta disso o seu "direito" de matar em nome da fé.

Esse notável paralelo entre o sacerdote Fineias e o profeta Elias foi também percebido pelos sábios de Israel, até o ponto de identificar ambas as figuras. Como registra uma antiga tradição:

> Levantou-se, pois, Elias e fugiu da terra de Israel e assim se pôs a salvo [...]. O Santo, bendito seja, revelou-se a ele e lhe perguntou: "O que te traz aqui, Elias?". "O zelo me consome", respondeu. Disse-lhe o Santo, bendito seja: "Tu estás sempre cheio de zelo. Tu te encheste de zelo em Sitim, contra as imoralidades — como está dito: "Fineias, filho de Eleazar" (Nm 25.11) — e tu continuas aqui cheio de zelo. Por tua vida! Que Israel não praticará a aliança da circuncisão sem que tu vejas com os próprios olhos" (*Capítulos do rabino Eliezer* XXIX, 26).

A figura de Fineias também serviu como modelo exemplar do piedoso repleto de zelo no judaísmo do Segundo Templo. Como testemunha o livro de *Eclesiástico*:

> Quanto a Fineias, filho de Eleazar, é o terceiro em glória, por seu zelo no temor do Senhor, por ter ficado firme diante da revolta do povo com nobre coragem; assim ele obteve o perdão para Israel. Por isso foi celebrada com ele a aliança de paz, que o faria chefe do santuário e do povo, de sorte que a ele e à sua descendência pertencesse a dignidade de sumo sacerdote para sempre (45.28-30).

Contudo, a admiração a Fineias não ficou só nos elogios literários, mas sua figura, com certeza, induziu à ação. Um testemunho claro nesse sentido é o ato perpetrado pelo sacerdote Matatias, o pai da dinastia dos macabeus. Na ocasião em que presenciou em Modin que um judeu ia sacrificar no altar pagão, Matatias,

> inflamou-se de zelo, e seus rins estremeceram. Tomado de justa ira, ele arremessou-se contra o apóstata e o trucidou sobre o altar. No mesmo instante matou o emissário do rei, que forçava a sacrificar, e derrubou o altar (*1Macabeus* 2.24,25).

E o texto não deixa lugar a dúvidas sobre sua fonte de inspiração, como se lê: "Ele agia por zelo pela Lei, do mesmo modo como havia procedido Fineias para com Zambri, filho de Salu" (v. 26). Assim, esse "assassinato religioso" foi a faísca que deu início à guerra santa dos macabeus:

> A seguir clamou Matatias em alta voz através da cidade: "Todo o que tiver o zelo da Lei e quiser manter firme a Aliança, saia após mim!" Então fugiu, ele e seus filhos, para as montanhas, deixando tudo o que possuíam na cidade (v. 27,28).

A tradução política dessa ideologia intransigente aconteceu com o surgimento do movimento revolucionário dos *zelotes* ou "zelosos", com origem nos círculos fariseus no século I de nossa era, com o objetivo de libertar o povo judeu do jugo romano. De acordo com o testemunho de Flávio Josefo,

> este é o nome que eles mesmos se deram, como se estivessem ansiosos de realizar boas obras, não como se tivessem proposto e conseguido superar as mais abomináveis transgressões (*Guerra dos judeus* IV, iii, 9).

Com essas palavras, Josefo aludia aos atos criminosos perpetrados por esses revolucionários na cidade de Jerusalém. De acordo com seu testemunho, eles justificavam os crimes alegando que os assassinados

> eram culpados de querer entregar Jerusalém aos romanos; argumentavam que haviam eliminado os traidores da liberdade geral, e se gabavam do crime, como se tivessem feito um bem para a cidade e a tivessem salvado (Ibid. IV, iii, 5).

Desse modo, o fanatismo selvagem terminou por demolir os fundamentos da nação, resultando em uma das maiores catástrofes do povo judeu: a destruição da cidade de Jerusalém e do templo. Uma lição da História ainda relevante no mundo em que os fundamentalismos, a violência e a intolerância religiosos se multiplicam por toda parte e não parecem recuar.

Parte II
TEMAS BÍBLICOS

Capítulo 1
O dilúvio universal: lenda ou fato histórico?

O relato bíblico

O livro de Gênesis nos conta uma das histórias mais conhecidas da narrativa bíblica: o dilúvio universal. Segundo o relato, a crescente corrupção da humanidade, desde o pecado original cometido por Adão e Eva no paraíso (Gn 3.1-6), passando pelo primeiro assassinato cometido por Caim (4.1-8), até a união ilícita entre os "filhos de Deus" (anjos?) e as "filhas dos homens" (6.1-4), levou o Deus criador a tomar a insólita decisão de destruir o seu mundo: "Disse o Senhor: 'Farei desaparecer da face da terra o homem que criei, os homens e também os grandes animais e os pequenos e as aves do céu. Arrependo-me de havê-los feito'" (v. 7).

Apesar do estado de perdição generalizada em que se encontrava a espécie humana, "o Senhor mostrou benevolência" a uma pessoa: "Noé era homem justo, íntegro entre o povo da sua época; ele andava com Deus" (v. 8,9). Esse mérito fez que Moisés e sua família merecessem a misericórdia divina, e assim eles puderam se salvar da destruição total:

> "Eis que vou trazer águas sobre a terra, o Dilúvio, para destruir debaixo do céu toda criatura que tem fôlego de vida. Tudo o que há na terra perecerá. Mas com você estabelecerei a minha aliança, e você entrará na arca com seus filhos, sua mulher e as mulheres de seus filhos. Faça entrar na arca um casal de cada um dos seres vivos, macho e fêmea, para conservá-los vivos com você" (v. 17-19).

O dilúvio durou quarenta dias (7.10-24). Ao fim de cento e cinquenta dias, as águas baixaram, e a arca pousou sobre o monte Ararate (8.3,4). Quando a terra secou, Deus ordenou a saída de todos os passageiros da arca a fim de repovoar o mundo (v. 15-18). Como forma de agradecimento, "Noé construiu um altar dedicado ao Senhor e, tomando alguns animais e aves puros, ofereceu-os como holocausto queimando-os sobre o altar" (v. 20). E, em resposta a esse ato de devoção, o Senhor jurou não destruir o mundo novamente, e manter a ordem cósmica para sempre (v. 21,22).[1]

---

[1] Segundo estudiosos da Bíblia, a narração do Dilúvio (6.5-9,17) combina dois relatos paralelos: um antigo, de origem javista, floreado e simples em conteúdo, e outro sacerdotal, mais detalhado

O significado simbólico do dilúvio

Como no início da criação a terra estava coberta por águas caóticas (Gn 1.2), o dilúvio universal fez o mundo voltar ao estado inicial de confusão e desordem: "Tudo o que havia em terra seca e tinha nas narinas o fôlego de vida morreu" (7.22). Mas essa inundação de proporções cósmicas não trouxe apenas desintegração e morte: resultou também em purificação e regeneração. Conforme comenta o historiador de religiões romeno Mircea Eliade, sobre a estrutura do simbolismo da água:

> [...] a imersão simboliza o retorno à pré-formação, a reintegração ao estado indiferenciado da preexistência. A emersão repete o gesto cosmogônico da manifestação da forma; a imersão equivale a uma dissolução das formas [...]. O contato com a água sempre implica regeneração: não apenas porque a dissolução é seguida de um "novo nascimento", mas também porque a imersão fertiliza e multiplica o potencial de vida.[2]

O dilúvio universal significou, sem dúvida, um novo começo na história da criação. Como na criação do primeiro casal (Gn 1.28), Deus também abençoou Noé, o "novo homem", o rei da criação (9.1,2,7). No entanto, diferentemente do mundo harmônico e pacífico das origens (1.29,30), na nova era haveria uma luta constante entre animais e homens (9.3-6).[3]

A lenda do dilúvio universal

A lenda do dilúvio universal se encontra documentada em várias mitologias do mundo. Por exemplo, o historiador italiano Francesco Saverio Clavigero escreve:

> Os mexicanos, como todas as outras nações civilizadas, tinham uma tradição clara, embora um tanto corrompida por fábulas, sobre a criação do mundo, do dilúvio universal, da confusão de línguas e da dispersão dos povos, e representaram todos esses acontecimentos em suas pinturas. Diziam que, quando todos os homens se afogaram no dilúvio, ninguém se salvou, exceto um homem chamado Coxcox (que outros chamam de Teocipactli) e uma mulher chamada Xochiquetzal, que se

---

    e denso em seus temas teológicos (como o caso do pacto entre o Senhor e Noé em Gn 9.1-17). Esse modelo interpretativo explica a divergência de detalhes existentes no relato.

2   Eliade, **Lo sagrado** [O sagrado e o profano. São Paulo: Martins Fontes Editora], p. 112.

3   Segundo o plano originário da criação, animais e homens se alimentariam de plantas. Após o dilúvio, contudo, Deus permitiu que os homens também consumissem "tudo o que vive e se move". De acordo com a perspectiva bíblica, essa situação de desarmonia haveria de imperar no mundo até o fim dos tempos, quando a paz paradisíaca voltaria a reinar entre os humanos e o mundo animal (cp. com Is 11.6-9).

salvaram em um pequeno barco, desembarcando mais tarde em uma montanha que batizaram de Colhuacan, e tiveram ali muitos filhos.[4]

Outra versão aparece na tradição da Índia antiga. Segundo essa história:

> De manhã, trouxeram água a Manu para que se lavasse, como é feito hoje [espera-se], [água] para lavar as mãos. Enquanto se lavava, um peixe entrou entre suas mãos e lhe disse estas palavras: "Acredite, eu te salvarei!" [...] transformando-se, em seguida, em um Ghasha [um grande peixe]; cresceu mais [que todos os outros peixes]. Então disse: "Em tal ano haverá uma inundação. Você ouvirá meu conselho e preparará um barco, e quando a inundação invadir a nau eu o salvarei dela". Depois de crescer dessa maneira, eu o levarei pelo mar. E no ano indicado pelo peixe ele seguiu [o conselho], construindo uma embarcação; e, quando a inundação subiu, ele entrou no barco (*Shatapatha Brahmana* I, 8, 1-5).[5]

Uma história nesse mesmo espírito se encontra na mitologia grega. Segundo a versão presente na *Biblioteca mitológica* (1.7.2-4), atribuída (erroneamente?) a Apolodoro de Atenas (c. 180-119 a.C.), ocorreu na Antiguidade um dilúvio provocado por Zeus Onipotente, revoltado com a antropofagia dos malignos pelasgos, dos quais se salvaram apenas Deucalião, filho de Prometeu e rei da Tessália, e sua esposa, Pirra, filha de Epimeteu e Pandora. Como no caso de Noé, ambas as personagens construíram uma embarcação para se salvar, e, como na versão bíblica, a embarcação de Deucalião também parou no cume de um monte, nesse caso o monte Parnaso (outros afirmam que foi no monte Etna, Atos ou Ortris).

O historiador judeu Flávio Josefo também conhecia a popularidade desse relato, pois declara:

> O dilúvio e a arca são mencionados por todos os escritores das histórias bárbaras, entre eles, Beroso, o caldeu.[6] Quando descreve as circunstâncias do dilúvio, expressa o seguinte: "Dizem que, todavia, uma parte deste barco está na Armênia, no monte Cordião; e que há pessoas que levam pedaços de betume para usá-los como amuletos contra a má sorte". O mesmo dizem Jerônimo, o egípcio, que escreveu sobre a antiguidade dos fenícios, e Manasseias, e muito outros. Nicolás de Damasco,[7] em seu nonagésimo sexto livro, inclui um relato particular sobre o assunto, nos seguintes termos: "Há uma grande montanha na Armênia, sobre

---

[4] Citado por GASTER, **Mito**, p. 159.
[5] Citado por ELIADE, **De los primitivos al Zen**, p. 224.
[6] Sacerdote do deus Bel/Marduque (séc. III a.C.) que escreveu em grego uma história sobre a Babilônia, chamada *Babiloniaka*.
[7] Historiador e filósofo sírio (séc. I a.C.), amigo de Herodes, o Grande, que escreveu uma história universal em 144 volumes.

Minias, chamada Baris, na qual, dizem, salvaram-se muitas pessoas que fugiram do dilúvio; e dizem que um indivíduo que viajava em uma arca cobriu com terra a parte de cima dela; e que os restos de madeira se conservaram por muito tempo; este último deve ter sido o homem a quem Moisés se refere, o legislador dos judeus" (*Antiguidades judaicas* I, iii, 6).

O dilúvio universal na tradição mesopotâmica

A arqueologia confirmaria, séculos depois, as tradições conhecidas pelos historiadores antigos, quando os estudiosos encontraram, no século XIX, diversos testemunhos sobre a lenda do dilúvio universal na tradição mesopotâmica. Duas das versões ("o poema sumério do dilúvio" [em sumério] e "o poema de Arrahasi" [em acádio]) chegaram até nós muito fragmentadas, mas uma terceira se manteve quase completamente preservada na placa número XI do *Poema de Gilgamesh*.

Segundo a última fonte, Gilgamesh (o rei mítico de Uruk), na busca pelo segredo da vida eterna, chegou à morada de Utnapishtim para que este lhe revelasse o segredo da imortalidade. É então nesse contexto narrativo que Utnapishtim contou ao rei de Uruk a história do dilúvio. De acordo com essa versão, quando os deuses decretaram que iriam causar o dilúvio, o deus Ea (deus da água doce e salgada, da sabedoria e da magia) advertiu Utnapishtim sobre o que aconteceria e ordenou:

> Homem de Shuruppak, filho de Ubar-Tutu, derrube esta casa, construa um barco, renuncie às suas posses e se preocupe com a vida! Desapegue-se dos bens e salve sua vida! Coloque no barco a semente de todos os seres vivos; o barco que você construirá terá as seguintes dimensões [...] (placa XI, linhas 23-29).

A partir daqui continua o relato sobre o dilúvio, que apresenta numerosos paralelos com a versão bíblica, tanto em linhas gerais quanto nos detalhes, mas também possui importantes diferenças.

F. Lara resume assim a questão:

> Embora predominem as semelhanças sobre as diferenças, o enfoque é no que ambos os relatos diferem. Na Bíblia, Iavé envia o dilúvio a fim de castigar os homens por seus pecados, salvando unicamente quem havia sido justo. No *Poema de Gilgamesh* (e nas outras versões do dilúvio), o politeísmo é justificado para Enlil, aquele que desencadeou o castigo, e para os demais deuses, que se assustaram com a magnitude da catástrofe e contenderam entre si exigindo responsabilidade pelo acontecimento. Apenas Ea, com sua sabedoria superior (e astúcia, no caso), compreendeu que pelo menos um ser da raça humana deveria sobreviver. Portanto, o ponto de partida é diferente na questão de salvar um representante da humanidade. Enlil, diante dos fatos consumados (a salvação de Utnapishtim), não hesitará em

lhe conceder a imortalidade e elevá-lo à categoria divina, coisa que não ocorre com Noé, dada a diferente perspectiva teológica da Bíblia.[8]

O dilúvio universal segundo a arqueologia e a geologia

Como se pode deduzir, a publicação do *Poema de Gilgamesh* pela primeira vez em Londres por G. Smith, em 1873, produziu um verdadeiro rebuliço entre os teólogos e cientistas da época. A semelhança entre os dois textos pôs em dúvida não só a crença religiosa na verossimilhança do acontecimento no âmbito histórico, mas também demonstrava com clareza que a versão bíblica não era "original", como se acreditava até então. Tudo indicava que o autor do Pentateuco havia se inspirado em tradições "pagãs" para elaborar uma nova versão da antiga lenda.[9]

Contudo, se a arqueologia aparentemente demoliu a fé dos crentes, a mesma ciência, de modo paradoxal, parecia oferecer provas concretas de que o dilúvio ocorreu de fato. Durante a sexta campanha de exploração das tumbas de Tell-al-Muqayyar (a antiga cidade suméria de Ur, no Iraque), o arqueólogo inglês Leonard C. Wooley (1860-1960) encontrou, no ano de 1929, evidências geológicas de uma grande inundação, que havia arrasado a bacia mesopotâmica na época proto-histórica.

Daí em diante, foram encontrados restos de camadas de argila de origem diluviana em outros pontos da Mesopotâmia: Kish, Uruk, Shuruppak, Lagash e Nínive. Diz Lara:

> Diante dessa variedade de dados "diluvianos", devemos concluir que ocorreram diferentes inundações na Mesopotâmia, mas apenas uma delas foi de tal magnitude (chuva, transbordamento dos rios, maremoto?) que significou realmente o fim do mundo para aquela região e deu lugar, devido às enormes consequências, à formação de uma lenda mítico-religiosa, que se refletiu nos textos mesopotâmicos, cujo conteúdo, reunido mais tarde por Moisés, foi incorporado ao Gênesis.[10]

Essa abordagem destinada a comprovar cientificamente a realidade histórica do "dilúvio universal" recebeu apoio significativo em 1997, quando os geólogos William Ryan e Walter Pitman, da Universidade de Colúmbia, sugeriram que as tradições antigas seriam um registro lendário de uma inundação catastrófica ocorrida no mar Negro durante a última era glacial (5600 a.C.). Anos depois, acrescentou-se a essa

---

[8] Lara, **Poema de Gilgamesh**, p. 88.
[9] A polêmica gerada em volta dessa e de outras descobertas arqueológicas na Mesopotâmia ficou conhecida pelo termo alemão *Babel-Bibel Streit* ("a controvérsia Babilônia-Bíblia"). Esse nome foi inspirado pela série de conferências pronunciadas em 1902 e 1903 pelo famoso assiriólogo alemão Friedrich Delitzsch (1850-1922), intitulada *Babel und Bibel*. Para mais detalhes sobre esse tema, v. Shavit; Eran, *La guerra de las tablas*.
[10] Lara, **Poema de Gilgamesh**, p. 89.

teoria, no ano 2000, a descoberta dos restos de um assentamento humano a uns 100 metros de profundidade no mar Negro, realizado pelo explorador submarino Robert Ballard (o mesmo que descobriu os restos submergidos do Titanic) e uma equipe de submarinistas, arqueólogos e historiadores, patrocinados pela National Geographic Society. Segundo Ballard, esse sítio arqueológico seria o testemunho de que uma civilização que viveu na costa da Turquia há 7.500 anos teve de fugir às pressas em razão da chegada de uma imensa inundação.[11]

Seja qual for a verdade objetiva escondida atrás do relato bíblico, uma coisa é certa: o tema do dilúvio universal continuará despertando por séculos e séculos a imaginação dos homens interessados nas origens "aquáticas" da civilização.

---

[11] Para mais detalhes sobre o "dilúvio" no mar Negro, v. o artigo na Wikipédia: <http://pt.wikipedia.org/wiki/Dil%C3%BAvio_do_Mar_Negro>.

Capítulo 2

O sacrifício de Isaque: um Deus cruel ou um pai insensível?

O relato bíblico

O relato bíblico sobre o sacrifício de Isaque (Gn 22), o ponto culminante de todo o ciclo de narrativas concernentes a Abraão (cap. 12—25), é, sem dúvida, uma das obras-primas da criatividade judaica. Desde tempos imemoriais até o presente, essa enigmática história tem desafiado a mente de teólogos, exegetas e filósofos. Por que Deus testou Abraão com uma ordem tão cruel? Por que Abraão não se opôs à aterradora ordem divina, como fizera na ocasião do anúncio da destruição iminente das cidades de Sodoma e Gomorra (Gn 18)? Por que Isaque não se rebelou contra a ação do pai? Por que a ausência de Sara?

Erich Auerbach demonstra com brilhantismo no ensaio clássico *A cicatriz de Ulisses*[1] que o autor bíblico compôs uma obra compacta e com sofisticados recursos literários para esboçar de maneira sutil ideias supremas e sentimentos profundos. Mas, além das notáveis qualidades literárias, o relato do sacrifício de Isaque se destaca pela notável espiritualidade religiosa. Segundo Zvi Adar,

> "a principal qualidade de Abraão é a fé em Deus, e a força dessa fé é precisamente a ideia do relato. Deus quer provar a força da fé nele, e para isso exige que Abraão sacrifique seu filho. Abraão, em virtude da grandeza de sua fé, está disposto a fazê-lo. O ato de Abraão é exemplar para o relator, pois demonstra maravilhosamente o maior valor da Bíblia: a fé. A concepção do relato se identifica dessa forma com a concepção de toda a Bíblia, porque põe a fé diante e acima de tudo. [...] E, uma vez que essa concepção está encarnada em um relato vivo, ela é um exemplo para os leitores e ouvintes, algo como a proposta de um estilo de vida".[2]

Alguns estudiosos afirmam que o objetivo original da história era polemizar contra a prática pagã do infanticídio (Dt 12.31; 2Rs 23.10), popular na época em

---

[1] No estudo, Auerbach compara a cena do livro 19 da *Odisseia* de Homero — em que ele retorna da longa viagem de vinte anos —, com Gênesis 22, a história do sacrifício de Isaque. Para detalhes, v. AUERBACH, Erich, **Mimesis**, cap. 1.
[2] *O relato bíblico*, p. 49-50. Sobre a fé de Abraão, confira as palavras de Paulo em Romanos 4.

Israel (2Rs 16.3; 21.6), a fim de qualificá-la como ação imoral (v. tb. Ez 20.31; Jr 7.30,31). Liebes, pelo contrário, interpreta o texto bíblico como uma manifestação plástica do caráter mitológico do Deus de Israel, que, afetado por sentimentos de amor e zelo exclusivos à sua "pessoa", exigia de seu "amado" o sacrifício de um filho como forma de total submissão (cf. Dt 6.5; Jz 11.30-40).[3]

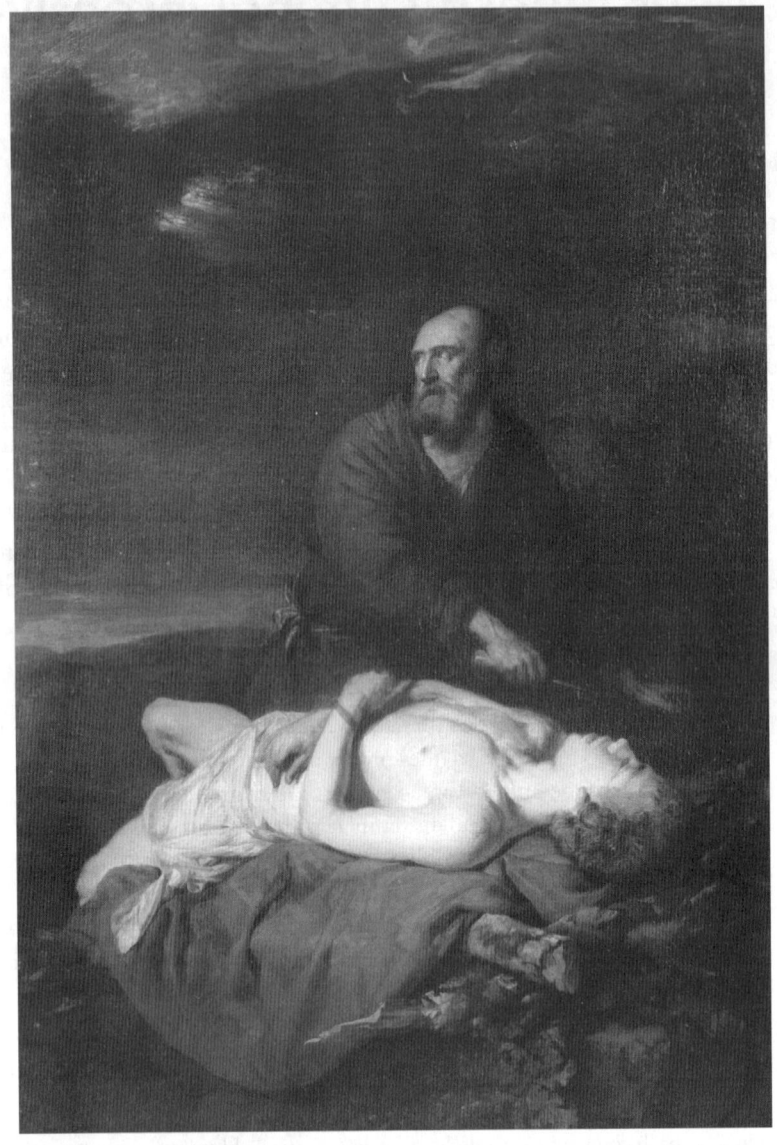

Figura 3: O sacrifício de Isaque: um relato central da espiritualidade judaica.

---

[3] Para detalhes, v. Liebes, O amor de Deus.

O sacrifício de Isaque na exegese e na liturgia judaicas

Por causa dos sérios problemas teológicos originados por esse relato desafiador, uma das estratégias exegéticas elaboradas pelos sábios antigos foi pôr a culpa em Satanás pelo ocorrido e, dessa forma, "eximir" Deus da responsabilidade.[4] Um exemplo nesse sentido pode ser encontrado no *Livro dos jubileus*:

> "E aconteceu na sétima semana [...] se dizia no céu sobre Abraão, que ele era fiel em tudo o que se lhe ordenava. Deus o amava, pois [Abraão] havia sido fiel na adversidade. E o príncipe Mastema[5] veio e disse diante de Deus: 'Eis que Abraão ama Isaque, filho dele, e o prefere a tudo o mais. Ordena-lhe que o ofereça [Isaque] em holocausto sobre o altar, e verás se ele cumpre essa ordem. Então saberás se ele é fiel em todo tipo de provas'" (17.15,16).[6]

Outra estratégia encontra-se na literatura rabínica, consultada também pelos professores da Antiguidade para compor a figura de Satanás. Nesse caso, porém, o intuito é "absolver" Abraão de uma irracionalidade e impetuosidade impossível de se imaginar presente no pai de Israel:

> "Samael[7] foi ter com o patriarca Abraão dizendo as palavras: 'Que significa isso, ancião? Perdeu o juízo? Vai matar o filho que lhe foi dado aos cem anos!'. Apesar de tudo, vou fazê-lo', contestou. 'E se ele lhe pedisse uma prova ainda maior, você a suportaria?', replicou [...]. 'Mais que isso', retrucou. 'Amanhã ele lhe dirá: Você é um assassino e é culpado'. 'Apesar disso, estou de acordo', disse [...]" (*Gênesis Rabá* 56.4).[8]

Apesar das graves perguntas sem respostas convincentes e dos dilemas morais sem solução presentes no relato, a história do sacrifício de Isaque tem desempenhado, desde a Antiguidade até nossos dias, um papel central na liturgia judaica. Não só sua leitura faz parte do ritual cotidiano de orações em algumas congregações de Israel, mas esse capítulo de Gênesis é também leitura obrigatória no segundo dia de *Rosh Hashaná*, o ano-novo judaico, um dos dias mais sagrados do calendário hebreu.

---

[4] Diferente do Satanás bíblico, cujo papel na corte celestial era servir de acusador (Zc 3; Jó 1—2), o Satanás do judaísmo do Segundo Templo começou a se tornar um ser diabólico, causador do mal. Segundo Sacchi, "o Diabo proporciona uma explicação de que o mal existe e está sempre, por assim dizer, fora de lugar, porque é a força que se opõe à ordem, impossível de ser integrada de alguma forma em qualquer estrutura tranquilizadora do ser" (*História do judaísmo*, p. 378). Para mais detalhes, v. idem, p. 367-368.
[5] Um título de Satanás.
[6] Como se pode ver, uma "solução" concebida em termos similares ao relato presente no livro bíblico de Jó (cap. 1—2).
[7] Nome de Satanás nas fontes rabínicas.
[8] Citado em Vegas Montaner, A figura de Abraão, p. 141.

Além disso, durante essa celebração, o *shofar*[9] é tocado em memória do carneiro sacrificado por Abraão em lugar de seu filho, o que deixa claro que a história está ligada umbilicalmente à natureza da celebração.

Isso se deve ao fato de que os sábios de Israel, pressupondo a realidade histórica do relato na Bíblia hebraica, viam no ato de fé do patriarca um mérito apropriado para recordar no dia do juízo celestial: "Lembra-te, a nosso favor, do teu pacto, da tua misericórdia e da promessa que fizeste a nosso patriarca Abraão no monte Moriá, quando ele amarrou seu filho Isaque sobre o altar, obedecendo à tua ordem, superando seu amor e dominando seus sentimentos" (*Musaf para Rosh Hashaná*).

Outro testemunho da presença duradoura do relato no consciente do povo judeu é o fato de essa cena aparecer nas representações iconográficas mais antigas da arte judaica, encontradas em paredes e pisos de sinagogas. Seja nos afrescos da sinagoga de Dura Europos (séc. III d.C.; noroeste da Síria), seja nos mosaicos das sinagogas da Palestina e Beit Alfa (séc. VI d.C.; vale de Esdrelom), seja em Zippri (séc. VI d.C.; Baixa Galileia), os artistas (judeus ou pagãos?) pintaram coloridas imagens da cena do sacrifício, gravando esse momento dramático na memória coletiva da nação.

Comentário final

É um "fato", aceito por todos os crentes, que o sacrifício de Isaque no monte Moriá ocorreu no mesmo lugar em que, séculos depois, seria construído o templo, em Jerusalém.[10] Contudo, essa tradição não aparece na narrativa de Gênesis. Ela é mencionada de maneira breve e indireta no livro de Crônicas (2Cr 3.1),[11] e formulada de maneira clara pela primeira vez e sem restrições em uma tradição presente nos escritos do historiador judeu Flávio Josefo: "Os servos marcharam com ele [Abraão] por dois dias; ao terceiro dia, quando viu o monte diante de si, deixou no campo os servos que o acompanhavam e seguiu adiante com o filho. Era o monte em que o rei Davi construiria o Templo" (*Antiguidades judaicas* I, xviii, 2).[12] Temos aqui, portanto, um exemplo de como um desenvolvimento exegético, com o passar do tempo, se converte em uma "verdade" religiosa.

---

[9] Um antigo instrumento de sopro feito de chifre de carneiro.
[10] Segundo a tradição, o local do sacrifício de Isaque havia sido utilizado desde tempos imemoriais: "R. Yismael dizia: 'Quando eles chegaram àquele lugar, o Santo, bendito seja, chamou Abraão e lhe disse: Este é o altar em que o primeiro homem fez suas oferendas na antiguidade; este é o altar em que Caim e Abel fizeram suas ofertas; este é o altar em que Noé e seus filhos fizeram suas ofertas'" (*Capítulos do rabino Eliezer* XXXI, 3).
[11] Uma obra relativamente tardia da coleção bíblica, provavelmente editada no final do séc. V a.C. Vale ressaltar que o autor menciona aqui o "monte Moriá", mas que em Gênesis se fala de um dos montes do "país de Moriá" (22.2).
[12] Cf. a tradição presente no *Livro dos jubileus*. "E Abraão chamou esse lugar de 'O Senhor viu!', como se diz agora, 'o Senhor viu (no monte)!' Esse é o monte Sião" (18.13).

CAPÍTULO 3

A bênção de Judá: uma chave messiânica?

A bênção de Jacó

O livro de Gênesis conta a apaixonante história de José e relata as bênçãos pronunciadas por Jacó, pouco antes de sua morte, sobre os filhos de José: Efraim e Manassés (Gn 48.8-22), e depois sobre os próprios filhos (49.1-28). As bênçãos de Jacó a seus filhos foram proferidas pelo patriarca como o discurso de despedida no leito de morte e apresentadas expressamente como de tipo profético: "Ajuntem-se a meu lado para que eu lhes diga o que lhes acontecerá nos dias que virão" (49.1).[1]

As bênçãos sobre os filhos obedecem à seguinte ordem: em primeiro lugar, os filhos de Lia: Rúben (v. 3,4), Simeão e Levi (v. 5-7), Judá (v. 8-12), Zebulom (v. 13) e Issacar (v. 14,15), os dois últimos com ordem de nascimento invertida; depois, os filhos das concubinas Zilpa (escrava de Lia) e Bila (escrava de Raquel): Dã (v. 16-18), Gade (v. 19), Aser (v. 20) e Naftali (v. 21); por último, os filhos de Raquel: José (v. 22-26) e Benjamim (v. 27).[2]

Com exceção de Judá e José, que receberam bênçãos longas e significativas, os outros filhos de Jacó foram alvo de bênçãos menores. Temos também o caso de Simeão e Levi, que, por terem aniquilado os siquemitas — "Que eu não entre no conselho deles, nem participe da sua assembleia, porque em sua ira mataram homens e a seu bel-prazer aleijaram bois, cortando-lhes o tendão" (v. 6; cf. Gn 34) —, receberam de fato uma maldição: "Maldita seja a sua ira, tão tremenda, e a sua fúria, tão cruel! Eu os dividirei pelas terras de Jacó e os dispersarei em Israel" (v. 7).

---

[1] A expressão "dias futuros" aparece no discurso de despedida de Moisés (Dt 31.29) e também em uma formulação semelhante na profecia do profeta pagão Balaão: "Agora estou voltando para o meu povo, mas venha, deixe-me adverti-lo do que este povo fará ao seu povo nos dias futuros" (Nm 24.14). Segundo Gaster, essa tradição sobre Jacó reflete "a crença popular bastante comum de que os moribundos conhecem o futuro. Conforme vão abandonando gradativamente as limitações da mortalidade, vão deixando o temporal e momentâneo e ficam cada vez mais sensíveis ao contínuo eterno, mesclando e confundindo passado, presente e futuro. Por conseguinte, o que está por vir lhes parece tão certo como o que existe agora e assim podem descrevê-lo" (*Mito*, p. 275-276).

[2] Segundo a localização das tribos na terra de Israel, a apresentação segue a seguinte ordem geográfica: sul, norte e centro.

Jacó anuncia a José que o "Deus de seu pai", também chamado no texto "Poderoso de Jacó" e "Rocha de Israel", o apoiará contra os inimigos, o abençoará "com bênçãos dos altos céus, bênçãos das profundezas, bênçãos da fertilidade e da fartura. As bênçãos de seu pai são superiores às bênçãos dos montes antigos, às delícias das colinas eternas", e o colocará como líder de Israel: "Repousem sobre a cabeça de José, sobre a fronte daquele que foi separado [*nazir*][3] de entre os seus irmãos" (v. 22-26).

A bênção de Judá

Apesar da honra conferida a José e sua casa, está claro que Judá recebeu as bênçãos mais significativas da parte de Jacó. Sua preeminência sobre o resto dos irmãos é óbvia e conclusiva: "Judá, seus irmãos o louvarão, sua mão estará sobre o pescoço dos seus inimigos; os filhos de seu pai se curvarão diante de você" (v. 8).[4] E a força de Judá é comparada com a de um leão: "Judá é um leão novo. Você vem subindo, filho meu, depois de matar a presa. Como um leão, ele se assenta; e deita-se como uma leoa; quem tem coragem de acordá-lo?" (v. 9).[5]

Esse anúncio profético sobre a hegemonia da tribo de Judá chega ao ponto culminante com algumas palavras de difícil interpretação e tradução:

> O cetro [*shevet*] não se apartará de Judá, nem o bastão de comando [*mechoqeq*] de seus descendentes até que venha aquele a quem ele pertence e a ele as nações obedecerão. Ele amarrará seu jumento a uma videira e o seu jumentinho, ao ramo mais seleto; lavará no vinho as suas roupas, no sangue das uvas, as suas vestimentas. Seus olhos serão mais escuros que o vinho; seus dentes, mais brancos que o leite (v. 10-12).

Sem entrar na análise detalhada desse texto intricado e um tanto confuso, uma coisa é clara. As palavras postas pelo autor na boca do patriarca Jacó aludiam de maneira clara à eternidade da casa de Davi como a única dinastia legítima dos governantes de Israel. Não é por acaso que elas remetem às palavras proféticas de Natã a Davi:

> "Quando a sua vida chegar ao fim e você descansar com os seus antepassados, escolherei um dos seus filhos para sucedê-lo, um fruto do seu próprio corpo, e eu estabelecerei o reino dele. Será ele quem construirá um templo em honra ao meu

---

[3] Cf. Nm 6.
[4] A expressão "os filhos de seu pai se curvarão diante de você" recorda a bênção pronunciada por Isaque ao mesmo Jacó: "Que as nações o sirvam e os povos se curvem diante de você. Seja senhor dos seus irmãos, e curvem-se diante de você os filhos de sua mãe" (27.29).
[5] Na profecia de Balaão, essas mesmas palavras são aplicadas a todo o Israel (cf. Nm 23.24; 24.9). Depois desses textos, o leão se tornou um tema recorrente na iconografia judaica tradicional (arte sinagogal) e israelense (a bandeira da cidade de Jerusalém).

nome, e eu firmarei o trono dele para sempre. Eu serei seu pai, e ele será meu filho. Quando ele cometer algum erro, eu o punirei com o castigo dos homens, com açoites aplicados por homens. Mas nunca retirarei dele o meu amor, como retirei de Saul, a quem tirei do seu caminho. Quanto a você, sua dinastia e seu reino permanecerão para sempre diante de mim; o seu trono será estabelecido para sempre" (2Sm 7.12-16).

Vem daí a conclusão dos biblistas: a bênção de Jacó a Judá fora criada na época do rei Davi para legitimar seu governo e assim "provar" que a realidade política de sua época era a concretização da "profecia" antecipada pelo patriarca mitológico.[6]

A interpretação messiânica

Com o passar do tempo, os intérpretes antigos de Israel passaram a ler as palavras ambíguas e de caráter profético de Jacó sob a ótica de outros textos presentes na literatura profética, nos quais se falava do surgimento do rei da linhagem de Davi — e, portanto, da tribo de Judá — que haveria de trazer justiça e salvação a Israel. Um exemplo desses textos são as palavras do profeta Isaías, quando anunciou:

> Um ramo surgirá do tronco de Jessé, e das suas raízes brotará um renovo. O Espírito do SENHOR repousará sobre ele, o Espírito que dá sabedoria e entendimento, o Espírito que traz conselho e poder, o Espírito que dá conhecimento e temor do SENHOR. E ele se inspirará no temor do SENHOR. Não julgará pela aparência, nem decidirá com base no que ouviu; mas com retidão julgará os necessitados, com justiça tomará decisões em favor dos pobres. Com suas palavras, como se fossem um cajado, ferirá a terra; com o sopro de sua boca matará os ímpios. A retidão será a faixa de seu peito, e a fidelidade o seu cinturão (11.1-5).[7]

Como consequência disso, a declaração de Jacó "O cetro não se apartará de Judá" (Gn 49.10) não foi interpretada como alusão ao poder do rei, mas à figura do próprio rei (como comprova, por exemplo, a tradução grega da *Septuaginta* ao verter a palavra "cetro" por *archon* [no grego, "magistrado", "chefe", "governador"]). E, a partir daí, o termo passou rapidamente a ser entendido como algo misterioso ou uma chave para denominar o Messias (no hebraico, *Mashiach* = "Ungido")[8] que viria salvar Israel.[9]

---

[6] Como Gn 49, o texto de Jz 1 também apresenta a tribo de Judá na figura da principal responsável pela conquista da terra de Canaã (v. 1-20) e, em segundo lugar, a casa de José (v. 22-26).

[7] Outros textos bíblicos que anunciam a vinda do Salvador da linhagem de Davi são Jr 23.5; 30.9; 33.15,17,22; Ez 34.23,24; 37.24,25; Os 3.5; Am 9.11; Mq 5.1; Zc 3.8; 6.11,12.

[8] Em grego, a palavra "ungido" é *christos*, que os cristãos passariam a usar como nome próprio para chamar Jesus "o Cristo", ou na forma composta: "Jesus Cristo".

[9] Outro termo misterioso do texto é a palavra *shiloh*. Alguns sugerem que pode ser uma alusão a um antigo lugar de culto (1Sm 1.3). Outros interpretam a frase inteira desta forma: "[...] até que venha o

Um exemplo nesse sentido pode ser encontrado em um dos pergaminhos do mar Morto:

> [Nenhum] soberano se apartará da tribo de Judá. Enquanto Israel possuir o domínio, não faltará alguém assentado no trono de Davi.[10] Pois "o cajado" é a aliança da realeza ["os milhares"], de Israel são os pés, até que venha o *Messias de Justiça, o renovo de Davi*. Pois a ele e à sua descendência foi dada a aliança da realeza sobre seu povo por todas as gerações eternas [...] (*4QBênçãos patriarcais*, 1-4).

Sobre esse texto, o renomado especialista em Qumran F. García Martínez afirma:

> Apesar das inseguranças geradas pelo estado lacunoso do texto, as linhas gerais são suficientemente claras para assegurarmos que, na interpretação de Qumran, a bênção do patriarca Jacó a seu filho Judá foi vista como uma promessa de restauração da monarquia davídica e da perpetuação de sua função real. Uma vez que o futuro representante da dinastia é identificado não só como o renovo de Davi, sendo explicitamente identificado como o "ungido verdadeiro", não há dúvidas quanto ao teor "messiânico" do texto.[11]

O uso do termo "cetro" (*shevet*) em nosso texto e o fato de que o mesmo termo aparece nas palavras proféticas de Balaão — "Eu o vejo, mas não agora; eu o avisto, mas não de perto. Uma estrela surgirá de Jacó; um cetro [*shevet*] se levantará de Israel. Ele esmagará as frontes de Moabe e o crânio de todos os descendentes de Sete" (Nm 24.17) — motivaram os exegetas judeus da Antiguidade a combinar os dois textos e atribuir-lhes sentido messiânico, como vemos no texto apócrifo do *Testamento de Judá*:

> Então sairá de Jacó uma estrela que vos trará a paz. [...]. "Então luzirá o cetro da minha realeza; o Rebento florescerá da vossa raiz. Dele procederá um cetro justo para os pagãos, para julgar e salvar todos aqueles que invocam o Senhor" (24.1-6).[12]

Essas interpretações messiânicas de Gênesis 49.10 presentes na antiga tradição judaica foram adotadas mais tarde pelos cristãos. Diferentemente dos judeus,

---

que é devido" (*LXX*); "até que venha um peticionário" ou "seu denominador". E, também nesse caso, como no da palavra "cetro", um termo de difícil compreensão é interpretado no sentido messiânico.

[10] Referência a Jr 33.17.
[11] GARCIA MARTÍNEZ, Os manuscritos do mar Morto, p. 194.
[12] Números 24.17 se tornaria o "texto-prova" para "confirmar" a condição messiânica do rebelde judeu Shimon bar Kokhba, chamado em fontes cristãs "o Filho da Estrela" (*Bar-Kokhba*), que liderou a revolta contra os romanos nos anos 132 a 135 d.C.

porém, eles interpretaram as palavras de Jacó como referência explícita a Jesus, o Messias. Um exemplo disso pode ser visto nas palavras do grande teólogo Agostinho de Hipona (354-430):

> [...] morreu Jacó no Egito aos cento e quarenta e sete anos de idade. Abençoou, antes de morrer, seus filhos e netos da parte de José, e profetizou a Cristo com clareza ao declarar a bênção de Judá: *Não faltará um príncipe de Judá nem de sua descendência um legislador, até que se cumpra o que foi prometido. Ele será a esperança das nações* (*A cidade de Deus* XVIII, 6).

Outro testemunho é encontrado séculos depois nos escritos do teólogo protestante alemão Martinho Lutero (1483-1546):

> Nós, cristãos, percebemos que esses casos estão de acordo com o que foi dito por Jacó em Gênesis 49: "A ele (Siló ou o Messias) as nações obedecerão (uma vez que o cetro seja tirado das mãos de Judá)". A realização disso se encontra diante de nossos olhos: Os povos, isto é, não só os judeus, mas também os gentios, estão perfeitamente de acordo em obedecer a esse Siló; foram feitos um único povo, ou seja, os cristãos. É impossível mencionar ou pensar em alguém a quem esse versículo de Jacó possa se aplicar ou se referir tão adequadamente sem que seja o nosso querido Senhor Jesus Cristo. Teria de ser alguém que chegasse logo após a perda do cetro, ou então o Espírito Santo mentiu pela boca do patriarca Jacó, e Deus se esqueceu de sua promessa (*Sobre os judeus, e suas mentiras*, cap. 13).[13]

Comentário final

A última bênção de Jacó a Judá, em Gênesis 49.10, foi vista pelos intérpretes, ao longo das gerações, como uma profecia sobre o futuro Messias-Rei, que redimiria Israel na era escatológica. E, associado a outros "textos-prova" da Bíblia hebraica, como as profecias de Isaías 11.1-5, Jeremias 23.5,6, Números 24.17 e Salmos 2, entre outros, essa fonte se transformou em um texto-chave da tradição ocidental para fundamentar a crença no "Messias davídico", que surgiria no final dos tempos. Segundo os cristãos, o Messias anunciado nas Escrituras já veio, na figura de Jesus de Nazaré. Os judeus, no entanto, acreditam no Messias que está por vir. Como afirmava o grande sábio Maimônides sobre o décimo segundo princípio da fé: "Creio com fé sincera na chegada do Messias, espero com constância e todos os dias pela sua chegada".

---

[13] Disponível em: <http://www.herenciacristiana.com/luther/chap13.html>.

Capítulo 4

As pragas do Egito: prodígios divinos ou fenômenos da natureza?

As pragas do Egito

O livro de Êxodo relata que Deus enviou Moisés e Arão ao faraó a fim de exigir a libertação do povo de Israel (Êx 6.28—7.7). Mas, sabendo que o soberano egípcio não atenderia a tal solicitação, Deus indicou a Moisés a realização de um prodígio, a fim de impressionar o faraó: "Diga a Arão que tome a sua vara e jogue-a diante do faraó; e ela se transformará numa serpente" (7.9). Seguindo as instruções divinas, Moisés e Arão assim fizeram quando se apresentaram diante do faraó, mas, em vez de ficar com medo, o faraó ordenou que seus sábios e feiticeiros realizassem prodígios semelhantes. Eles conseguiram imitar o ato milagroso dos enviados de Deus por meio de "encantamentos", "mas a vara de Arão engoliu as varas deles" (7.12).[1]

Como se sabe, o faraó endureceu o coração e não concordou em libertar Israel. A partir daí, iniciou-se uma competição entre os enviados de Deus e os feiticeiros ou, como deixa implícito o texto, entre os deuses egípcios e o Senhor. O Pentateuco registra uma série de "dez pragas", que por meio de prodígios excepcionais assolaram seguidamente os egípcios: primeira praga: transformação da água em sangue (7.14-25); segunda praga: rãs (7.26—8.11); terceira praga: piolhos (8.12-15); quarta praga: moscas (8.16-28); quinta praga: morte do gado (9.1-7); sexta praga: úlceras (9.8-12); sétima praga: saraiva (9.13-35); oitava praga: gafanhotos (10.1-20); nona praga: trevas (10.21-29); décima praga: morte dos primogênitos (11.1-10; 12.19-36).[2]

Como vimos no caso do prodígio da serpente, os feiticeiros foram capazes de imitar a ação prodigiosa de Moisés e Arão, mas foram derrotados pelos oponentes

---

[1] O texto bíblico em sua forma atual parece combinar tradições literárias distintas. A tradição sacerdotal apresenta Arão e seu cajado como personagem central (Êx 7.19; 8,1,2,12,13). A outra tradição, a eloísta, traz Moisés e seu cajado como autor dos milagres (9.22,23; 10.12,13; 14.16,21). Por fim, a terceira fonte considera o próprio Deus o único realizador dos milagres (8.20; 9.6; 12.29).

[2] O tema das "pragas" é mencionado em outras seções da Bíblia hebraica: Josué 24.5; 1Samuel 4.8; Salmos 78.43-51 (sete pragas); 105.27-36 (oito pragas) etc. Segundo os biblistas, diferentes tradições sobre as pragas coexistiam no antigo Israel, e o total de "dez pragas" seria o resultado definitivo de um extenso desenvolvimento redacional.

quando a serpente-cajado de Arão devorou as dos magos. Depois, como Moisés e Arão, os magos também conseguiram transformar água em sangue (7.22) e fizeram surgir rãs sobre a terra do Egito (8.2). Mas, na terceira praga, já não foram capazes de rebater o poder de Deus: "Quando os magos tentaram fazer surgir piolhos por meio das suas ciências ocultas, não conseguiram [...] [e] disseram ao faraó: 'Isso é o dedo de Deus'" (8.18,19). A humilhação dos magos chegou à expressão máxima na praga das úlceras: "Nem os magos podiam manter-se diante de Moisés, porque ficaram cobertos de feridas, como os demais egípcios" (9.11).

Como devemos interpretar esses relatos? Deve o leitor considerar esses testemunhos históricos? Os prodígios de fato aconteceram, ou seria melhor tomar os relatos como simples lendas, histórias fantasiosas sem base na realidade?

História ou lenda?

Como é fácil imaginar, as respostas variam de acordo com a crença das pessoas. O homem de fé, convencido da onipotência de Deus como Criador do Universo, não vê problema algum nesses relatos. Segundo ele, não há motivo para duvidar da capacidade divina de realizar milagres, como o próprio Deus afirma diante da dúvida expressada por Abraão — se Sara daria à luz um filho: "Existe alguma coisa impossível para o SENHOR?" (Gn 18.14).

Outra leitura, totalmente oposta à anterior, é adotada pelos racionalistas, que interpretam os relatos milagrosos da Bíblia como expressão clara da "ignorância" própria do vulgo, incapaz de explicar os fenômenos extraordinários por meio de leis naturais. Estratégia semelhante foi adotada pelo grande filósofo racionalista Baruch Spinoza (1632-1677), que afirma:

> *O vulgo denomina milagre os fenômenos extraordinários da natureza*, isto é, obras de Deus, por devoção e pela antipatia que cultiva às ciências naturais, se satisfaz na ignorância das causas e não quer ouvir falar do que admira, isto é, do que ignora (*Tratado teológico-político* VI, 3).[3]

Para superar essa dicotomia entre fé e razão, alguns tentaram "salvar" a veracidade histórica dos textos bíblicos justificando com racionalidade os prodígios mediante explicações baseadas nas ciências naturais. Um exemplo disso se encontra nas palavras do alemão Werner Keller: "As pragas não são inverossímeis nem

---

[3] Segundo Zakovitch, podemos ver alguns sinais de racionalização de motivos milagrosos na própria Bíblia hebraica, como o caso do "cordão vermelho" na história dos espiões de Josué em Jericó (Js 2) e seu correspondente milagroso na história de Êxodo, quando o sangue no batente da porta serviu de "sinal" para evitar a morte dos primogênitos de Israel (Êx 12.13). Para outros exemplos, v. ZAKOVITCH, **El concepto de milagro**, p. 108-114.

pouco frequentes. Precisamente, elas são parte da expressividade egípcia local". Keller explicava da seguinte forma a transformação das águas do Nilo em sangue: "Às vezes os aluviões dos lagos abissínios colore a água do rio, sobretudo no seu curso superior, de um pardo avermelhado, que pode dar a impressão de *sangue*".[4]

A estratégia adotada por Keller e outros pretendentes da conciliação da ciência com os relatos bíblicos é rechaçada pelos teólogos. Segundo eles:

> Não é preciso procurar justificar esses prodígios, pela astronomia ou pelas ciências naturais, mas o relato que deles é feito utiliza fenômenos naturais que são conhecidos no Egito e desconhecidos na Palestina (o Nilo vermelho, as rãs, o siroco negro), ou que são conhecidos no Egito e na Palestina (os gafanhotos), ou ainda incluiu conhecidos na Palestina, mas excepcionais no Egito (chuva de pedras). Deve-se reter apenas a intenção da narrativa que faz brilhar os olhos dos israelitas e de Faraó a onipotência de Iahweh.[5]

De acordo com essa proposta, a interpretação do relato bíblico deve respeitar sua natureza religiosa; ele não deve ser interpretado erroneamente, em termos estranhos a seu caráter. O antigo pensador hebreu não recorria de forma ingênua à causalidade milagrosa (como afirmava Spinoza) para explicar os fenômenos naturais, mas expressava a presença do poder divino por meio da manifestação na natureza. Como afirmava o historiador de religiões Gerard van der Leeuw: "Para o homem primitivo, até a chuva podia ser um 'milagre' de deus; trata-se apenas do que falam os milagres, que são portadores da revelação".[6]

Por fim, a explicação alternativa que resolveria a antítese "história-lenda" é a sugestão recente de alguns estudiosos. Eles afirmam que o relato bíblico sobre as pragas seria um eco distante de uma verdadeira série de catástrofes que afetou o Egito durante o reinado de Amósis I (séc. XVI a.C.). Segundo o que está escrito na estela de Amósis, cujos fragmentos foram encontrados no terceiro pilar do templo de Karnak, em Tebas, nos anos de 1947 a 1951,

> [...] os deuses expressaram seu descontentamento [...] e se manifestaram no céu na forma de uma tempestade [chuva]; escureceu toda a região ocidental; o céu está [furioso]. [...] maior que o rugido da multidão; era [...] poderoso acima das montanhas, mais alto que a turbulência; a cascata [...] colossal. Toda casa [...] todo refúgio [ou todo lugar coberto] que alcançou [...] flutuava na água como pedaços de papiro [sobre o exterior] da casa real por dias [...] sem que ninguém

---

[4] Keller, **E a Bíblia tinha razão**, p. 134.
[5] **Bíblia de Jerusalém**, nota *a* sobre "As pragas do Egito".
[6] Leeuw, **Fenomenologia da religião**.

pudesse acender a tocha em nenhum lugar. Então Sua Majestade disse [...] esses acontecimentos ultrapassam o poder do grande deus e o testemunho das divindades! E Sua Majestade desceu [...] Depois que o poder de deus foi manifestado. Então Sua Majestade foi a Tebas [...] e foi informada sobre os recintos funerários que haviam sido invadidos pela água, os sepulcros haviam sido danificados, as estruturas dos recintos funerários haviam sido minadas, as pirâmides haviam sido [derrubadas]. Tudo que existia fora aniquilado; Sua Majestade então ordenou a reconstrução das capelas que haviam se tornado ruínas por todo o país, a restauração dos monumentos dos deuses, a reconstrução da região, a substituição dos objetos sagrados [...] (linhas 7-19).[7]

Seja como for, nunca saberemos com certeza o que aconteceu. O relato sobre as "pragas do Egito", como tantas outras histórias preservadas na memória coletiva dos povos, parece estar envolvido para sempre em um manto de mistério.

---

[7] Disponível em: <http://www.egiptologia.com/egipto-y-la-biblia/956-el-exodo-y-la-conexion-e-gea.html>. Essa tradição parece ser referida também na obra *As admoestações de Ipuwer* (papiro LEIDEN 344), escrito também na mesma época. De acordo com a sugestão de alguns geofísicos, as catástrofes referidas nesses documentos tiveram origem nas erupções vulcânicas da ilha de Santorini e do Vesúvio, ocorridas nessa época.

| Capítulo 5 |

O êxodo do Egito: mito ou realidade?

Um marco fundamental da nação

Logo depois da descrição rica em detalhes das dez pragas do Egito, nas quais os egípcios foram atingidos continuamente por prodígios terríveis, a história chega ao ponto culminante quando o faraó, dominado pelo poder imensurável de Deus, decide finalmente libertar o povo de Israel da escravidão: "Naquela mesma noite o faraó mandou chamar Moisés e Arão e lhes disse: 'Saiam imediatamente do meio do meu povo, vocês e os israelitas! Vão prestar culto ao Senhor, como vocês pediram'" (Êx 12.31).

Assim, a epopeia da libertação milagrosa do Egito chegou ao fim. Depois de 430 anos de permanência (12.40),[1] o povo hebreu (segundo o relato bíblico, "havia cerca de seiscentos mil homens a pé, além de mulheres e crianças" [12.37]) partiu apressadamente, na mesma noite, de Ramessés a Sucote. Daí em diante, o povo de Israel celebra anualmente a ceia pascal e a festa dos Pães sem Fermento em memória do extraordinário acontecimento.[2]

Sem dúvida, o êxodo do povo de Israel do Egito é o marco fundamental na consciência histórica de Israel. Esse relato não só constitui o núcleo do livro bíblico de Êxodo, mas é também uma das confissões de fé israelitas mais antigas. Por exemplo, na introdução ao decálogo (em grego, "Dez Palavras"), Deus se define como o Deus da História, dizendo: "Eu sou o Senhor, o teu Deus, que te tirou do Egito, da terra da escravidão" (Êx 20.2; Dt 5.6). De igual modo, na fórmula litúrgica de Salmos, Deus se apresenta com "Eu sou o Senhor, o seu Deus, que o tirei da terra do Egito. Abra a sua boca, e eu o alimentarei" (Sl 81.10). O profeta Amós (séc. VIII a.C.) aludi assim às origens de Israel: "Eu tirei Israel do Egito, os filisteus de

---

[1] Um eco dessa tradição aparece em Ez 4.4-6, em que Deus ordena que o profeta se deite sobre o lado esquerdo por 390 dias e sobre o lado direito por 40 dias, para simbolizar a carga do pecado de Israel e de Judá. Segundo a tradição alternativa, a escravidão do Egito durou 400 anos. V. Gn 15.13; At 7.6.

[2] Cf. Êx 12.1-28,43-51; 13.3-10; Lv 23.5-8; Dt 16.1-8.

Caftor e os arameus de Quir" (Am 9.7). E o profeta Oseias (séc. VIII a.C.) entende que a verdadeira história de Israel começou com a saída do Egito: "Quando Israel era menino, eu o amei, e do Egito chamei o meu filho" (Os 11.1). O tema da libertação milagrosa de Israel do Egito, presente nos diversos estratos da literatura bíblica, revela de maneira taxativa que os israelitas viam nessa intervenção divina a pedra angular de sua identidade.[3]

O êxodo do Egito sob análise científica

Por isso, não é de admirar que, quando a arqueologia e os estudos críticos da Bíblia começaram a se desenvolver como ciência, no final do século XIX, o tema da historicidade da escravidão de Israel no Egito e do êxodo estava entre os assuntos mais discutidos. Para os estudiosos de fé, era imprescindível provar a certeza factual da narrativa, com o efeito de outorgar à antiga crença tradicional uma base científica. Para os estudiosos agnósticos, demonstrar o caráter lendário do relato bíblico lhes daria uma arma poderosa para abalar os fundamentos de uma fé milenar.

Daí em diante, até os dias de hoje, o mundo científico está dividido em dois grupos claramente definidos a esse respeito. Por um lado, encontramos os que, sem deixar de reconhecer as dificuldades dos detalhes presentes no relato, aceitam basicamente sua historicidade. A. Lemaire, prestigiado arqueólogo francês e professor na renomada Escola de Altos Estudos de Paris, afirma que "semelhante tradição, antiga e unânime, deve ter um fundo histórico".[4] Segundo o estudioso, a suposta fuga do Egito ocorreu na época do faraó Ramsés II, muito possivelmente em meados do século XIII a.C. Um argumento nesse sentido seria a famosa estela que descreve uma campanha de seu filho, Merneptá, na Palestina (em 1210 a.C.), na qual existe a primeira (e única) menção em egípcio a "Israel": "Canaã foi saqueada, Ascalom despojada, Gezer arruinada [...]. Israel está assolada e sua semente, destruída". Esse texto parece demonstrar que uma entidade étnica chamada "Israel" já se achava em Canaã nessa época, como um grupo recém-chegado a essa terra ou de origem autóctone.

Todavia, Lamaire e outros estudiosos admitem que, embora os materiais bíblicos tenham preservado um núcleo histórico correto dos acontecimentos, o relato em si foi redigido muitos séculos depois. Segundo afirma o biblista jesuíta Jean-Louis Ska, "os textos que descrevem o êxodo de Israel são, em sua maioria, muito mais recentes que os próprios acontecimentos. Seja qual for a data atribuída a eles, o texto só foi finalizado muitos séculos depois".[5] Na opinião dele, a primeira redação da

---

[3] Sobre esse tema, v. HOFFMAN, **A doutrina do êxodo**.
[4] LEMAIRE, Os hebreus no Egito, p. 347.
[5] SKA, Moisés, p. 368.

história (chamada "relato javista") remonta ao século X a.C., época de Davi e Salomão, ao passo que o segundo relato, de origem sacerdotal, dataria da época do exílio na Babilônia (séc. VI a.C.).

Uma abordagem totalmente oposta aparece em uma obra publicada há alguns anos pelo arqueólogo israelense I. Finkelstein e pelo historiador americano N. Silberman. No polêmico livro *A Bíblia não tinha razão*, eles discutem (cap. 2) a historicidade dos relatos bíblicos sob a ótica dos achados arqueológicos. E eles negam qualquer fundamento histórico, de modo específico, sobre o tema da permanência dos israelitas no Egito e de sua saída milagrosa de lá. Segundo suas análises detalhadas da história, os arquivos egípcios, que consignavam todos os acontecimentos administrativos do reino faraônico, não conservaram nenhum rastro de presença israelita por mais de quatro séculos em seu território. Também não havia, na época, muitos dos lugares mencionados no relato. As cidades de Pitom e Ramessés, construídas pelos hebreus escravos antes de partir, não existiam no século XV a.C. E, com base nisso, a conclusão é que o relato do êxodo não resiste à análise do ponto de vista científico. Assim, segundo eles, a história da escravidão dos israelitas no Egito foi criação da monarquia posterior de Judá (reinado de Josias [séc. VIII a.C.]), com o objetivo de propagar a ideologia conforme às necessidades desse reino.

Comentário final

Em quem acreditar? Seria possível superar a dicotomia entre ciência e tradição? O êxodo do Egito aconteceu de fato ou é apenas uma história fantástica criada pelo homem? É provável que a verdade esteja a meio caminho das duas possibilidades. Eis as justas e cautelosas palavras de G. Jofré:

> É muito provável que a Bíblia contenha uma pequena porcentagem de núcleo histórico sobre o êxodo. Inclusive, é possível que ele tenha sido muito diferente do que menciona o texto. Talvez tenham ocorrido vários êxodos, talvez tenham sido fugas em épocas diferentes e de forma gradual. E não seria prudente negar a existência de um substrato real sobre a narração do êxodo, como afirmar que se trata de uma narrativa completamente histórica [...]. Em minha opinião, os que negam a historicidade do êxodo bíblico, em termos gerais, considerando-o um caso totalmente mitológico, estão sendo precipitados em suas conclusões e se arriscam a uma retratação futura, porque a saída dos israelitas do Egito é uma lenda aberta à historicidade.[6]

---

[6] JOFRÉ, Êxodo.

Última observação metodológica: A veracidade da história bíblica do êxodo não deve ser avaliada apenas nos termos da crítica histórica. Como mito fundamental da nação,

> essa história não só foi uma memória do passado: ela definia quem eram os sujeitos da história no presente. Ela não articulava simplesmente o que Deus havia feito no passado; ela tornava possível a fé em Deus e no presente — fé que teria obrigações morais de grande alcance.[7]

A narrativa do êxodo foi eternizada por meio de literatura, arte, liturgia e ritual e se tornou, com o passar do tempo, uma verdade religiosa. E, como consequência disso, o evento histórico-factual do êxodo (se realmente ocorreu) ficou enterrado sob inumeráveis camadas de imaginação popular, para se transformar na quintessência do ser israelita.

---

[7] KEE, **El compañero de Cambridge**, p. 67

CAPÍTULO 6

O milagre do mar: história mitificada ou mito historiado?

A chegada à beira do mar

A história do êxodo do Egito chega ao ápice com a narrativa do milagre do mar. Segundo o relato bíblico:

> Quando o faraó deixou o povo sair, Deus não os levou pelo caminho da terra dos filisteus, embora fosse mais curto; pois disse Deus: "Se eles se defrontarem com a guerra, talvez se arrependam e voltem para o Egito". Assim, Deus fez o povo dar a volta pelo deserto, seguindo o caminho que leva ao mar Vermelho (Êx 13.17,18).

E foi assim que Moisés conduziu o povo até Pi-Hairote, entre Migdol e o mar, em frente de Baal-Zefom.[1]

Seja como for, o texto diz que o povo de Israel estava acampado diante do mar quando o poderoso exército egípcio alcançou e encurralou os hebreus, que não tinham como fugir. Nesse momento, o povo caiu em desespero e reclamou com Moisés:

> "Foi por falta de túmulos no Egito que você nos trouxe para morrermos no deserto? O que você fez conosco, tirando-nos de lá? Já lhe tínhamos dito no Egito: Deixe-nos em paz! Seremos escravos dos egípcios! Antes ser escravos dos egípcios do que morrer no deserto!" Moisés respondeu ao povo: "Não tenham medo. Fiquem firmes e vejam o livramento que o Senhor lhes trará hoje, porque vocês nunca mais verão os egípcios que hoje veem" (14.11-14).

A travessia do mar: a narrativa bíblica

E assim foi. O texto bíblico relata a seguir um dos acontecimentos mais espetaculares da história de Israel, que ficou gravado na memória coletiva do povo

---

[1] A rota do êxodo e a identificação dos locais mencionados têm sido motivo de disputa entre os estudiosos. Uma das teorias afirma que o texto pode ser uma combinação do registro de dois êxodos diferentes. Uma tradição evocaria um êxodo-expulsão, que seguiu a rota da Filístia (situada na região costeira de Israel); a outra, um êxodo-fuga, que seguiu a rota do deserto, ao sul ou a sudeste.

como manifestação poderosa, inigualável e única do poder salvador de Deus: o milagre do mar.

A leitura cuidadosa do texto revela duas versões do milagre. De acordo com a primeira, Moisés deve levantar seu cajado, estender a mão sobre o mar e abri-lo para que os israelitas passem em terra seca (14.16,21); Moisés faz isso, e o povo atravessa o mar pisando em terra seca (v. 22); os carros egípcios iniciam uma perseguição a Israel, e o Senhor ordena que Moisés estenda a mão para que as águas se fechem sobre eles (v. 23,26); ao fazê-lo, os egípcios morrem cobertos pelas águas, e Israel se salva (v. 27-29). De acordo com a segunda versão, o Senhor, representado por uma coluna de nuvem (ou o "Anjo do Senhor"), coloca-se entre Israel e os egípcios (14.19,20); durante a noite, o Senhor faz soprar um forte vento oriental que seca o mar (v. 21); no dia seguinte de madrugada, o Senhor, com a coluna de fogo e de nuvem, põe os egípcios em confusão e solta as rodas dos carros (v. 24-25); por fim, os egípcios são precipitados mar adentro (v. 30,31).

Segundo Roland de Vaux:

> Cada relato é completo, com características próprias e um ator principal. No primeiro, quem atua é Moisés. Javé ordena que ele estenda seu cajado e rasgue as águas ao meio; Moisés assim o faz, e o mar se divide. Javé lhe ordena que estenda o cajado novamente e junte as águas. Moisés faz isso, e o mar retorna ao seu lugar. No segundo relato, quem atua é Javé. Durante a noite, ele faz o vento soprar e seca o mar. No dia seguinte, de madrugada, Javé deixa os egípcios em pânico. Ao amanhecer, Javé sepulta os egípcios no mar. Já de dia, os israelitas veem os egípcios mortos na praia.[2]

Segundo essa mesma linha de análise, também é possível distinguir uma diferença fundamental quanto à natureza do milagre. De acordo com o primeiro relato, o milagre foi a travessia dos israelitas pisando em terra seca; de acordo com o segundo, foi a destruição dos egípcios.

Como podemos perceber, o poema de louvor que acompanha nosso relato (Êx 15.1-19)[3] não faz menção alguma a Moisés e suas proezas: é mais um canto de vitória em honra ao Senhor por ter matado os egípcios:

> Cantarei a Iahweh, porque se vestiu de glória; ele lançou ao mar o cavalo e o cavaleiro. Iah[4] é minha força e meu canto, a ele devo a salvação. Ele é meu Deus,

---

[2] Vaux, **Historia antigua**, v. I, p. 369.
[3] Segundo os biblistas, essa peça literária seria uma das mais antigas de toda a literatura bíblica, escrita na época de Davi ou de Salomão (séc. X a.C.). Para outros estudiosos, todavia, ela foi organizada de forma definitiva no final da época do Primeiro Templo (séc. VI a.C.).
[4] "Iah" é outra forma do nome Iahweh (Senhor).

e o glorifico, o Deus do meu pai, e o exalto. Iahweh é um guerreiro, Iahweh é o seu nome! Os carros de Faraó e suas tropas, ao mar ele lançou; a elite dos seus cavaleiros, o mar dos Juncos devorou: o abismo os recobriu, e caíram fundo, como pedra (v. 1-5, *Bíblia de Jerusalém*).[5]

Como já foi sugerido, a versão mais antiga seria a que mencionava a ação milagrosa de Deus, que, como guerreiro, venceu os egípcios e salvou Israel.[6] E, como na vitória do Senhor contra Sísera e seu exército, de acordo com o cântico de Débora (Jz 5),[7] nesse caso Deus também se valeu dos elementos da natureza para triunfar sobre o inimigo: o vento, a nuvem e o fogo.[8]

No caso desse modelo interpretativo ser o correto, então a outra versão dos feitos que destaca a travessia milagrosa de Israel pelo leito seco do mar seria uma interpretação posterior. Assim, é notável a semelhança entre a versão da travessia do mar no tempo de Moisés e a travessia do Jordão na época de Josué:

> Quando, pois, o povo desmontou o acampamento para atravessar o Jordão, os sacerdotes que carregavam a arca da aliança foram adiante. (O Jordão transborda em ambas as margens na época da colheita.) Assim que os sacerdotes que carregavam a arca da aliança chegaram ao Jordão e seus pés tocaram as águas, a correnteza que descia parou de correr e formou uma muralha a grande distância, perto de uma cidade chamada Adã, nas proximidades de Zaretã; e as águas que desciam para o mar da Arabá, o mar Salgado, escoaram totalmente. E assim o povo atravessou o rio em frente de Jericó. Os sacerdotes que carregavam a arca da aliança do Senhor ficaram parados em terra seca no meio do Jordão, enquanto todo o Israel passava, até que toda a nação o atravessou pisando em terra seca (Js 3.14-17).

Se o relato de Êxodo foi o modelo para o registro da travessia milagrosa do Jordão (como pensa a maioria), ou, pelo contrário, se o relato em Josué (ou sua tradição oral) influenciou o registro da travessia milagrosa do mar (p. ex., Roland de Vaux),

---

[5] Cf. Dt 11.4; Js 24.7. Esse canto triunfal, conhecido tradicionalmente pelo nome *Shirat ha-Yam* ("o canto do mar"), é lido na sinagoga com uma melodia especial, na porção semanal da *Torá*. Essa passagem está escrita no rolo tradicional, porém em um formato muito particular, como "ladrilhos" sobrepostos. Tanto a melodia quanto o formato literário foram concebidos pela tradição judaica com o propósito de destacar a singularidade da seção.

[6] Sobre o tema de Deus como guerreiro, v. tb. Êxodo 14.14; 17.8-16; Nm 10.35,36. Sobre Deus (não Moisés) secando as águas do mar de Sufe na literatura bíblica, v.: Josué 2.10; 4.23; Nm 9.11; Sl 66.5,6; 104.1-7; 78.13; 106.9-11. Aparentemente, a clara tendência dos autores bíblicos de silenciar o papel de Moisés no relato da travessia do mar podia ter como finalidade evitar o culto à personalidade do herói. Sobre esse tema, v. Shinan; Zakovitch, **No está escrito así en la Biblia**, p. 42-49.

[7] Segundo os biblistas, o canto de Débora em Juízes seria também uma das peças literárias mais antigas contidas em toda a coleção bíblica.

[8] Cf. Sl 29; 77.14-21.

o resultado foi que a tradição terminou associando os dois eventos à expressão máxima do poder divino.⁹

O milagre do mar: história ou mito?

A salvação milagrosa de Israel, independentemente de ter sido causada pela queda repentina dos egípcios no mar ou pela travessia dos israelitas em terra seca, sempre despertou o interesse dos estudiosos. Naturalmente, os religiosos aceitavam de modo literal a fidelidade do relato e o interpretavam como a expressão maior do poder inigualável de Deus. Segundo imaginava o *midrash*:

> O santo, bendito seja, disse a Moisés: "Moisés, estenda sua mão sobre o mar e divida-o ao meio" (Êx 14.16). Moisés estendeu a mão sobre o mar, porém o mar se negou a se abrir; ele então mostrou o caixão de José e a vara em que estava gravado o Nome Inefável, e novamente se negou. Moisés ficou na presença do Santo, bendito seja, e disse: "Senhor de todos os mundos, o mar não me obedece". Em seguida, o Santo, bendito seja, se revelou em toda a sua glória sobre o mar, e o mar fugiu; as águas se assustaram, tremeram, estremeceram e afundaram nos abismos, como está escrito: "As águas te viram, ó Deus, as águas te viram e se contorceram; até os abismos estremeceram" (Sl 77.16) (*Os capítulos do rabino Eliezer* XLII, 2).

Esse *midrash* seria um eco tardio da antiga polêmica já presente na Bíblia hebraica (v. nota 6 deste capítulo) acerca da identidade do autor do milagre do mar: Moisés ou Deus.

Todavia, a versão de Josefo acerca desses fatos nos deixa entrever que nos tempos antigos já havia pessoas que colocavam em dúvida a exatidão dos acontecimentos:

> Quanto a mim, relatei todas as partes desta história do modo que constam nos livros sagrados. Que ninguém estranhe a raridade da narração, e não pense que o caminho que se abriu diante desses homens da antiguidade, livres da maldade das eras modernas, foi obra da vontade de Deus ou fruto do azar. Porque diante dos companheiros de Alexandre, rei da Macedônia, que viveu há comparativamente pouco tempo, o mar de Panfília se retirou e abriu-lhes caminho, quando não tinham mais por onde ir, e isso aconteceu conforme a vontade de Deus de destruir a monarquia dos persas. O feito é reconhecido como autêntico por todos os que escreveram sobre as ações de Alexandre. Mas desses acontecimentos que cada um os encare a seu gosto (*Antiguidades judaicas* II, xvi, 5).¹⁰

---

⁹ Cf. Is 44.27; Sl 66.6; 74.13-15; 114.3. Segundo afirma Roland de Vaux (*Historia antigua*, v. I, p. 373), "a travessia do mar acabou eclipsando a do Jordão: a travessia do Jordão nunca é mencionada sozinha; a do mar aparece isoladamente (Sl 106.9-11; 136.13,14; Is 63.12,13; Nm 9.11; *Sabedoria* 10.18,19; 19.7,8)".

¹⁰ Nesse texto, Josefo faz alusão a uma lenda sobre a qual testemunha o historiador Apiano de Alexandria (95?-65?) na obra *História romana: guerra civil*: "Alexandre fez uma longa viagem por uma

Essas dúvidas incipientes se transformaram na abordagem racional sistemática do relato, quando Baruch Spinoza (1632-1677) explicou o pretendido "milagre" divino da Bíblia como fenômeno natural. Afirmava o filósofo judeu-português:

> Conclui-se, pois, que se as circunstâncias dos milagres e as causas naturais que os explicam nem sempre são mencionadas, não deixam de ser necessárias para seu cumprimento. Na narrativa do Êxodo (cap. XIV, v. 27), vê-se que à simples indicação de Moisés o mar tornou a fechar-se, e nada se disse do vento. No cântico de Moisés, porém (cap. XV, v. 10), diz-se que o mar se fechou com o sopro de Deus (isto é, um vento muito forte). Isso indica que antes essa circunstância foi omitida para fazer com que o milagre parecesse maior (*Tratado teológico-político* VI, 48).

E, a partir daí, o caminho está livre para explicações naturais do evento. Alguns sugerem que pode ter sido um maremoto provocado pelo contato de um cometa com a terra ou por uma distante e impressionante erupção do vulcão Santorini, no ano 1447 a.C.[11] Outros explicam que a travessia do mar se deu ao sul dos lagos Amargos (na época conectados ao golfo de Suez), aproveitando-se da ocorrência de uma maré excepcionalmente baixa e um vento do leste violento e persistente. Segundo Werner Keller: "A fuga do Egito pelo mar dos Juncos é, pois, perfeitamente verossímil".[12] Seja qual for a explicação natural do acontecimento, a suposta premissa por trás de todas essas explicações é que o "milagre" da travessia do mar havia sido originariamente um feito histórico factual, embelezado em seguida pela tradição com elementos fantásticos ou míticos, como as águas divididas pelo cajado de Moisés ou as duas muralhas de água.

No entanto, da mesma forma, é possível argumentar que o autor bíblico pode ter historiado um mito antigo. Logo, o relato bíblico da vitória de Moisés/Senhor sobre o mar recorda, em seu tema fundamental, o mito amplamente documentado na literatura do antigo Oriente sobre a luta entre o deus supremo e os poderes aquáticos caóticos no início dos tempos.

Um exemplo dessa interpretação é o poema babilônico da criação *Enuma Elish*, segundo o qual o deus Marduque matou a deusa-dragão Tiamate (o elemento feminino primordial, o oceano de águas salgadas).

---

zona desértica, em uma época de calor, até o oráculo de Amom, e atravessou o golfo de Panfília após o mar se retirar de forma prodigiosa, e a divindade conteve o mar até que o cruzou e fez chover quando viajava por terra" (Ap. BC II 149). Disponível em: <http://www.masalladelaciencia.es/las-tumbas-egipcias-de-alejandro>.

11 Vaux, **Historia antigua**, v. I, p. 349-350. Com base nessa última hipótese, os cineastas Simcha Jacobovici e James Cameron produziram, em 2006, um documentário intitulado *O Êxodo decifrado*, que foi duramente criticado pela comunidade científica internacional.

12 Keller, **E a Bíblia tinha razão**, p. 146.

> Então o senhor descansou ao ver seu cadáver./ Dividiu a carne monstruosa, concebeu ideias artísticas,/ cortou-a como se fosse um peixe, em duas partes:/ ergueu metade dela e a colocou como se fosse o céu./ Abriu a fechadura e colocou um guardião,/ ordenando-lhe que não permitisse que as águas saíssem (tábua IV, 135-140).

Ou o caso do mito cananeu da "luta entre Balu [Baal] e Motu":

> Quando você esmagou Lotanu, a serpente fugaz, e acabou com a serpente tortuosa, o "Tirano" de sete cabeças, enrugaram-se (e) se encolheram os céus como o cinto de sua túnica; (então) eu fui consumido, feito em pedaços, espalhado (ao vento), morri (KTU 1.5 I).

E, com base nisso, existe a possibilidade de as figuras míticas Marduque/Baal terem sido transformadas nas personagens "históricas" Moisés/Senhor, na versão bíblica. Em todo caso, esses heróis divinos ou humanos subjugaram os poderes aquáticos caóticos e dessa forma possibilitaram a criação de uma nova realidade (seja cósmica, seja social).

Essa teoria pressupõe que o mito da luta do deus supremo contra o monstro marinho era conhecido dos hebreus e também que a aplicação desse mito a Deus era vista como legítima, e certamente foi o caso no antigo Israel. Como se pode perceber com clareza em alguns textos bíblicos, o tema era conhecido pelos literatos israelitas. Um eco distante desse mito pode ser visto no relato da Criação, Gênesis, em que Deus divide as águas primordiais e diz: "Haja entre as águas um firmamento que separe águas de águas. Então Deus fez o firmamento e separou as águas que ficaram abaixo do firmamento das que ficaram por cima. E assim foi" (Gn 1.6,7). Uma citação muito mais clara é encontrada no livro de Salmos, na qual existe a referência direta à vitória do Senhor sobre o monstro marinho:

> Ó Deus, és o meu rei desde a antiguidade; trazes salvação sobre a terra. Tu dividiste o mar pelo teu poder; quebraste as cabeças das serpentes das águas. Esmagaste as cabeças do Leviatã e o deste por comida às criaturas do deserto. Tu abriste fontes e regatos; secaste rios perenes (Sl 74.12-15).[13]

Comentário final

Em resumo, não há maneira de saber se a travessia do mar por parte de Israel foi um acontecimento originariamente verídico adornado pela lenda e pela linguagem

---

[13] Cf. tb. Is 27.1; 51.9,10; Jó 7.12; 9.13; 26.12; 40.25s; Sl 89.10,11; 148.7. Para mais detalhes, v. Day, O dragão e o mar.

mítica ou se foi, desde o início, um mito transformado em história sagrada. As origens desse relato se perdem na bruma do tempo.

No entanto, uma coisa é certa: esse "milagre", com aspas ou sem aspas, transformou-se em um dos pilares da fé de Israel, a ponto de ser recordado diariamente nas orações matinais e vespertinas da liturgia judaica: "Do Egito nos redimiste, da servidão nos resgataste. Todos os seus primogênitos pereceram, e teu filho predileto, Israel, redimiste. O mar Vermelho dividiste, enterrando nele os soberbos, fazendo passar teus filhos, teus amados. Eles te aclamarão com hinos, louvores e cânticos". Seja história, seja mito, "o milagre do mar" é hoje uma verdade religiosa para o crente que confia no poder salvador do Senhor em benefício de Israel.

Capítulo 7

O bezerro de ouro: um pecado de idolatria?

O relato bíblico

Uma das histórias mais conhecidas da Bíblia é o episódio do bezerro de ouro. Diz a versão do Pentateuco:

> O povo, ao ver que Moisés demorava a descer do monte, juntou-se ao redor de Arão e lhe disse: "Venha, faça para nós deuses que nos conduzam, pois a esse Moisés, o homem que nos tirou do Egito, não sabemos o que lhe aconteceu". Respondeu-lhes Arão: "Tirem os brincos de ouro de suas mulheres, de seus filhos e de suas filhas e tragam-nos a mim". Todos tiraram os seus brincos de ouro e os levaram a Arão. Ele os recebeu e os fundiu, transformando tudo num ídolo, que modelou com uma ferramenta própria, dando-lhe a forma de um bezerro. Então disseram: "Eis aí os seus deuses, ó Israel, que tiraram vocês do Egito!" Vendo isso, Arão edificou um altar diante do bezerro e anunciou: "Amanhã haverá uma festa dedicada ao Senhor". Na manhã seguinte, ofereceram holocaustos e sacrifícios de comunhão. O povo se assentou para comer e beber, e levantou-se para se entregar à farra (Êx 32.1-6).

Esse ato de Israel acendeu a ira de Deus, a ponto de querer destruir o povo pecador: "Disse o Senhor a Moisés: 'Tenho visto que este povo é um povo obstinado. Deixe-me agora, para que a minha ira se acenda contra eles, e eu os destrua. Depois farei de você uma grande nação'" (v. 9,10). Entretanto, os apelos de Moisés aplacaram o desgosto de Deus, e ele "arrependeu-se do mal que ameaçara trazer sobre o povo" (v. 14).

No entanto, diferentemente de Deus, que foi capaz de "controlar seus sentimentos", Moisés enraiveceu-se ao descer do monte a ponto de perder o controle:

> Quando Moisés aproximou-se do acampamento e viu o bezerro e as danças, irou-se e jogou as tábuas no chão, ao pé do monte, quebrando-as. Pegou o bezerro que eles tinham feito e o destruiu no fogo; depois de moê-lo até virar pó, espalhou-o na água e fez com que os israelitas a bebessem (v. 19,20).

Além disso, Moisés convocou os israelitas fiéis para se vingarem dos pecadores:

> Então ficou em pé, à entrada do acampamento, e disse: "Quem é pelo SENHOR, junte-se a mim". Todos os levitas se juntaram a ele. Declarou-lhes também: "Assim diz o SENHOR, o Deus de Israel: 'Pegue cada um sua espada, percorra o acampamento, de tenda em tenda, e mate o seu irmão, o seu amigo e o seu vizinho' ". Fizeram os levitas conforme Moisés ordenou, e naquele dia morreram cerca de três mil dentre o povo (v. 26-28).[1]

Pecado de idolatria?

A interpretação tradicional desse relato vê a atitude de Israel como a necessidade psicológica de concretizar a ideia abstrata da divindade em uma imagem material, similar às práticas conhecidas entre os povos pagãos. É o que manifesta expressamente o seguinte texto homilético rabínico:

> Depois de receber os mandamentos, ao final de quarenta dias, os israelitas se esqueceram de seu Deus e disseram a Arão: "Os egípcios levam seu deus em procissões e cantam e tocam instrumentos em sua presença e veem-no diante de si. Faze-nos um deus como o deus do Egito, que possa ser visto diante de nós" (*Os capítulos de rabino Eliezer* XLV, 2).

Outro exemplo nesse sentido é a interpretação da história bíblica sugerida pelo renomado filósofo e poeta medieval espanhol Rabi Yehuda Halevi (1075-1141), que com grande perspicácia psicológica escreveu:

> Todas as nações desse tempo adoravam imagens; e até os filósofos, que faziam exposições sobre a unidade de Deus e sua Divindade, não deixavam de ter imagens, a quem dirigiam sua intenção e devoção; e diziam ao povo que na imagem se comunicava algo Divino e que era única em maravilhosa virtude e em diferentes propriedades; alguns deles atribuíam isso a Deus, como temos hoje a veneração de lugares sagrados, até nos abençoamos com eles, com sua poeira e suas pedras [...] e o povo não concordava em ter uma religião sem que fosse mediante alguma imagem sensorial, a quem dirigiriam sua devoção; e estavam os filhos de Israel esperando o que Moisés lhes havia prometido, trazer-lhes alguma coisa de Deus, que haveriam de ver e seguir, como seguiram, o pilar de nuvem e o pilar de fogo quando saíram do Egito olhando para ele, seguindo-os

---

[1] Outros exemplos de "zelo religioso" na Bíblia são os casos de Fineias — filho de Eleazar, filho do sacerdote Arão, quando matou o israelita e a midianita em Peor (Nm 25.7) —, e o profeta Elias no monte Carmelo (1Rs 18.20-40). Sobre esse tema, v. o capítulo "Fineias, filho de Eleazar: sacerdote fiel ou assassino fanático?", p. 79.

e reverenciando-os, e se curvavam diante de Deus; e assim também aceitaram o pilar de nuvem que descia sobre Moisés quando Deus falava com ele, e se curvavam diante de Deus; e quando o povo ouviu as palavras dos dez mandamentos e Moisés subiu o monte para lhes trazer as tábuas gravadas e fazer uma arca para elas, a fim de que as pessoas tivessem algo visível diante do qual prestariam sua devoção; e que tivessem nela o pacto de Deus e a criação divina, isto é, as tábuas, além do que estava relacionado à arca da nuvem, a glória e os milagres que por ela se manifestaram; e o povo ficou esperando Moisés descer, da maneira que se encontravam, sem trocar os adornos ou as vestes, como estavam desde o dia em que pararam no monte Sinai; ficaram da mesma forma esperando Moisés, que demorou quarenta dias, sem levar alimento algum, nem se afastou deles, mesmo dizendo que voltaria no mesmo dia; uma ideia maligna então imperou sobre parte daquele grande povo, e ele começou a se dividir em grupos com diversos conselhos e ideias, até que alguns homens se juntaram com a intenção de construir um objeto visível, diante do qual direcionariam a devoção a Deus, como as demais nações, mas sem negar que Deus os tirou do Egito; ao contrário, era com a intenção de ter algo para o qual apontar quando contassem as maravilhas de seu Deus, como fizeram os filisteus com a arca, dizendo que Deus estava ali; como nós fazemos com o céu [...] (*O cuzari* I, 97).

Segundo o relato bíblico, a necessidade de Israel de manter uma representação concreta e visível de Deus se transformou em grosseira idolatria. Como Deus disse a Moisés:

Desça, porque o seu povo, que você tirou do Egito, corrompeu-se. Muito depressa se desviaram daquilo que lhes ordenei e fizeram um ídolo em forma de bezerro, curvaram-se diante dele, ofereceram-lhe sacrifícios, e disseram: "Eis aí, ó Israel, os seus deuses que tiraram vocês do Egito" (v. 7,8).

O mesmo ocorre em Salmos:

Em Horebe fizeram um bezerro, adoraram um ídolo de metal. Trocaram a Glória deles pela imagem de um boi que come capim (Sl 106.19,20).

A intenção de Israel foi de fato representar *fisicamente* Deus por meio de uma imagem, em clara contravenção à proibição bíblica proclamada nos Dez Mandamentos? — "Não terás outros deuses além de mim. Não farás para ti nenhum ídolo, nenhuma imagem de qualquer coisa no céu, na terra, ou nas águas debaixo da terra. Não te prostrarás diante deles nem lhes prestarás culto [...]" (Êx 20.3-5).[2]

---

[2] Sobre essa proibição bíblica, v. o capítulo "A religião de Israel sempre se opôs às imagens?", p. 182.

No caso de ter sido essa a intenção, como interpretar a ação e as palavras de Arão logo após ter fundido o bezerro: "Vendo isso, Arão edificou um altar diante do bezerro e anunciou: 'Amanhã haverá uma festa dedicada ao Senhor' " (Êx 32.5)?

O "bezerro de ouro" à luz da iconografia oriental antiga

No passado, era comum a sugestão de que a decisão de fazer um bezerro por parte de Arão foi influenciada pela religião egípcia, uma vez que, como se sabe, no antigo Egito os deuses eram representados por animais que simbolizavam o domínio sobre as forças da natureza. Um caso famoso nesse sentido é o do touro Ápis, adorado em Mênfis, que simbolizava a força física e a fertilidade, ou o do touro Mnévis, em Heliópolis.[3]

Entretanto, outros estudiosos propõem que a influência teve origem em outras religiões do antigo Oriente. Mais especificamente, a atitude de Arão refletia um tema artístico presente na arte cananeia, aramaica e hitita, segundo a qual era costume representar os deuses montados sobre touros ou outros animais, à maneira de um pedestal, para expressar metaforicamente sua condição de superioridade sobre os homens. À luz dessa tradição iconográfica oriental, portanto, o "bezerro de ouro" não tinha como propósito representar o Senhor fisicamente, mas servir de base para manifestar a *presença invisível* de Deus no acampamento israelita.[4]

Essa interpretação do significado do "bezerro de ouro" lembra a função dos "querubins" no mobiliário do tabernáculo (Êx 25.18-20).[5] Esses animais míticos serviam de trono sobre o qual "se assentava" o Deus de Israel, como reflete a afirmação de que o Senhor "está assentado sobre os querubins"[6] ou "cavalga sobre os querubins".[7] Daí surgiu a ideia de que a elaboração do "bezerro de ouro" havia sido

---

[3] Segundo Mircea Eliade, "desde a mais remota antiguidade, o emblema divino foi a tiara de chifres. Isso significa que na Suméria, como no resto do Oriente Próximo, o simbolismo religioso do touro, comprovado a partir do Neolítico, foi transmitido sem interrupção. Em outras palavras, a modalidade divina se definia pela força e pela "transcendência" espacial, isto é, o céu tempestuoso em que retumba o trovão (pois o trovão se assemelhava ao mugido do touro)" (*Historia de las creencias*, p. 74)

[4] Prova de que a imagem dos deuses cavalgando sobre animais era conhecida também em Israel está refletida em alguns usos metafóricos para denominar o Deus de Israel, como: "Não há ninguém como o Deus de Jesurum, que cavalga os céus para ajudá-lo, e cavalga as nuvens em sua majestade!" (Dt 33.26); "Cantem a Deus, [...] exaltem aquele que cavalga sobre as nuvens" (Sl 68.5).

[5] Os querubins eram esfinges aladas, espíritos com aparência parcial humana e parte animal que flanqueavam os tronos divinos ou reais dos fenícios e cananeus. Para exemplos, v. Keel, **A iconografia do antigo Oriente**, figuras 231-237. Esses estranhos seres lembram os karibu assírios, seres de cabeça humana, corpo de leão, patas de touro e asas de águia, cujas estátuas guardavam os palácios da Babilônia. Após a destruição do templo, os querubins se transformaram em seres celestiais (cf. Gn 3.24; Ez 1.10).

[6] Cf. 1Sm 4.4; 2Sm 6.2; 2Rs 19.15; Sl 80.2.

[7] Cf. 2Sm 22.11; Sl 18.11.

uma alternativa religiosa promovida por "um grupo concorrente com o grupo de Moisés, ou uma fração dissidente desse grupo, [que] quis ou pretendeu t[ê-lo] como símbolo da presença do seu Deus uma figura de touro em vez da arca da aliança".[8]

Pode-se concluir, pois, que, diferentemente da sugestão do texto bíblico e da interpretação tradicional, a intenção originária dos israelitas não foi construir um ídolo como representação física do Senhor, mas apenas erigir um pedestal ou "trono" ao Senhor e, dessa maneira, manifestar em sentido metafórico a presença invisível do Deus de Israel, aliviando assim a angústia gerada pelo súbito "desaparecimento" de Moisés.

Figura 4: O "bezerro de ouro": um ídolo de adoração ou um pedestal para o Senhor?

Os bezerros de ouro de Jeroboão

Para finalizar, a história do "bezerro de ouro" de Êxodo nos remete naturalmente a outro relato com o qual possui claras conexões: o cisma religioso de Jeroboão. O livro de Reis registra: após a morte do rei Salomão, o povo se levantou contra a autoridade legítima de seu filho Roboão, e, exceto pela tribo de Judá, o resto de Israel nomeou

---

[8] *Bíblia de Jerusalém*, nota *c* sobre Êxodo 32.

Jeroboão, filho de Nebate, seu novo rei (931-910 a.C.), constituindo-se assim o Reino do Norte, Israel. Essa crise política, por sua vez, gerou um cisma religioso:

> Jeroboão pensou: "O reino agora provavelmente voltará para a dinastia de Davi. Se esse povo subir a Jerusalém para oferecer sacrifícios no templo do Senhor, novamente dedicarão sua lealdade ao senhor deles, Roboão, rei de Judá. Eles vão me matar e voltar para o rei Roboão". Depois de aconselhar-se, o rei fez dois bezerros de ouro e disse ao povo: "Vocês já subiram muito a Jerusalém. Aqui estão os seus deuses, ó Israel, que tiraram vocês do Egito". Mandou pôr um bezerro em Betel, e o outro em Dã (1Rs 12.26-30).

A conexão entre ambos os textos é óbvia. Os dois relatos contam sobre "bezerro[s] de ouro", e ambas as histórias apresentam uma frase em comum: "Esses são os seus deuses, ó Israel, que tiraram vocês do Egito". Todavia, a relação deles é muito menos clara. Qual texto é o mais antigo? Que relato foi a inspiração de seu equivalente?

Os estudiosos estão divididos quanto a esse tema. De um lado, estão os que afirmam que a ação de Jeroboão foi inspirada na antiga tradição em torno do episódio do "bezerro de ouro" no deserto; de outro lado, alguns afirmam que o relato de Êxodo depende da narração do livro de Reis. Segundo essa interpretação, o relato do "bezerro de ouro" foi uma projeção no passado de uma realidade político-religiosa mais tardia (o reinado de Jeroboão I), que dessa maneira poderia servir de crítica velada ao Reino do Norte por utilizar o simbolismo do novilho para representar o Senhor.[9]

Em resumo, o relato dos bezerros de ouro erigidos por Jeroboão nos templos de Betel e Dã pode ser interpretado de dois modos diferentes e totalmente opostos. Do ponto de vista literário-ideológico, a intenção do autor bíblico foi mostrar a ação do rei israelita como um pecado de idolatria, uma imitação do pecado mortal cometido no deserto. Da perspectiva histórica, Jeroboão recorreu à simbologia religiosa antiga, que teve preponderância no antigo Oriente entre os séculos XIV e X a.C., como parte da política de restauração do antigo culto israelita, em clara oposição ao culto judaísta da arca da aliança no templo de Jerusalém. Segundo essa última possibilidade, a intenção do rei de Israel não foi adorar os bezerros, mas servir ao Senhor invisível, que estaria parado ou sentado sobre os bezerros como um pedestal.

---

[9] Como a crítica do profeta Oseias (séc. VIII a.C.): "Quando Efraim falava, os homens tremiam; ele era exaltado em Israel. Mas tornou-se culpado da adoração de Baal e começou a morrer. Agora eles pecam cada vez mais; com sua prata fazem ídolos de metal para si, imagens modeladas com muita inteligência, todas elas obras de artesãos. Dizem desse povo: 'Eles oferecem sacrifício humano e beijam os ídolos feitos em forma de bezerro' "(Os 13.1,2).

Capítulo 8
A geração do deserto: o modelo de inspiração para João Batista?

Israel acampa "a leste do Jordão"

Quase no final do livro de Números, o Pentateuco resume as diferentes etapas do êxodo (Nm 33). Sem dúvida, as indicações geográficas presentes no texto não são compatíveis e coerentes. A lista contém precisões geográficas de acordo com os livros de Êxodo, Números e Deuteronômio. Já a ampla série de etapas apresenta nomes novos. Entretanto, o trajeto do Sinai utiliza uma lista de etapas no noroeste da Arábia (v. 16-35), mas também combina outro "itinerário" mais direto entre Cades e o norte de Arnom (v. 41-49).

Todavia, o texto estabelece com clareza que a última etapa do trajeto se deu quando "nas campinas de Moabe eles [os filhos de Israel] acamparam junto ao Jordão, desde Bete-Jesimote até Abel-Sitim" (v. 49), ou, mais precisamente, "[n]as campinas de Moabe, junto ao Jordão, do outro lado de Jericó" (v. 50).[1] E, uma vez acampados "no lado leste do Jordão", Deus revelou a Moisés as fronteiras de Canaã (33.50—34.15), os nomes dos responsáveis que dividiriam a terra (34.16-29) e as instruções sobre a parte dos levitas (35.1-8), as cidades de refúgio (v. 9-34) e a herança das mulheres casadas (cap. 36).[2]

Local da atuação de João Batista

É particularmente interessante o fato de que, muitos séculos depois, ao final da época do Segundo Templo, nesse mesmo lugar, "junto ao Jordão", João Batista agiu e profetizou. De acordo com os Evangelhos sinópticos, João proclamou sua mensagem de salvação e batizou os pecadores "no deserto da Judeia", sem especificar com mais detalhes o lugar exato desses acontecimentos.[3] Todavia, o evangelho de

---

[1] Cf. Nm 35.1; 36.13; Dt 1.1.5.
[2] Nesse mesmo lugar, Moisés pronunciaria seus últimos discursos a Israel (Dt 1.1—4.43; 4.44—11.32; 26.16—28.68; 28.69—30.20), e Josué empreenderia a travessia do Jordão e a posterior entrada em Canaã (Js 3.1—5.12).
[3] Cf. Mc 1.4; Lc 3.2; Mt 3.1.

João, considerado por muitos o mais teológico dos quatro, oferece uma informação geográfica clara e precisa nesse sentido: "Tudo isso aconteceu em Betânia, do outro lado do Jordão, onde João estava batizando" (Jo 1.28).[4]

Esse lugar, *Betânia*, mencionado no evangelho de João, não deve ser confundido com o nome do lugar presente em outras passagens do Novo Testamento que designava uma aldeia de leprosos situada junto ao monte das Oliveiras, perto de Jerusalém.[5] E, até o início do século IV, no começo das grandes peregrinações cristãs, os locais de culto cristãos para a veneração de João Batista se encontravam no lado ocidental do Jordão (como se pode verificar no mapa mais antigo da Palestina representado no mosaico de uma igreja em Madaba, a leste do Jordão), os estudiosos modernos consideram a tradição que envolve o João Batista presente no quarto Evangelho[6] histórica e confiável.

No caso de a informação proceder, uma pergunta óbvia se faz obrigatória: por que João elegeu precisamente esse lugar "a leste do Jordão" para anunciar "um batismo de arrependimento para o perdão dos pecados" (Mc 1.4)? A escolha desse lugar se deve a motivos pragmáticos ou ideológicos? É provável que a questão pareça, para alguns leitores, um "capricho acadêmico", irrelevante para o homem comum não especializado. Entretanto, o tema geográfico parece ser a chave para compreender o conjunto das atividades de João Batista e seu significado religioso.

O deserto na concepção religiosa de João Batista

Segundo o teólogo alemão Hartmut Stegemann (1933-2005), os motivos para a escolha do local de pregação não tinham cunho pragmático. Porque, se o motivo tivesse sido atuar diante de um público numeroso, então o lado ocidental seria mais apropriado. João Batista poderia ter pregado a mensagem de salvação na cidade de Jerusalém ou recorrido às cidades e aldeias da terra de Israel. Mesmo assim, se o motivo foi a necessidade de encontrar bastante água para o batismo, tanto o lago de

---

[4] V. tb. Jo 10.40. Essa informação corresponde com a notícia de que João Batista foi executado pelo governante judeu Herodes Antipas, tetrarca da Galileia e da Pereia (região localizada a leste do Jordão, no atual território da Jordânia), na fortaleza de Maqueronte, situada na parte alta da cordilheira a leste do mar Morto (Mc 6.17-29; Mt 14.3-12; Lc 3.19,20; Josefo, **Antiguidades judaicas** 18, parágrafos 116-119). Vem daí a conclusão de que a área "do outro lado do Jordão" certamente foi a região em que atuou João Batista. V. tb., p. 129, nota 10.

[5] Cf. Mc 11.1,11; 14,3; Mt 21.17; 26.6; Lc 19.29; 24,50; Jo 11.1,18; 12.1.

[6] O local em que atuava João Batista é um tema discutido até hoje. Alguns identificam "Betânia, do outro lado do Jordão", como *Qasr Al Yahud*, lugar situado na margem ocidental do Jordão (zona controlada atualmente por Israel). Todavia, outros acreditam que João pregou sua mensagem de salvação e batizou seus seguidores em *Wadi Kharrar*, área localizada a leste do Jordão (no território atualmente jordaniano). Os vestígios arqueológicos da época bizantina encontrados nesse local indicam que ele já foi tido como sagrado em épocas passadas.

Genesaré ou Tiberíades quanto as regiões das fontes do Jordão e muitos rios que durante todo o ano correm por todo o país teriam oferecido muitas possibilidades. É aqui que, segundo Stegemann, se deve buscar a tradição religiosa de Israel:

> O verdadeiro embasamento para a escolha do lugar por parte de João é revelado apenas na tradição bíblica. João escolheu como local de aparição pública exatamente o local em frente a Jericó, onde, em outra época, Josué havia conduzido o povo de Israel ao país sagrado através do Jordão (Js 4.13,19). A escolha da *margem oriental* do Jordão como lugar de atuação correspondia à antiga situação de Israel antes de cruzar o rio. A aparição do Batista simbolizava, portanto, a existência de Israel após a saída do Egito "no deserto", *antes* da entrada na terra prometida, e que só *no futuro* se converteria em realidade tudo o que Deus havia prometido anteriormente por meio de Moisés no Sinai a seu povo eleito.[7]

João Batista era um pregador de cunho profético, cuja proclamação de conversão era dirigida aos pecadores de Israel, como última oportunidade antes do castigo imediato:

> Raça de víboras! Quem lhes deu a ideia de fugir da ira que se aproxima? Deem fruto que mostre o arrependimento! Não pensem que vocês podem dizer a si mesmos: "Abraão é nosso pai". Pois eu lhes digo que destas pedras Deus pode fazer surgir filhos a Abraão. O machado já está posto à raiz das árvores, e toda árvore que não der bom fruto será cortada e lançada ao fogo. Eu os batizo com água para arrependimento. Mas depois de mim vem alguém mais poderoso do que eu, tanto que não sou digno nem de levar as suas sandálias. Ele os batizará com o Espírito Santo e com fogo. Ele traz a pá em sua mão e limpará sua eira, juntando seu trigo no celeiro, mas queimará a palha com fogo que nunca se apaga (Mt 3.7-12).

Segundo Stegemann, esse chamado à conversão (em grego, *metanoia*), ou renúncia ao pecado, foi a grande contribuição de João Batista ao mundo espiritual:

> A visão peculiar do Batista consistia — diferentemente do que ocorreu à geração israelita do deserto, da qual os primeiros membros, exceto Josué e Calebe,

---

[7] STEGEMANN, **Los esenios**, p. 238-239. É notável que a comunidade sectária do mar Morto, contemporânea de João, também tenha se inspirado na geração do deserto. Segundo resumia o reconhecido biblista e especialista em Qumran Frank Moore Cross: "Os essênios se retiraram para Qumran a fim de preparar o caminho do Senhor no deserto. Da mesma forma que Deus havia estabelecido sua antiga aliança no deserto, os essênios também entraram na nova aliança quando regressaram ao deserto. Como Israel se reuniu no deserto em tropas preparadas para a guerra santa da Conquista, os essênios também reuniram sua comunidade em ordem de batalha e elaboraram liturgias da guerra santa do Armagedom, vivendo para o dia da segunda conquista, em que marchariam com seus chefes messiânicos até Sião" ("O contexto histórico", p. 71).

não puderam entrar no país sagrado — em que para o Israel da época de João, igualmente culpado e pecador, devia haver ainda uma possibilidade de salvação [...]. Para João, tudo foi uma missão profética de Deus, que o chamou para o deserto a leste do Jordão e o escolheu como última oportunidade para todo o Israel diante da destruição que o ameaçava no futuro juízo final.[8]

Em outras palavras, João Batista escolheu como lugar de pregação a banda oriental do Jordão para simbolizar um novo começo para Israel; voltar ao caminho do *teshuvah* ou arrependimento, às origens da nação, e dessa maneira retornar ao momento de pureza inicial anterior à entrada em Canaã. Como explicita Pagola, "o Batista chama o povo para se situar simbolicamente no ponto de partida, antes de cruzar o rio. Como 'a primeira geração do deserto', o povo agora também haveria de escutar a Deus, purificar-se nas águas do Jordão e entrar renovado no país da paz e da salvação".[9]

---

[8] Ibidem, p. 239. Os Evangelhos são unânimes em afirmar que João cumpriu a profecia presente em Is 40.3, em que está escrito: "Uma voz clama: 'No deserto preparem o caminho para o SENHOR; façam no deserto um caminho reto para o nosso Deus'" (cf. Mt 3.3; Mc 1.2; Lc 3.4; Jo 1.23). Talvez não seja por acaso que o mesmo versículo tenha servido de inspiração para levar a Comunidade ou *Yahad* (a comunidade de Qumran?) para o deserto. Como está escrito: "E quando estes se tornarem membros da comunidade em Israel, dentro de todas essas regras, separar-se-ão da morada dos homens sem Deus e retirar-se-ão para o deserto a fim de preparar seu caminho tal qual está escrito: 'Preparai no deserto o caminho de **** [no original, no lugar do nome inefável de Deus], aplainai no deserto uma vereda para o nosso Deus' " (*Regra da comunidade* VIII, 12-14).

[9] PAGOLA, **Jesús**, p. 67. Isso explicaria também um aspecto tão peculiar de João: a indumentária primitiva ("As roupas de João eram feitas de pelos de camelo, e ele usava um cinto de couro na cintura" [Mt 3.4]) e sua alimentação natural ("Seu alimento eram gafanhotos e mel silvestre" [ibid.]). Esses elementos indicavam de maneira analógica sua fonte de inspiração — a antiga geração do deserto — e apontavam para o estilo de vida próprio das estepes desérticas.

CAPÍTULO 9

O nazireado bíblico: a santidade autoimposta

A lei bíblica

Um dos temas tratados no livro de Números é a regulamentação da instituição do nazireado:

> Se um homem ou uma mulher fizer um voto especial, um voto de separação para o Senhor como nazireu,[1] terá que se abster de vinho e de outras bebidas fermentadas e não poderá beber vinagre feito de vinho ou de outra bebida fermentada. Não poderá beber suco de uva nem comer uvas nem passas. Enquanto for nazireu, não poderá comer nada que venha da videira, nem mesmo as sementes ou as cascas. Durante todo o período de seu voto de separação, nenhuma lâmina será usada em sua cabeça. Até que termine o período de sua separação para o Senhor ele estará consagrado e deixará crescer o cabelo de sua cabeça. Durante todo o período de sua separação para o Senhor, não poderá aproximar-se de um cadáver. Mesmo que o seu próprio pai ou mãe ou irmã ou irmão morra, ele não poderá tornar-se impuro por causa deles, pois traz sobre a cabeça o símbolo de sua separação para Deus. Durante todo o período de sua separação, estará consagrado ao Senhor (Nm 6.2-8).

A legislação bíblica orientava a pessoa, homem ou mulher, que por vontade própria fazia o voto de consagrar-se a Deus por tempo determinado (sobre as leis acerca dos votos, v. Nm 30.2-17). Entretanto, a tradição bíblica e pós-bíblica reconhecia também o nazireado de nascimento, como o caso de Samuel, Sansão e João Batista, que era para toda a vida (Jz 13.7; 1Sm 1.28; Lc 1.15).

Segundo a ordenança do Pentateuco, todo nazireu estava proibido de beber vinho ou consumir algum derivado de uva, tocar os mortos (incluindo familiares próximos) e, por último, cortar o cabelo. As duas primeiras proibições encontram paralelos no mundo sacerdotal, uma vez que os sacerdotes também deviam se abster

---

[1] A raiz hebraica *nzr* significa "separar-se" ou "consagrar-se". A palavra "nazireu" seria uma abreviatura da expressão "nazireu, consagrado a Deus" (Jz 13.5,7), isto é, "consagrado ou separado para Deus".

de vinho durante o serviço no santuário (Lv 10.8,9; Ez 44.21), e também evitar o contato físico com mortos (Lv 2.2,3,11; Ez 44.25).² Todavia, diferentemente do nazireu, proibia-se os sacerdotes de deixarem crescer livremente o cabelo (Lv 21.10); eles o deviam manter "aparado" (Ez 44.20). Apesar desses regulamentos distintivos, a separação ou consagração não obrigava o nazireu a se manter isolado das outras pessoas, nem da família.

A instituição do nazireado era uma sacralidade ritual autoimposta (o texto bíblico não faz alusão alguma aos motivos dessa autoimposição) de caráter popular, não sacerdotal, que a pessoa comum poderia adotar sem a necessidade de pertencer à linhagem sagrada (sacerdote ou levita). Alguns sugerem que o nazireado padrão e voluntário do Pentateuco foi precedido por outro, de caráter carismático, associado à guerra, por virtude de uma concessão divina (como no caso de Sansão [Jz 13.3-5]) e/ou o voto de sua mãe (p. ex., Samuel [1Sm 1.10,11]).³ Entretanto, segundo outros, ambas as formas de nazireado eram contemporâneas, sem a precedência cronológica de uma delas.

Segundo o teólogo e exegeta alemão Gerhard von Rad (1901-1971), a instituição do nazireado desempenhou um papel significativo na polêmica anticananeia:

> Os nazireus devem ser considerados um sintoma da oposição ao processo de canaanização do culto javista. [...] É provável que a origem desses votos de continência seja independente da luta defensiva contra a religião cananeia; mas, à medida que as diferenças entre ambos os cultos foram desaparecendo, o nazireado adquiriu grande força simbólica nessa luta. Era o sinal comovedor da entrega a Javé muito mais incondicional que a praticada na vida ordinária. Nos nazireus, manifestava-se o Javé desconhecido pelo culto oficial.⁴

O significado das proibições

Das três proibições impostas ao nazireu, a de cortar o cabelo era a mais significativa, uma vez que é o único caso em que se ordenava de maneira positiva: o nazireu "deixará crescer o cabelo de sua cabeça" (Nm 6.5). Além disso, a ação de cortar o cabelo indicava o fim do nazireado (v. 9), estabelecendo que a pessoa "raparáo cabelo que consagrou e o jogará no fogo que está embaixo do sacrifício da oferta de comunhão" (v. 18).

---

² A proibição de se aproximar dos mortos, mesmo que do corpo dos pais, era equivalente à restrição do sumo sacerdote no mesmo caso (v. Lv 21.11).
³ Samuel não é definido expressamente em nenhum lugar da Bíblia como nazireu. Não obstante, essa categorização é expressa em um dos fragmentos do livro encontrado na caverna 4 de Qumran, como também em *Eclesiástico* 46.13 (versão hebraica). Sobre a relação entre o nazireado e o profetismo, v. Am 2.11,12.
⁴ Rad, **Teologia** I, p. 94-95. Para mais detalhes, v. os artigos de Haran e Rylaarsdam sobre o tema.

Outra demonstração de que o costume de deixar o cabelo crescer livremente era um componente essencial na experiência do nazireado está nos exemplos de Samuel e Sansão. Embora o tipo de nazireado desses heróis antigos tenham sido de caráter perpétuo, a proibição de cortar o cabelo também era o rompimento essencial de sua condição (1Sm 1.11; Jz 13.5). O caso de Sansão foi o mais extremo, já que sua força sobrenatural residia nos cabelos. Segundo a confissão a Dalila:

> "Jamais se passou navalha em minha cabeça", disse ele, "pois sou nazireu, desde o ventre materno. Se fosse rapado o cabelo da minha cabeça, a minha força se afastaria de mim, e eu ficaria tão fraco quanto qualquer outro homem" (Jz 16.17).[5]

Alguns estudiosos (como o caso do orientalista escocês William Robertson Smith [1846-1894]) explicam o significado do cabelo na prática do nazireado afirmando que, por ser o único material que cresce no corpo do homem, alguns povos haviam concluído que ele era a concretização exterior da vitalidade e da sacralidade do homem.

Outra explicação é de cunho antropológico, baseada no uso bíblico da linguagem simbólica. No antigo Oriente, cabelos em profusão eram identificados com o mundo não civilizado e selvagem. Por exemplo, Esaú, "o caçador", era caracterizado no Pentateuco como peludo (Gn 27.11), ou Enkidu, rival do mítico Gilgamesh, era descrito na tradição mesopotâmica como um "Tarzan da antiguidade": "Seu corpo é todo coberto de pelos, seus cabelos são como os de uma mulher, suas tranças brotam como Nisaba" (*Epopeia de Gilgamesh* II, 36).[6] Com base nisso, pois, a proibição de cortar o cabelo poderia ter um significado metafórico, aludindo de maneira simbólica ao estado pré-cultural, primitivo e originário do consagrado ao SENHOR.

Esse simbolismo explicaria também a proibição de beber vinho ou consumir derivados de uva, já que esse cultivo representava a civilização e o sedentarismo, oposto ao nomadismo. Um exemplo nesse sentido é encontrado no caso dos recabitas, no final da época do Primeiro Templo:[7]

> Eles [...] disseram: "Não bebemos vinho porque o nosso antepassado Jonadabe, filho de Recabe, nos deu esta ordem: 'Nem vocês nem os seus descendentes beberão vinho. Vocês não construirão casas nem semearão; não plantarão vinhas

---

[5] Segundo a teologia bíblica, a força excepcional de Sansão não era interpretada em termos mágicos, e sim como resultado da presença do Espírito do SENHOR dentro dele (cf. v. 20).

[6] O texto do poema supõe uma "comparação alegórica entre Nisaba, deusa dos grãos, da fertilidade da terra, e os cabelos de Enkidu, que brotavam como campos de cevada ou de trigo" (*Epopeia de Gilgamesh*, p. 127, nota 26).

[7] Os recabitas eram uma família de nômades, cujo nome deriva do ancestral Jonadabe, filho de Recabe (2Rs 10.15). Ao que parece, eles foram originariamente queneus (1Cr 2.55). A princípio, viveram na região norte de Israel e, após a queda de Samaria (722 ou 721 a.C.), caíram na mão dos assírios e passaram a viver no reino de Judá, nas imediações de Jerusalém.

nem as possuirão; mas vocês sempre habitarão em tendas. Assim vocês viverão por muito tempo na terra na qual são nômades' " (Jr 35.6,7).

Evitar o consumo de vinho ou de bebidas fermentadas era visto, pois, como característica da vida do deserto, das origens de Israel. Segundo disse o Senhor a Moisés: "Durante os quarenta anos em que os conduzi pelo deserto [...]. Vocês não comeram pão, *nem beberam vinho, nem qualquer outra bebida fermentada*. Fiz isso para que vocês soubessem que eu sou o Senhor, o seu Deus" (Dt 29.4,5). Essa é a origem da sugestão de que a proibição de cortar o cabelo e de tomar vinho ou consumir derivados de uva tinha como objetivo manifestar simbolicamente *o estado original quase edênico de pureza*, próprio do "nazireu, consagrado a Deus".[8]

O nazireado na época greco-romana

A literatura da época do Segundo Templo relata que a prática do nazireado voluntário e limitado prosseguiu nesse período. Exemplo disso é a tradição presente em *1Macabeus* ao sinalizar que, dada a profanação do templo pelos gregos, os nazireus que haviam cumprido o tempo do voto não podiam oferecer o sacrifício exigido pela regra bíblica (3.49; cf. Nm 6.13). Outro caso é o de Berenice, irmã do rei Agripa II (séc. I d.C.), que, segundo relata Flávio Josefo,

> havia ido a Jerusalém cumprir um voto que fizera a Deus; porque é costume dos que sofrem de alguma enfermidade, ou outra aflição, fazer o voto de abster-se do vinho e de raspar a cabeça durante os trinta dias antes do dia de oferecer sacrifícios (*Guerra dos judeus* II, xv, i).

Por fim, temos o caso da rainha Helena de Adiabene (40 d.C.):

> Após seu filho ir para a guerra, a rainha Helena disse: "Se meu filho voltar a salvo da guerra, será nazireu por sete anos". O filho retornou da guerra e foi nazireu durante sete anos. Ao final dos sete anos, foi a Israel, e a escola de Hilel lhe disse que ele deveria ser nazireu por mais sete anos. Depois desses sete anos, ficou impuro e teve de ser nazireu por vinte e um anos. R. Yehudah disse: não se deve ser nazireu mais que catorze anos (*Mishná, Nazir* 3,6).[9]

---

[8] Por isso, a proibição de ter qualquer contato com mortos, mesmo com os próprios pais. Da mesma forma que o sumo sacerdote, o nazireu deveria manter o estado absoluto de pureza ritual no tempo dos votos.

[9] Para mais exemplos, v. At 18.18; 21.23,24. No templo de Jerusalém havia uma sala localizada no extremo sudeste do pátio das mulheres, na qual os nazireus realizavam seus rituais.

Segundo a tradição dos Evangelhos, João Batista era nazireu. Como no caso da esposa estéril de Manoá, a futura mãe de Sansão, um anjo, nesse caso Gabriel, impôs a ele a condição de consagrado perpétuo "desde antes do seu nascimento":

> O anjo lhe disse: "Não tenha medo, Zacarias; sua oração foi ouvida. Isabel, sua mulher, lhe dará um filho, e você lhe dará o nome de João. Ele será motivo de prazer e de alegria para você, e muitos se alegrarão por causa do nascimento dele, pois será grande aos olhos do Senhor. Ele nunca tomará vinho nem bebida fermentada, e será cheio do Espírito Santo desde antes do seu nascimento" (Lc 1.13-15; v. tb. 7.33).

No entanto, diferentemente do pai, que era sacerdote e servia "de tempos em tempos" no templo de Jerusalém, esse "consagrado a Deus" viveu no deserto da Judeia como ermitão: "As roupas de João eram feitas de pelos de camelo, e ele usava um cinto de couro na cintura. O seu alimento era gafanhotos e mel silvestre" (Mt 3.4; v. tb. Mc 1.6).[10] Segundo Pagola,

> essa forma elementar de se vestir e se alimentar não se deve só ao desejo de ter uma vida ascética e penitente. Ela aponta para o estilo de vida de um homem que habita no deserto e se alimenta dos produtos espontâneos da terra não cultivada. João quer fazer o povo se lembrar da vida de Israel no deserto, antes da entrada na terra que Deus lhes daria por herança.[11]

Outro possível nazireu foi Bano, mestre espiritual de Flávio Josefo na juventude deste:

> Quando eu tinha quase 16 anos de idade, resolvi explorar as seitas existentes no nosso meio. [...] Pensava que, conhecendo as três, poderia escolher a melhor delas. Passei por privações, sofri numerosas dificuldades e recorri às três seitas; mas não me conformei com essa experiência. Quando soube que um homem chamado Bano vivia no deserto, vestia-se apenas com o que crescia nas árvores, alimentava-se com o que brotava espontaneamente da terra e se banhava sempre, de dia e de noite, em água fria, para preservar a castidade, imitei seu estilo de vida. E o acompanhei por três anos [...] (*Vida* 1,2).

---

[10] A vestimenta de João evocava a do profeta Elias: "Ele vestia roupas de pelos e usava um cinto de couro" (2Rs 1.8; v. tb. Zc 13.4). Sobre João como o "Elias que há de vir", v. Lc 1.17; Mt 17.10-13. Essa associação com a figura de Elias explicaria também o local de atuação de João em "Betânia, do outro lado do Jordão" (Jo 1.28; 10.40). Já que, segundo a tradição bíblica, Elias nasceu em "Tisbe, em Gileade" (1Rs 17.1, região situada na margem oriental do Jordão, que se estendia desde o lago de Tiberíades até o mar Morto, e foi também arrebatado ao céu em um lugar localizado na margem oriental do Jordão, próximo a Jericó (2Rs 2.4-11).

[11] PAGOLA, **Jesus**, p. 67. Sobre esse tema, v. tb. o capítulo anterior.

Portanto, a prática de fazer votos de nazireu parece ter sido amplamente difundida na época greco-romana, com durações variadas e pelos mais diversos motivos: penitência, favores divinos, autodisciplina. Esse costume foi parte de um fenômeno religioso muito mais amplo, a saber: o surgimento de uma corrente ascética no judaísmo antigo.[12]

O nazireado pela perspectiva rabínica

No entanto, essa nova orientação religiosa foi criticada em certos círculos rabínicos, a ponto de surgir uma verdadeira polêmica em torno da instituição bíblica do nazireado. Alguns rabinos afirmavam que o nazireu era um verdadeiro "santo" (*Talmude babilônico, Ta'anit* 11a-b; *Números Rabá* 10.11), enquanto outros chegavam a considerá-lo um "pecador" (*Sifre Números* 30 e paralelos; *Talmude babilônico, Nazireu* 3a). Apesar das controvérsias ideológicas e legais suscitadas em torno dessa prática, o nazireado não desapareceu de Israel. Um exemplo moderno disso é o rabino David Yehuda Aryeh Leib Cohen (1887-1972), estudioso do *Talmude*, da cabala e da filosofia judaica e aluno de um dos grandes sábios judeus contemporâneos, rav Abraham Yitshak HaKohen Kook (1865-1935). O rabino David Kohen era chamado "o nazireu de Jerusalém" por se abster do vinho, deixar o cabelo crescer, comer apenas comida vegetariana e se manter em silêncio por longos períodos. Em conformidade com os antigos antepassados, o rabino Kohen também costumava se retirar para o deserto da Judeia em busca da voz perdida da profecia. Isso demonstra com clareza que, apesar do tempo transcorrido, o homem não deixou de sentir sede de santidade, pureza e espiritualidade.

---

[12] Para mais detalhes, v. o excelente artigo de Fraade, "Aspectos ascéticos". Sobre esse tema, v. o capítulo 8, "A castidade de José", p. 56.

CAPÍTULO 10

A história da exploração de Canaã: uma avaliação crítico-literária

O relato bíblico

Uma das histórias mais conhecidas da literatura bíblica é a exploração de Canaã pelos espiões. "Conforme a ordem do SENHOR" (Nm 13.1-3), Moisés enviou um chefe de cada uma das 12 tribos de Israel "em missão de reconhecimento à terra de Canaã", dando-lhes as seguintes instruções:

> Subam pelo Neguebe e prossigam até a região montanhosa. Vejam como é a terra e se o povo que vive lá é forte ou fraco, se são muitos ou poucos; se a terra em que habitam é boa ou ruim; se as cidades em que vivem são cidades sem muros ou fortificadas; se o solo é fértil ou pobre; se existe ali floresta ou não. Sejam corajosos! Tragam alguns frutos da terra [...] (13.17-20).[1]

Diz ainda o relato que, após o cumprimento das ordens recebidas, os espiões

> subiram e observaram a terra desde o deserto de Zim até Reobe, na direção de Lebo-Hamate. Subiram do Neguebe e chegaram a Hebrom, onde viviam Aimã, Sesai e Talmai, descendentes de Enaque. (Hebrom havia sido construída sete anos antes de Zoã, no Egito.) Quando chegaram ao vale de Escol cortaram um ramo do qual pendia um único cacho de uvas. Dois deles carregaram o cacho, pendurado numa vara. Colheram também romãs e figos. Aquele lugar foi chamado vale de Escol por causa do cacho de uvas que os israelitas cortaram ali (v. 21-24).

---

[1] Diferentemente da versão de Números, de acordo com Deuteronômio Moisés enviou espiões por iniciativa do povo: "Vocês todos vieram dizer-me: 'Mandemos alguns homens à nossa frente em missão de reconhecimento da região' [...]. A sugestão pareceu-me boa [...]" (Dt 1.22,23). De acordo com a tradição posterior, a ideia de enviar os espiões foi de Moisés. Um exemplo nesse sentido é a versão de Fílon de Alexandria: "Depois dessa batalha, Moisés compreendeu que era preciso iniciar a exploração do país em que a nação iria se estabelecer. [...] Escolheu 12 homens [...]" (*Moisés* I, 220-221).

Após quarenta dias,[2] os enviados voltaram e apresentaram o relatório a Moisés e Arão e a toda a comunidade dos israelitas:

> Entramos na terra à qual você nos enviou, onde manam leite e mel! Aqui estão alguns frutos dela. Mas o povo que lá vive é poderoso, e as cidades são fortificadas e muito grandes. Também vimos descendentes de Enaque. Os amalequitas vivem no Neguebe; os hititas, os jebuseus e os amorreus vivem na região montanhosa; os cananeus vivem perto do mar e junto ao Jordão (v. 27-29).

Após a apresentação objetiva dos dados, entretanto, surgiu uma polêmica entre os próprios espiões no momento de avaliar a informação. Calebe, filho de Jefoné, representante da tribo de Judá, disse de modo taxativo: "Subamos e tomemos posse da terra. É certo que venceremos!" (v. 30), e o relato bíblico prossegue:

> Mas os homens que tinham ido com ele disseram: "Não podemos atacar aquele povo; é mais forte do que nós". E espalharam entre os israelitas um relatório negativo acerca daquela terra. Disseram: "A terra para a qual fomos em missão de reconhecimento devora os que nela vivem. Todos os que vimos são de grande estatura. Vimos também os gigantes, os descendentes de Enaque, diante de quem parecíamos gafanhotos, a nós e a eles" (v. 31-33).[3]

Ao ouvir um relatório tão aterrador e alarmante, o povo mostrou sinais claros de rebelião, a ponto de sugerir o regresso ao Egito (Nm 14.2-4). Então, diante da desolação e desesperança de Moisés e Arão, Josué, o efraimita, filho de Num, e Calebe, o judaíta, filho de Jefoné,

> rasgaram as suas vestes e disseram a toda a comunidade dos israelitas: "A terra que percorremos em missão de reconhecimento é excelente. Se o SENHOR se agradar de nós, ele nos fará entrar nessa terra, onde manam leite e mel, e a dará a nós. Somente não sejam rebeldes contra o SENHOR. E não tenham medo do povo da terra, porque nós os devoraremos como se fossem pão. A proteção[4] deles se foi, mas o SENHOR está conosco. Não tenham medo deles!" (14.6-9).

---

2   Cifra tipológica na Bíblia que indica "muito tempo". Cf. Êx 24.18 (Moisés no monte Sinai); 1Rs 19.8 (viagem de Elias ao Sinai); Mc 1.13 (tentação de Jesus no deserto).
3   Cf. Dt 2.10-11,20,21. Sobre esse tema, v. o próximo capítulo, "Os judeus acreditavam em gigantes?", p. 136.
4   A palavra "proteção" (em hebraico, *tsel*), nesse contexto, funciona como metáfora e significa "proteção divina".

Uma avaliação crítico-literária do texto bíblico

Segundo os estudiosos, o relato do Pentateuco no estado atual combina duas tradições distintas com relação às dimensões do território explorado pelos enviados. De acordo com a tradição de origem "popular" (judaíta), os espiões investigaram exclusivamente a área montanhosa de Hebrom (Nm 13.22-24,29), em total acordo com as instruções de Moisés (v. 17). Segundo a versão de origem "sacerdotal", os enviados inspecionaram todo o país (v. 2,21), de acordo com os limites ideais da terra prometida.[5]

Como no caso do território explorado, os biblistas também identificaram o mesmo fenômeno literário referente à identidade do espião que defendeu a viabilidade da conquista. Segundo a fonte "popular", Calebe, o judaíta, foi o único a se opor aos companheiros (Nm 13.30; 14.24). De acordo com a fonte sacerdotal, Josué, o efraimita, juntou-se a Calebe com a mesma atitude (14.6,30,38; cf. Nm 26.65; 32.12).

A hipótese da existência de duas tradições literárias originariamente diferentes e independentes, combinadas na escrita da história do Pentateuco, parece se confirmar quando lemos a versão da história de Números à luz da versão de Deuteronômio (1.19-46) e do livro de Josué (14.5-15). Segundo o que se vê claramente em ambos os textos, os exploradores chegaram apenas até a região de Hebrom, no sul do país, e Calebe foi o único entre eles a se opor à opinião de seus companheiros: "Meus irmãos israelitas que foram comigo[6] fizeram o povo desanimar-se de medo. Eu, porém, fui inteiramente fiel ao Senhor, o meu Deus" (Js 14.8).

Outro argumento a favor da sugestão de que, originariamente, Josué não fizera parte do grupo de exploradores enviados a Canaã é a afirmação, em Deuteronômio, de que Deus permitiu a Josué, na qualidade de ajudante de Moisés, entrar na terra prometida (1.38), sem fazer referência alguma à história dos espiões. E isso é ainda mais evidente quando o contexto literário imediato menciona de maneira expressa o motivo pelo qual Calebe entraria em Canaã. Disse Moisés:

> Quando o Senhor ouviu o que vocês diziam, irou-se e jurou: "Ninguém desta geração má verá a boa terra que jurei dar aos seus antepassados, exceto Calebe, filho de Jefoné. Ele a verá, e eu darei a ele e a seus descendentes a terra em que pisou, pois seguiu o Senhor de todo o coração" (v. 34-36).

De acordo com a conclusão dos estudiosos, o relato primitivo, de origem judaíta, foi editado em um estado posterior da história literária do texto por círculos sacerdotais

---

[5] Cf. Nm 34.3-9; Ez 47.13-21.
[6] A palavra "comigo" é significativa nesse contexto literário, já que as palavras de Calebe eram dirigidas a Josué. E como na versão original consta que Josué também estava entre os espiões, ele deveria ter dito "conosco", não "comigo".

(na época do exílio babilônico?) e assim converteu uma antiga tradição tribal local (Hebrom/Calebe) em um assunto de dimensão nacional (todo o país/Josué).[7]

A história dos danitas

É notável o paralelo literário entre o relato de Números e a história dos danitas em busca de território no livro de Juízes (cap. 18). Como em nossa história, na qual os líderes das tribos foram escolhidos (Nm 13.2,3), aqui os danitas também enviaram "homens [que] representavam" (isto é, os líderes da tribo) e "guerreiros" (Jz 18.2) na condição de exploradores, a fim de inspecionar o território de Laís.[8] E, como na versão de Números (13.18-20,27-29), em que os espiões tiveram de coletar informações geográficas e militares, os danitas também foram reconhecer o terreno seguindo essa mesma linha:

> [...] viram que o povo vivia em segurança, como os sidônios, despreocupado e tranquilo, e gozava prosperidade, pois a sua terra não lhe deixava faltar nada. Viram também que o povo vivia longe dos sidônios e não tinha relações com nenhum outro povo (v. 7).

Por fim, como no caso de Calebe — e Josué (Nm 13.30;14.7-9), os danitas também avaliaram as possibilidades de conquista de modo positivo:

> "Vamos atacá-los! Vimos que a terra é muito boa. Vocês vão ficar aí sem fazer nada? Não hesitem em ir apossar-se dela. Chegando lá, vocês encontrarão um povo despreocupado e uma terra espaçosa que Deus pôs nas mãos de vocês, terra onde não falta coisa alguma!" (v. 9,10).

Como explicar esse paralelismo? Independentemente da base histórica do relato do deslocamento da tribo de Dã, a possível explicação para esse fenômeno seria que ambas as narrações foram compostas seguindo um modelo literário comum, a saber: os relatos dos exploradores.

---

[7] Sobre a associação entre Hebrom, Calebe e a tribo dos calebitas na tradição bíblica, cf. Js 14.6-15; 15.13. De acordo com os especialistas, "parece que Calebe, filho de Jefoné, é o nome de um quenezeu cujas proezas pessoais se transformaram na tradição do clã que tomou seu nome como patronímico. Esse clã existiu de forma independente no sul da Palestina, mas, em razão de laços políticos, econômicos e religiosos, converteu-se por fim em parte da tribo de Judá. No âmbito da tradição israelita, inclusive, histórias específicas dos calebitas foram mantidas no período pós-exílico" (FRETZ; PANITZ, Caleb, p. 809-810).

[8] Para outros exemplos na Bíblia hebraica em que se enviam exploradores, cf. Nm 21.32; Jz 1.23.

Comentário final

Nosso breve estudo tratou de revelar a complexa trama do texto bíblico, apresentando contradições manifestas que os autores ou redatores antigos não tiveram o trabalho de evitar. Ao seguir nossa sensibilidade literária, esperávamos que os autores antigos tivessem simplificado o texto e oferecido uma versão pura e simples. Eles não eram sensíveis a esses problemas?

Uma tentativa de responder a essa pergunta é a do biblista e exegeta contemporâneo Jean-Louis Ska, que com grande eloquência e clareza afirma:

> A "realidade", para a Bíblia, é sempre mais rica que as versões que os escritores são capazes de oferecer. A multiplicidade de versões manifestadas nas tensões e as contradições dos textos é uma das principais características da Bíblia. Por essa razão, o leitor nunca pode ficar com uma só linha de pensamento, pois está convidado a superar todas as opiniões para abrir os olhos para a "realidade" e a "verdade" que descobre pouco a pouco, por meio de um esforço constante voltado para a correção dos pontos de vista limitados de cada uma das versões. Esse esforço pode exigir muito. Poderíamos sonhar com um mundo em que a "verdade" fosse simples e límpida, em que a única versão oficial dos fatos fosse unívoca e irrevogável e estivesse apoiada em uma autoridade indiscutível que eliminou (ou intentou eliminar) as dúvidas, as hesitações, as resistências. Esse mundo existe, e o encontramos nas páginas desse livro. No entanto, não se trata do mundo da Bíblia; tratar-se-ia mais do mundo assírio.[9]

---

[9] SKA, **Los enigmas del pasado**, p. 137.

CAPÍTULO 11

Os judeus acreditavam em gigantes?

O relato bíblico

Como vimos no capítulo anterior, depois que os exploradores retornaram da missão de reconhecimento da terra de Canaã (Nm 13.1-24) e apresentaram o relatório a Moisés e a toda a comunidade de Israel acampada em Cades (o oásis principal do norte do Sinai, localizado a 75 quilômetros a sudoeste de Berseba), eles disseram: "Entramos na terra à qual você nos enviou, onde manam leite e mel! Aqui estão alguns frutos dela" (v. 27). Aos elogios à fertilidade da terra, porém, os exploradores acrescentaram a impossibilidade da conquista, pois "o povo que lá vive é poderoso, e as cidades são fortificadas e muito grandes. Também vimos descendentes de Enaque" (v. 28).

Mas não foi isso que aconteceu. Uma vez que, em resposta à opinião de Calebe, o espião enviado pela tribo de Judá, segundo a qual era possível derrotar os habitantes do país de qualquer forma, o restante dos enviados destacou ainda mais o caráter dos habitantes de Canaã:

> Não podemos atacar aquele povo; é mais forte do que nós. [...] A terra para a qual fomos em missão de reconhecimento devora os que nela vivem. Todos os que vimos são de grande estatura. Vimos também os gigantes [*nefilim*], os descendentes de Enaque, diante de quem parecíamos gafanhotos, a nós e a eles (v. 31-33).[1]

Como devemos interpretar as palavras dos enviados? Foram apenas parte da estratégia velada para amedrontar os israelitas e, dessa forma, impedir a conquista de Canaã? Ou havia a possibilidade de eles terem visto gigantes de fato? Da perspectiva antropológica, essa tradição bíblica se assemelha aos testemunhos etnográficos deixados por descobridores de terras inexploradas, que adotaram o hábito de descrever os habitantes da região como "gigantes" de proporções imensuráveis. Um exemplo disso é encontrado na descrição feita por Antonio Pigafetta, cronista da

---

[1] V. tb. Dt 1.28. Os enaquins constituíam, nos tempos de Josué, uma aristocracia na montanha de Hebrom e na região marítima. Cf. Js 11.21-23; 14.12; 15.13,14.

viagem de Magalhães, que narrou assim o encontro da tripulação com indígenas nas proximidades da baía de San Julián em 1520, ao sul do território argentino atual:

> Certo dia, quando finalmente se fizeram sentir os primeiros e tímidos indícios da primavera austral, vimos chegar um indígena, o primeiro que tivemos a oportunidade de contemplar. Era gigantesco, e seus pés nos pareceram tão desproporcionais que um de nossos homens o apelidou de "Patagón" ["pezão"].[2]

Essa é a base da conclusão de que a presença de "gigantes" parece ter se tornado uma constante nos encontros entre civilizações, refletindo uma clara perspectiva etnocêntrica nas descrições do "Outro".[3]

Os gigantes da época antediluviana

No caso particular de nosso texto, a descrição dos enaquins como "gigantes" e também a referência aos "fortes [...] e altos" refains, zanzumins e zuzins (Dt 2.10,11,20,21) — todos esses nomes lendários dos primeiros habitantes da Palestina e da Transjordânia — têm relação com os fabulosos *nefilins* da era antediluviana.[4] Segundo a lenda popular presente no livro de Gênesis:

> Quando os homens começaram a multiplicar-se na terra e lhes nasceram filhas, os filhos de Deus [*bnei elohim*] viram que as filhas dos homens eram bonitas, e escolheram para si aquelas que lhes agradaram. [...] Naqueles dias havia *nefilins* na terra, e também posteriormente, quando os filhos de Deus possuíram as filhas dos homens e elas lhes deram filhos. Eles foram os heróis [*giborim*] do passado, homens famosos (6.1-4).

A etimologia da palavra hebraica *nefilim* é muito discutida entre os estudiosos. Alguns relacionam esse nome com *nefala*, do arameu, que designa o astro Órion (Jó 9.9; 38.31; Is 13.10). Outros o relacionam com o termo hebraico *nefelen*, no sentido

---

[2] Apud ANTELO; MANTEGA, "Gigantes".
[3] Seguindo uma linha interpretativa diferente, Patai e Graves afirmam que as lendas acerca de gigantes tiveram origem nos monumentos megalíticos que os hebreus encontraram ao chegar a Canaã, como foi no caso da Grécia, que, segundo os narradores, os ciclopes haviam levantado as muralhas de Tirinto, Micenas e outras cidades antigas. Sobre o tema, v. GRAVES; PATAI, **Los mitos hebreos**, p. 124.
[4] Segundo uma tradição presente no *Apocalipse de Abraão*, o gigantismo foi uma característica própria de Adão e Eva antes do pecado original, como expressão física de sua estatura moral e espiritual: "E eu [isto é, Abraão] contemplei a visão, meus olhos se fixaram em uma parte do jardim do Éden. E ali vi *um homem muito alto e de grande longitude*, de um aspecto sem igual, que abraçava uma mulher; *esta era de um aspecto e estatura idênticos aos do homem*" (cap. 23) (apud ÁLVAREZ; SEN, **Eva**, p. 30).

de aborto (Jó 3.16), com o verbo acádio *napalu*, com o sentido de "destruir", "confundir", e também com a raiz hebraica *nfl*, "cair". Entretanto, qualquer que tenha sido o sentido original do termo, o uso dessa palavra no contexto da descrição dos enaquins em Números revela com clareza que o termo era entendido no sentido de "gigante".

A tradução do termo hebraico *nefilim* por "gigante" aparece expressamente na tradução grega da *LXX* (*Septuaginta*). E não é impossível supor que o tradutor judeu da Antiguidade tinha em mente os relatos míticos sobre titãs e gigantes, tão populares na mitologia grega. Segundo essas histórias, os gigantes míticos

> eram monstros espantosos, com a cabeça coberta de serpentes, tronco humano e caudas de dragão em lugar de pernas. Outras vezes, eram representados como guerreiros armados. Nas duas hipóteses, eram seres brutais que não conheciam normas ou regras. Atacaram os deuses do Olimpo lançando pedras, árvores e tochas acesas enquanto provocavam desordem na terra deslocando montanhas, afundando ilhas, mudando o curso dos rios. Os deuses uniram forças para vencê-los. Mas a vitória só chegou com a ajuda de Héracles e porque Zeus impediu que Gaia produzisse a planta mágica que havia convertido os gigantes em guerreiros invencíveis.[5]

Os gigantes no judaísmo do Segundo Templo

A possibilidade de encontrar elementos míticos nas Escrituras deixava horrorizado o grande filósofo judeu Fílon de Alexandria, o que o levou a interpretar o relato em termos filosóficos:

> Talvez alguém pense que o legislador esteja se referindo aos mitos dos poetas sobre os gigantes. Mas nada mais distante dele do que a invenção de mitos, pois sua norma é seguir passo a passo a própria verdade [...]. Nenhum mito, pois, acerca dos gigantes o apresenta em absoluto, e o que quer é fazê-lo ver o seguinte: alguns homens nasceram da terra; outros, do céu; e outros, de Deus. Filhos da terra são aqueles que perseguem os prazeres do corpo [...]. Filhos do céu são todos os que cultivam as artes e as ciências e gostam de aprender [...]. E os homens de Deus são sacerdotes e profetas que não aceitaram ter parte na comunidade do mundo e ser cidadãos dele [...] (*Sobre os gigantes* 58).

Apesar do que se acredita, essa posição antimitológica de Fílon não foi adotada pelos judeus em geral na Antiguidade. Uma demonstração disso é a versão da relação conjugal entre os "filhos de Deus" e as "filhas dos homens" presente no *Livro dos vigilantes* ("vigilante" = um tipo de anjo), preservado no livro de *1Enoque*:

---

[5] KARABATEA, **La mitología griega**, p. 23.

E tomaram [isto é, os "anjos caídos"] mulheres; cada um escolheu a sua, e começaram a conviver e a unir-se com elas [...]. Engravidaram-nas e geraram enormes gigantes de 3 mil côvados de altura cada um. Consumiam toda a produção dos homens, até que isso não bastasse para alimentá-los. Então, os gigantes se voltaram contra eles e devoravam os homens. Começaram a pecar com aves, feras, répteis e peixes, consumindo a própria carne e bebendo seu sangue (7.1-5).[6]

Outras fontes judaicas da época indicam que a crença na existência de gigantes era muito difundida entre os israelitas,[7] incluindo os círculos rabínicos, como demonstra esta tradição sobre os "anjos caídos" presente em uma obra midráshica medieval:

Rabino Sadoq dizia: Deles nasceram os gigantes, de imensa estatura, que andam colocando as mãos em todos os roubos, violências e derramamentos de sangue, como está escrito: "Vimos também os gigantes" [Nm 13.33], e também: "Havia nefilins na terra" (Gn 6.4) (*Os capítulos do rabino Eliezer* XXII, 2).

Em suma, este breve estudo sobre a crença nos gigantes demonstra com clareza que os antigos hebreus estavam abertos a materiais mitológicos, e, diferentemente do que em geral se supõe, os israelitas "monoteístas" não foram "um povo que vive separado" (Nm 23.9), e sim um grupo que manteve um diálogo constante e frutífero com seus vizinhos "pagãos", sem com isso menosprezar sua fé no Deus de Israel.

---

[6] Mathias Delcor sugere (*Mito y tradición*, p. 91) que a antropofagia que caracteriza os gigantes nesse relato teria origem na mitologia grega, assimilando em uma espécie de sincretismo os gigantes bíblicos, os titãs de Hesíodo e o ciclope de Homero. É interessante notar que essa intuição já existia na Antiguidade para o historiador judeu Flávio Josefo, que escreveu: "Muitos anjos de Deus conviveram com mulheres e geraram filhos injuriosos que não praticavam o bem, confiantes nas próprias forças; *porque segundo a tradição esses homens cometiam atos similares aos daqueles a quem os gregos chamam de gigantes*" (*Antiguidades judaicas* I, iii, i).

[7] Cf. *Sabedoria* 14.6; *Eclesiástico* 16,7; *Baruque* 3.26; *3Macabeus* 2.4; *Jubileus* 7.22-24. Também restos de um livro dos gigantes foram encontrados em nove manuscritos arameus muito fragmentados e preservados em Qumran.

CAPÍTULO 12

A guerra santa: uma doutrina bíblica?

Guerra contra Midiã

Um dos temas tratados no final do livro de Números destaca-se pela singularidade: a guerra contra Midiã (cap. 31). Esse relato é a continuação dos acontecimentos registrados no capítulo anterior, quando a "imoralidade sexual" de Israel com as filhas de Moabe e o culto a Baal-Peor acenderam "a ira do Senhor" contra Israel (Nm 25.1-18).

Segundo o texto, Deus ordenou que Moisés saísse para uma guerra sem tréguas "contra os midianitas e [executassem] a vingança do Senhor contra eles" (31.3). Para tal, 12 mil homens armados (mil homens por tribo) saíram para o combate, acompanhados por Fineias, filho do sacerdote Eleazar, "que levou consigo objetos do santuário e as cornetas para o toque de guerra" (v. 5,6).[1]

A guerra terminou com a vitória esmagadora de Israel sobre o inimigo:

> Lutaram então contra Midiã, conforme o Senhor tinha ordenado a Moisés, e mataram todos os homens. Entre os mortos estavam os cinco reis de Midiã: Evi, Requém, Zur, Hur e Reba. Também mataram à espada Balaão, filho de Beor.[2] Os israelitas capturaram as mulheres e as crianças midianitas e tomaram como despojo todos os rebanhos e bens dos midianitas. Queimaram todas as cidades em que os midianitas haviam se estabelecido, bem como todos os seus acampamentos. Tomaram todos os despojos, incluindo pessoas e animais, e levaram os prisioneiros, homens e mulheres, e os despojos a Moisés, ao sacerdote Eleazar e à comunidade de Israel, em seu acampamento, nas campinas de Moabe, frente a Jericó (v. 7-12).[3]

---

[1] O costume de sacerdotes acompanharem os exércitos (cf. Dt 20.2-4) era conhecido no antigo Oriente, como no caso do "homem dos deuses", ou *baru*, do exército mesopotâmico. Em Israel, sua função não era de caráter militar, mas ritual: eram responsáveis pela consulta oracular do *Urim* e *Tumim* caso fosse necessário (1Sm 14.41; 28.6).

[2] Sobre essa personagem, v. o capítulo 11 da Parte I: "Balaão: profeta do Senhor ou adivinho?", p. 69.

[3] A batalha contra os midianitas foi a primeira ação de guerra empreendida pela nova geração de israelitas nascida no deserto. Depois da falta de confiança no Senhor demonstrada pela geração

Entretanto, os resultados da guerra não foram plenamente satisfatórios para Moisés, como lemos na continuação da narrativa:

> Mas Moisés indignou-se contra os oficiais do exército que voltaram da guerra, os líderes de milhares e os líderes de centenas. "Vocês deixaram todas as mulheres vivas?", perguntou-lhes. "Foram elas que seguiram o conselho de Balaão e levaram Israel a ser infiel ao Senhor no caso de Peor, de modo que uma praga feriu a comunidade do Senhor. Agora matem todos os meninos. E matem também todas as mulheres que se deitaram com homem, mas poupem todas as meninas virgens" (v. 14-18).

Uma guerra histórica?

O presente relato apresenta certas dificuldades, a saber: 1) É inadmissível que nenhum combatente israelita tenha morrido na batalha (v. 49). 2) Apesar da sugestão da narrativa, os midianitas não desapareceram de modo total da história posterior de Israel (Jz 6—8; Is 60.6). 3) Os números do saque são claramente fantasiosos: 675 mil ovelhas, 72 mil cabeças de gado, 61 mil jumentos e 32 mil mulheres virgens. 4) É surpreendente que Josué, recém-nomeado sucessor de Moisés (Nm 27.12-23), não seja mencionado na história, se levarmos em conta sua reconhecida capacidade para a guerra (cf. Êx 17.8-16). Com base nisso, alguns estudiosos concluem que a história carece de fundamento histórico.

Apesar dos argumentos contra sua fidelidade, outros historiadores afirmam sua historicidade básica, com argumentos como: 1) A presença de midianitas na região da Transjordânia (Gn 36.35; Js 13.21). 2) A ausência de camelos no saque dos israelitas (em contraponto com a história de Gideão [Jz 6—8]), o que provaria que a história de Números refletia a situação histórica imperante na região antes da domesticação do animal, nos séculos XII a XI a.C. 3) A onomástica antiga dos reis midianitas. 4) A prática pré-monárquica de convocar os combatentes por meio de "cornetas para o toque de guerra" (Êx 17.9; Jz 6.33-36). 5) A permissão, concedida por Moisés, para desposar as virgens midianitas (v. 18; cf. Dt 21.10-14; Êx 2.21).

A instituição bíblica da guerra santa

Seja qual for o caso, a batalha de Israel contra Midiã pertence a uma categoria específica: "guerra santa". De acordo com Guadalupe de los Ríos-Zarzosa,

> as chamadas guerras de Javé [Senhor] ou guerras santas não eram guerras religiosas como se entendem nos dias de hoje. Portanto, não eram guerras proselitistas

---

antiga, a vitória representou o novo começo para Israel e reforçou a esperança e a fé do povo hebreu às portas da entrada na terra prometida.

nem pretendiam difundir a religião. Eram guerras em que Israel lutava por sua existência como povo em face da ameaça dos inimigos.[4]

A Bíblia hebraica registra outras instâncias em que a "guerra santa" foi praticada por Israel. Por exemplo, nos tempos de Josué, durante a tomada de Jericó: "Consagraram a cidade ao Senhor, destruindo ao fio da espada homens, mulheres, jovens, velhos, bois, ovelhas e jumentos; todos os seres vivos que nela havia" (Js 6.21). Outro caso se encontra na época de Saul:

> Assim diz o Senhor dos Exércitos: "Castigarei os amalequitas pelo que fizeram a Israel, atacando-o quando saía do Egito.[5] Agora vão, ataquem os amalequitas e consagrem ao Senhor para destruição tudo o que lhes pertence. Não os poupem; matem homens, mulheres, crianças, recém-nascidos, bois, ovelhas, camelos e jumentos" (1Sm 15.2,3).

No estudo dedicado ao tema, Roland de Vaux revela algumas das características mais significativas desse tipo de guerra: 1) O exército formado pelo povo em armas recebe os nomes de "povo do Senhor" e "exércitos do Deus vivo" (Jz 5.13; 20.2; 1Sm 17.26). 2) Os combatentes e o acampamento devem estar em estado de pureza ritual (Js 3.5; Dt 23.10-15). 3) Os inimigos são inimigos do Senhor (1Sm 30.26). 4) Antes de ir à guerra, um sacrifício é oferecido a Deus, e é feita uma consulta a ele (1Sm 7.9; 13.9,12). 5) Deus é quem decide a marcha, e ele mesmo lidera o exército (Jz 4.14). 6) Ao final da guerra, praticam o *herem*: a população (homens, mulheres e crianças) e os animais são mortos à espada, e o despojo é consagrado a Deus ou destruído (Nm 31; Dt 20.10-18).

A ideologia religiosa da guerra santa

Essa antiga prática em Israel, similar à encontrada em outros povos da Antiguidade (como o caso de Moabe, segundo a estela do rei Messa [séc. IX a.C.]),[6] foi transformada no livro de Deuteronômio em uma doutrina ideológica básica de sua religião:

> Quando o Senhor, o seu Deus, os fizer entrar na terra, para a qual vocês estão indo para dela tomarem posse, ele expulsará de diante de vocês muitas nações: os hititas, os girgaseus, os amorreus, os cananeus, os ferezeus, os heveus e os jebuseus.

---

[4] Ríos-Zarzosa, Fundamentalismo judío, p. 129.
[5] Cf. Êx 17.8-16; Dt 25.17-19.
[6] A estela de Messa é uma pedra de basalto negro com uma inscrição em páleo-hebraico, erigida pelo rei moabita Messa (séc. IX a.C.) como registro e memorial de suas vitórias sobre "Onri, rei de Israel" e de seu filho. Essa lápide foi descoberta no antigo local de Dibom (atual Dhiban, Jordânia), em 1868, e se encontra hoje no Museu do Louvre.

São sete nações maiores e mais fortes do que vocês; e quando o Senhor, o seu Deus, as tiver dado a vocês, e vocês as tiverem derrotado, então vocês as destruirão totalmente. Não façam com elas tratado algum, e não tenham piedade delas. Não se casem com pessoas de lá. Não deem suas filhas aos filhos delas, nem tomem as filhas delas para os seus filhos, pois elas desviariam seus filhos de seguir-me para servir a outros deuses e, por causa disso, a ira do Senhor se acenderia contra vocês e rapidamente os destruiria. Assim vocês tratarão essas nações: derrubem os seus altares, quebrem as suas colunas sagradas, cortem os seus postes sagrados e queimem os seus ídolos. Pois vocês são um povo santo para o Senhor, o seu Deus. O Senhor, o seu Deus, os escolheu dentre todos os povos da face da terra para ser o seu povo, o seu tesouro pessoal (Dt 7.1-6; cf. tb 20.10-14).[7]

Apesar da formulação absoluta desse decreto, essa legislação tão extremista e fanática parece não ter sido posta em prática. Segundo M. Weinfeld, renomado assiriólogo e biblista da Universidade Hebraica de Jerusalém,

> a ordem do anátema [*herem*] de todos os cananeus em Deuteronômio é um programa utópico que reflete a amarga luta contra a religião e a cultura cananeias desde os tempos de Elias até a época de Josias.[8]

No seu entender, o antigo uso da ordem do anátema, executada contra cidades hostis (Js 6.17; Nm 21.2,3), foi concebida pelo autor de Deuteronômio como um decreto automático que devia ser aplicado a todos os povos que habitavam Canaã.[9]

A ideologia da guerra santa no judaísmo antigo

Séculos mais tarde, a revolta dos macabeus contra os gregos (167-164 a.C.) apresentaria algumas características próprias da "guerra santa". Por exemplo: a convocação das forças de libertação pelos rebeldes macabeus foi feita de acordo com os modelos antigos (*1Macabeus* 3.46-60; cf. Jz 20.1; Nm 10.9; Dt 20.5-8); Judas Macabeu destruiu altares, queimou imagens de deuses e saqueou cidades dos filisteus, como fez Josué na conquista de Canaã (*1Macabeus* 5.68; cf. Js 8.14-29).

---

[7] Apesar do caráter absoluto do anátema, e de que descumpri-lo era considerado um verdadeiro sacrilégio (Js 7; 1Sm 15.16-23), a mesma legislação bíblica apresentava algumas "exceções" à regra. Por exemplo, em nossa história sobre a guerra contra Midiã foi estabelecido que se deixariam viver todas as virgens (Nm 31.18). Em outro lugar, é estabelecida a opção de guardar como espólios o gado e os despojos das cidades tomadas (Dt 2.35; v. tb. 3.7; Js 8.27). E, no caso das cidades mais isoladas, que não faziam parte dos sete povos de Canaã, havia a possibilidade de oferecer-lhes a paz e poupar-lhes a vida, caso se rendessem (Dt 20.10,11).

[8] Weinfeld, Deuteronomio, p. 179.

[9] Na opinião de Weinfeld, a ideologia da "guerra santa" resultou do avivamento nacionalista nos tempos dos reis de Judá: Ezequias e Josias (séc. VIII-VII a.C.).

Outro exemplo semelhante se encontra na expedição de Judas Macabeu à terra de Galaade, quando os habitantes da cidade de Efrom lhe negaram passagem. Seguindo as determinações de Deuteronômio (20.10-14),

> [...] Judas mandou dizer-lhes em termos amistosos: "Precisamos atravessar a vossa terra para regressarmos à nossa. Ninguém vos fará mal: apenas tocaremos com os pés para passar". Mas eles não quiseram abrir-lhe. A essa resposta, Judas mandou apregoar pelo acampamento que cada qual mantivesse a posição onde estava. Postos os soldados em prontidão, Judas ordenou o ataque por todo aquele dia e ainda toda a noite, até que a cidade caiu em suas mãos. Destruiu-a até os fundamentos, depois de passar a fio de espada todos os homens e de recolher-lhe os despojos. E atravessou-a, passando por cima dos corpos dos trucidados (*1Macabeus* 5.48-51; BJ).[10]

Todavia, segundo Roland de Vaux, as guerras dos macabeus não tiveram o mesmo espírito que as "guerras santas" de seus antepassados: eles não receberam inspiração direta de Deus; o SENHOR não lhes ordenou a ida à guerra; os relatos não falam de uma intervenção divina direta no curso dos acontecimentos. Seria mais apropriado, portanto, chamá-las "guerras religiosas", pois a guerra começou com a declaração de Matatias: "Todo o que tiver o zelo da Lei e quiser manter firme a Aliança, saia após mim" (*1Macabeus* 2.27); Judas Macabeu lutou pelo povo, pela cidade de Jerusalém, pela religião e pelo Lugar Santo (3.43,59; *2Macabeus* 15.17); os combatentes lutaram contra aqueles que haviam abandonado a Lei (Dn 11.30; *1Macabeus* 10.14; 1.52), contra os "ímpios", "iníquos" e "traidores" (*1Macabeus* 2.44,48; 3.5,6; 6.21; 7.23,24), contra os aliados dos idólatras (*1Macabeus* 3.15; 4.2; 7.5; 9.25; 11.21-25).

A ideologia da "guerra santa" teve sua reaparição, entretanto, na religião dos sectários de Qumran, que, imaginando viver às vésperas do grande confronto escatológico entre as forças do bem e do mal, esperavam participar de forma ativa nas ações bélicas, como seus venerados antepassados. Este é o testemunho do *Manuscrito da guerra*:

> No dia em que caírem os Quitim haverá um combate e destruição feroz diante do Deus de Israel, pois este será o dia marcado desde tempos antigos para a guerra de extermínio contra os filhos das trevas. Nesse [dia] se enfrentarão para grande destruição a congregação dos deuses e a assembleia dos homens. Os filhos da luz e a hoste das trevas guerrearão juntos pelo poder de Deus, entre os gritos de uma imensa multidão e o clamor dos deuses e dos homens, no dia da calamidade [...] (*1QM* I, 9-11).

---

[10] Como seu antecedente de Israel na guerra contra Midiã (Nm 31.49), nessa ocasião Judas Macabeu também regressou a Sião "sem que nenhum deles perecesse" (*1Macabeus* 5.54).

Segundo Roland de Vaux, os adeptos de Qumran não imaginavam a conquista religiosa do mundo, nem a conversão à força da humanidade por meio das armas. De acordo com sua concepção dualista, a salvação final ocorreria quando as forças demoníacas do mal fossem destruídas pelos "filhos da luz". Diferentemente da concepção nacional de "guerra santa" na tradição antiga, a concepção desses sectários assumiu características universais, ao imaginar que a luta final aconteceria no fim dos tempos.

A guerra santa na história do Ocidente e do Oriente

Em contraste com os membros de Qumran, as duas religiões monoteístas herdeiras da fé de Israel — o cristianismo e o islamismo — levaram bastante a sério a doutrina de "guerra santa", a ponto de transformá-la na pedra angular de sua cosmovisão espiritual e política. O *jihad* dos muçulmanos e as cruzadas dos cristãos foram algumas das manifestações mais trágicas dessa fanática ideologia, cujas consequências foram funestas para a história da humanidade. Segundo Jonathan Kirsch,

> quando o poder da fé verdadeira se alia ao do Estado totalitário — fenômeno iniciado no antigo Egito com o faraó Aquenáton, reapareceu no Israel bíblico com o rei Josias e alcançou sua expressão mais plena em Roma sob os imperadores cristãos — quem não os aceitasse com fervor suficiente corria perigo de morte. O mesmo rigor e zelo característicos da guerra de Deus contra os deuses podem ser encontrados em todos os totalitarismos, e em nenhum lugar se manifesta de modo tão terrível como em fenômenos modernos e supostamente seculares, como o nazismo e o comunismo. Eusébio de Cesareia chegou à conclusão de que o único Deus verdadeiro havia escolhido um único homem como "governante do mundo inteiro" — o imperador Constantino —, e, à sua maneira, os seguidores dos autocratas mais recentes fizeram o mesmo.[11]

Lamentavelmente, a ideologia da "guerra santa" ressurgiu nos últimos anos no mundo muçulmano. Os terroristas da Al-Qaeda e o *jihad* mundial declararam sua inabalável vontade de destruir os "infiéis" ocidentais e, assim, cumprir ao pé da letra a utópica ordenança bíblica: "destruindo ao fio da espada homens, mulheres, jovens, velhos, bois, ovelhas e jumentos; todos os seres vivos que nela havia" (Js 6.21). Quão perigosa pode ser a interpretação literal das Escrituras!

---

[11] KIRSCH, **Dios contra los dioses**, p. 279.

Parte III
A REVOLUÇÃO ESPIRITUAL DE DEUTERONÔMIO

CAPÍTULO 1

Deuteronômio: a primeira *Torá* de Moisés?

A "segunda lei"

Deuteronômio,[1] o quinto livro do Pentateuco, começa apresentando o primeiro discurso de Moisés (1.6—4.40) pronunciado a todo o Israel "do outro lado do Jordão, na terra de Moabe", às portas da terra prometida. Este seria apenas o primeiro de uma série de discursos pronunciados pelo grande líder de Israel, como a despedida antes de sua morte.[2]

Seja como resultado da influência egípcia (os "testamentos" moralizantes) ou assíria (os discursos pronunciados na nomeação do aspirante ao trono), a forma literária dos discursos utilizada pelo autor para comunicar mensagens teológicas deixou sua marca na historiografia bíblica e pós-bíblica posterior.[3]

Uma legislação humana e moral

Apesar do que se entende pelo título da obra, o livro de Deuteronômio certamente não é a simples repetição das leis presentes nos livros anteriores do Pentateuco. Ao contrário, a comparação dos materiais revela diferenças profundas, em detalhes e perspectivas.

Por exemplo, a legislação sobre a violação da virgem no livro de Êxodo estabelecia: "Se um homem seduzir uma virgem que ainda não tenha compromisso de

---

[1] O nome "Deuteronômio" é derivado do grego *deuteronomion* e do latim *deuteronomium*, que significam "a segunda Lei", no sentido de que nesse livro se repetem as palavras que aparecem nos livros anteriores do Pentateuco. A palavra "Deuteronômio" é a tradução grega da expressão hebraica *mishneh torah* (Dt 17.18), cujo significado originário era "cópia da *Torá*". O livro em hebraico se chama *Devarim*, segundo a prática do antigo Oriente de chamar uma composição pelas primeiras palavras de seu início: "Estas são as palavras (*devarim*) ditas por Moisés a todo o Israel [...]" (Dt 1.1).

[2] Cf. Dt 5.1—11.32; 26.16—28.68; 28.69—30.20.

[3] Cf. Js 23; 1Sm 12; 2Cr 13.4-12; *Judite* 8; *1Macabeus* 2.48-67; At 2.14-36; 7.2-53. Os discursos também exercem função de destaque na literatura historiográfica grega, como no caso das obras dos grandes historiadores Heródoto e Tucídides, bem como nos escritos de Flávio Josefo.

casamento e deitar-se com ela, terá que pagar o preço do seu dote, e ela será sua mulher. Mas, se o pai recusar-se a entregá-la, ainda assim o homem terá que pagar o equivalente ao dote das virgens" (22.16,17). De acordo com essa regra, a ênfase estava no *mohar*, o "dote" que o violador deveria pagar à vítima como forma de compensação pela perda do "valor" da noiva. Logo, a lei do Êxodo tinha como principal preocupação indenizar o pai da noiva pela perda econômica ocasionada, sem levar em conta o aspecto humano da filha violada.[4]

Em vez disso, na versão de Deuteronômio, a legislação apresentava uma perspectiva totalmente distinta:

> Se um homem se encontrar com uma moça sem compromisso de casamento e a violentar, e eles forem descobertos, ele pagará ao pai da moça cinquenta peças de prata e terá que casar-se com a moça, pois a violentou. Jamais poderá divorciar-se dela (22.28,29).

Nessa versão, o legislador se preocupava de forma principal com o aspecto moral da violação e com o estado da mulher, obrigando o violador a tomá-la por esposa por toda a vida, protegendo assim os direitos da donzela maculada.[5]

A perspectiva original se manifesta também quando trata da questão do estrangeiro (em hebraico, *ger*). De acordo com o livro de Êxodo: "Não maltratem nem oprimam o estrangeiro, pois vocês foram estrangeiros no Egito" (22.21; v. tb. 23.9). Entretanto, diferentemente dessa legislação de caráter negativo ("não maltratem", "nem oprimam"), Deuteronômio legislava de maneira positiva, indicando as ações que deveriam ser realizadas em benefício do estrangeiro: "Amem os estrangeiros, pois vocês mesmos foram estrangeiros no Egito" (10.19).[6] E especificava:

> Quando vocês estiverem fazendo a colheita de sua lavoura e deixarem um feixe de trigo para trás, não voltem para apanhá-lo. Deixem-no para o estrangeiro, para o órfão e para a viúva, para que o Senhor, o seu Deus, os abençoe em todo o trabalho das suas mãos. Quando sacudirem as azeitonas das suas oliveiras, não voltem para colher o que ficar nos ramos. Deixem o que sobrar para o estrangeiro, para o órfão e para a viúva. E quando colherem as uvas da sua vinha, não passem de novo por ela. Deixem o que sobrar para o estrangeiro, para o órfão e para a viúva (24.19-21).[7]

---

[4] Esta legislação é paralela a outras coleções legais do antigo Oriente, em que a violação de uma virgem era considerada dano ou prejuízo que exigia reparação financeira.
[5] Essa regra encontra também paralelo com a legislação assíria.
[6] V. tb. Lv 19.34.
[7] V. tb. Dt 14.21.29; 16.11,14. Sobre o tema, v. tb. o capítulo 8 da Parte III: "A legislação deuteronomista: retrógrada ou progressista?", p. 192.

A centralização do culto

A singularidade de Deuteronômio se manifesta também no que se refere ao lugar de culto. O livro de Êxodo estabelece:

> Façam-me um altar de terra e nele sacrifiquem-me os seus holocaustos e as suas ofertas de comunhão, as suas ovelhas e os seus bois. Onde quer que eu faça celebrar o meu nome, virei a vocês e os abençoarei (20.24).

Portanto, de acordo com esta regra, não era obrigatório adorar ao Deus de Israel num lugar determinado, mas se podia fazer "em todo lugar". Como se pode ver na história de Abraão quando este chegou à terra de Canaã:

> O Senhor apareceu a Abrão e disse: "À sua descendência darei esta terra". Abrão construiu ali um altar dedicado ao Senhor, que lhe havia aparecido. Dali prosseguiu em direção às colinas a leste de Betel, onde armou acampamento, tendo Betel a oeste e Ai a leste. Construiu ali um altar dedicado ao Senhor e invocou o nome do Senhor (Gn 12.7-8).[8]

Opondo-se claramente à formulação anterior, Deuteronômio legislava em sentido totalmente diferente, ordenando que a adoração ao Senhor fosse feita num único lugar:

> Destruam completamente todos os lugares nos quais as nações que vocês estão desalojando adoram os seus deuses, tanto nos altos montes como nas colinas e à sombra de toda árvore frondosa. Derrubem os seus altares, esmigalhem as suas colunas sagradas e queimem os seus postes sagrados; despedacem os ídolos dos seus deuses e eliminem os nomes deles daqueles lugares. Vocês, porém, não adorarão o Senhor, o seu Deus, como eles adoram os seus deuses. Mas procurarão o local que o Senhor, o seu Deus, escolher dentre todas as tribos para ali pôr o seu Nome e sua habitação. Para lá vocês deverão ir (Dt 12.2-5).[9]

Uma religião abstrata

Também no plano teológico se pode notar com suma clareza a distinção de Deuteronômio diante da concepção presente em outras seções do Pentateuco. Por exemplo, no livro de Êxodo, Deus havia descido sobre o monte Sinai a fim de se encontrar com Moisés: "O monte Sinai estava coberto de fumaça, pois o Senhor tinha descido sobre ele em chamas de fogo [...]" (19.18); "O Senhor desceu ao

---

[8] V. tb. Gn 13.18; 26.25; Jz 6.24,28; 13.16,19.
[9] Sobre o tema, v. o capítulo 7 da Parte III: "A centralização do culto", p. 189.

topo do monte Sinai e chamou Moisés para o alto do monte. Moisés subiu" (v. 20). Diferentemente da versão que destacava a proximidade "física" entre o Senhor e Moisés, Deuteronômio indicava, pelo contrário, a distância existente entre o plano divino e o plano humano: "Do céu ele fez com que vocês ouvissem a sua voz, para discipliná-los. Na terra, mostrou-lhes o seu grande fogo, e vocês ouviram as suas palavras vindas do meio do fogo" (4.36).

O desacordo presente entre as versões pressupunha a interpretação totalmente distinta do caráter do espaço sagrado. Já que, de modo diferente da concepção teológica de Êxodo, segundo a qual "a glória do Senhor enchia o tabernáculo" no momento de sua inauguração (40.35),[10] o conceito religioso de Deuteronômio afirmava que o Senhor não habitava na terra, mas, sim, no céu: "Olha dos céus, da tua santa habitação, e abençoa Israel, o teu povo [...]" (26.15). Daí a doutrina de que a divindade não habitava no tabernáculo nem no templo, mas apenas seu Nome:

> Mas vocês atravessarão o Jordão e se estabelecerão na terra que o Senhor, o seu Deus, lhes dá como herança, e ele lhes concederá descanso de todos os inimigos que os cercam, para que vocês vivam em segurança. Então, para o lugar que o Senhor, o seu Deus, escolher como habitação do seu Nome, vocês levarão tudo o que eu lhes ordenar [...] (12.10,11).

A diferença tinha origem nas distintas percepções sobre a divindade. Em algumas partes do Pentateuco estava implícito o caráter físico-visual de Deus, sugerindo um aspecto "quase humano" da divindade: "Jacó chamou àquele lugar Peniel, pois disse: 'Vi a Deus face a face e, todavia, minha vida foi poupada'" (Gn 32.30);[11] "e o Senhor lhe disse: 'Desça e alerte o povo que não ultrapasse os limites, para ver o Senhor, e muitos deles pereçam'" (Êx 19.21). Em vez disso, Deuteronômio pressupunha a invisibilidade divina, ressaltando a dimensão auditiva do contato entre o homem e Deus: "Que povo ouviu a voz de Deus falando do meio do fogo, como vocês ouviram, e continua vivo?" (4.33; v. tb. 5.23). Dessa maneira, Deuteronômio promovia a ideia muito mais abstrata e sofisticada da divindade que a noção adotada em outras partes do Pentateuco.[12]

Um ponto de inflexão na religião de Israel

Esses exemplos são suficientes para demonstrar com clareza que o livro de Deuteronômio expressa concepções sociais, morais e teológicas totalmente diferentes das

---

[10] V. tb. 1Rs 8.11-13.
[11] V. tb. Jz 13.22; Is 6.5.
[12] Sobre o tema, v. o capítulo 6 da Parte III: "A religião de Israel sempre se opôs às imagens?", p. 182.

adotadas em outras partes do Pentateuco. Como é possível entender esse fato? Não seria de esperar que a *Torá*, que segundo a doutrina tradicional "Moshé recebeu a *Torá* do Sinai" (*Mishná, Ética dos pais* 1.1), apresentasse legislação e teologia sem contradições manifestas?

Seguindo uma linha de interpretação crítica, biblistas e historiadores explicam esses desacordos óbvios entre os textos afirmando que o livro de Deuteronômio foi uma obra composta originariamente com o objetivo de apresentar uma nova e revolucionária versão da religião israelita, redefinindo os termos da antiga fé dos hebreus. Para serem ainda mais específicos, eles afirmam que essa obra foi composta no século VII a.C., no tempo do rei Josias. Esse livro (ou talvez uma versão mais antiga que a conhecida hoje em dia) seria o livro encontrado "casualmente" durante as reformas na Casa do Senhor: "Então o sumo sacerdote Hilquias disse ao secretário Safã: 'Encontrei o Livro da Lei no templo do Senhor'" (1Rs 22.8). E este, por sua vez, havia sido a base jurídica da reforma religiosa realizada por Josias (23.4-27).[13]

A *Torá* de Moisés

A fim de descrever a revolução espiritual de Josias, a historiografia israelita menciona pela primeira vez o termo *sefer Torah* (em hebraico, "o livro da *Torá*") para referir-se à coleção obrigatória e sagrada de leis (2Rs 22—23). Com certeza, no Pentateuco a expressão só aparece no livro de Deuteronômio,[14] sendo posteriormente adotada por outros livros da Bíblia hebraica.[15]

Deuteronômio é o único livro do Pentateuco atribuído a Moisés: "Moisés escreveu esta lei e a deu aos sacerdotes, filhos de Levi, que transportavam a arca da aliança do Senhor, e a todos os líderes de Israel" (31.9). Aparentemente, esse livro foi o primeiro a ser consagrado em público:

> Depois disso, o rei convocou todas as autoridades de Judá e de Jerusalém. Em seguida o rei subiu ao templo do Senhor acompanhado por todos os homens de Judá, todo o povo de Jerusalém, os sacerdotes e os profetas; todo o povo, dos mais simples aos mais importantes. Para todos o rei leu em alta voz todas as palavras do Livro da Aliança que havia sido encontrado no templo do Senhor. O rei colocou-se junto à coluna real e, na presença do Senhor, fez uma aliança, comprometendo-se a seguir o Senhor e a obedecer de todo o coração e de toda a alma aos seus mandamentos, aos seus preceitos e aos seus decretos, confirmando assim

---

[13] Em 1805, o teólogo alemão Wilhelm M. L. de Wette (1780-1849) foi o primeiro a sugerir que o livro de Deuteronômio havia sido o livro da *Torá* descoberto no tempo do rei Josias.
[14] Cf. Dt 17.19-20; 28.58; 29.19; 31.11,12.
[15] Josué 1.8; 8.34; 23.6; 2Rs 14.6.

as palavras da aliança escritas naquele livro. Então todo o povo se comprometeu com a aliança (2Rs 23.1-3).

Com o passar do tempo, quando o restante dos livros da *Torá* foi agregado a Deuteronômio (provavelmente na época do exílio babilônico [séc. VI a.C.]), então o termo *"Torá"* passou a denominar todos os cinco livros do Pentateuco.[16] Daí a conclusão de que o quinto livro de Moisés no Pentateuco atual foi, paradoxalmente, o primeiro livro a assumir o título de *Torá de Moisés* na história da composição dessa coleção sagrada.

A religião do livro

Segundo afirma M. Weinfeld,

> a canonização das Sagradas Escrituras iniciada por Deuteronômio transformou a *Torá* no objeto de estudo constante. Os israelitas receberam a ordem de se ocupar constantemente (dia e noite) do livro escrito da *Torá* e de ensiná-lo aos filhos (Dt 31.11-13; Js 1.8; Sl 1.2). Não é por acidente que Deuteronômio é o único livro de todo o Pentateuco que usa o verbo *lamad/limed* ("ensinar", "educar"). [...] Deuteronômio é com certeza o único livro do Pentateuco que ordena ao povo agir segundo "todas as palavras desta lei, escritas neste livro" (Dt 28.58). Isso implica a insuficiência de agir de acordo com a vontade de Deus; é preciso cumpri-la segundo o que está escrito no livro. Daí a importância do estudo da palavra escrita, que se tornou tão importante no judaísmo, cristianismo e islamismo.[17]

Essa transformação fundamental na estrutura básica da religião de Israel surtiu importância capital na história da nação. A partir daí, o conhecimento deixou de estar nas mãos de círculos sacerdotais exclusivos para passar às mãos dos escribas e, por intermédio deles, ao povo em geral. Como bem o exemplifica a cerimônia realizada em Jerusalém para início da época do Segundo Templo (meados do século V a.C.):

> Quando chegou o sétimo mês e os israelitas tinham se instalado em suas cidades, todo o povo juntou-se como se fosse um só homem na praça, em frente da porta das Águas. Pediram ao escriba Esdras que trouxesse o Livro da Lei de Moisés, que o S\ENHOR dera a Israel. Assim, no primeiro dia do sétimo mês, o sacerdote Esdras trouxe a Lei diante da assembleia, que era constituída de homens e mulheres e de todos os que podiam entender. Ele a leu em alta voz desde o raiar

---

[16] Nos outros quatro livros do Pentateuco, o termo *"Torá* tem um sentido muito limitado, a saber: regras particulares. Cf. Lv 6.2,7,18; 12.7; 13.9; Nm 5.29; 6.13,21.

[17] W\EINFELD, Religión israelita, p. 114 (tradução nossa).

da manhã até o meio-dia, de frente para a praça, em frente da porta das Águas, na presença dos homens, mulheres e de outros que podiam entender. E todo o povo ouvia com atenção a leitura do Livro da Lei (Ne 8.1-3).[18]

Comentário final

Para concluir, podemos afirmar, portanto, que o autor anônimo do livro de Deuteronômio sentiu plena liberdade de redefinir os limites da religião israelita antiga presentes no restante do Pentateuco, propondo novas e revolucionárias doutrinas teológicas, culturais e sociais. Como afirmava o notável biblista espanhol Luis Alonso Schökel (1920-1998): "Não é exagero dizer que grande parte do Antigo Testamento é a interpretação de textos bíblicos precedentes, não apenas a interpretação de feitos e experiências".[19]

---

[18] Sobre este tema, v. o capítulo 9 da Parte III: "A instituição do livro em Israel", p. 197.
[19] Citado por PÉREZ FERNÁNDEZ, Los libros sagrados, p. 75.

Capítulo 2
O decálogo:
o código básico de Israel

A revelação divina no Horebe/Sinai

No início do segundo discurso (Dt 5.1—11.32) pronunciado "a leste do Jordão" para apresentar o grande código deuteronômico (12.1—26.15), Moisés recapitulou o passado de Israel, remontando à teofania do Horebe/Sinai[1] e ao decálogo (5.2-31). Segundo essa versão deuteronomista do ocorrido, o SENHOR havia revelado a Israel apenas os "Dez Mandamentos" no Sinai, pois o restante das leis foi entregue ao povo hebreu por intermédio de Moisés nas campinas de Moabe.[2]

Na Antiguidade, a maioria dos intérpretes entendia que Deus havia revelado a Israel a totalidade do decálogo. Como dizia Flávio Josefo:

> Todos ouviram uma voz vinda do alto, de tal modo que não se lhes escapou sequer uma palavra [...]. A multidão se regozijou ao ouvir o próprio Deus entregar os preceitos dos quais Moisés lhes havia falado, e a congregação se dissolveu (*Antiguidades judaicas* III, v, 4-6).

Entretanto, outros sábios concluíram que o povo ouviu apenas os dois primeiros mandamentos diretamente da boca do próprio Deus, pois o restante fora comunicado a Israel por intermédio de Moisés. Como afirmava o rabi Josué: "Os israelitas ouviram somente dois mandamentos: 'Eu sou o Senhor, o teu Deus [...]' e 'Não terás outros deuses além de mim'" (*Cântico dos Cânticos Rabá* 1.2 [tradução nossa]).[3]

---

[1] Horebe é o nome do monte Sinai no livro de Deuteronômio (1.6; 4.10,15) e na redação deuteronomista de *Reis* (1Rs 8.9). Cf. Êx 3.1; 17.6 (glosas?).

[2] De acordo com o livro de Êxodo, Moisés "se dirigiu ao povo e transmitiu-lhes todas as palavras e ordenanças do SENHOR" (24.3) no monte Sinai, sugerindo que, junto com o decálogo, as outras leis também haviam sido outorgadas a Israel nesse mesmo lugar sagrado. A fonte sacerdotal, por sua vez, assumiu a posição intermediária: Moisés recebeu no Sinai não só o decálogo, mas também outras ordenanças, como as referentes ao tabernáculo e aos sacrifícios (Êx 25—29; Lv 1—7) ou as leis sobre o ano sabático e o Jubileu (Lv 25), mas entregou as leis nas campinas de Moabe, principalmente as referentes à conquista da terra e sua divisão (Nm 33.50-56; 35.1-8; 36).

[3] Segundo Kugel (*La Biblia*, p. 577), essa conclusão se deve ao recurso literário utilizado, que consiste no uso da primeira pessoa nos dois primeiros mandamentos ("Eu sou o SENHOR, o teu Deus;

O decálogo

Seja a versão de Deuteronômio (5.6-21), seja o paralelo no livro de Êxodo (20.2-17), a leitura atenciosa do decálogo (do grego, *deka logoi* [= "dez palavras"]) revela que nos dois casos a unidade literária seria uma peça independente relacionada à tradição Horebe/Sinai, que poderia, no entanto, ter existido fora de todo contexto literário específico, mesmo antes da redação do livro de Êxodo (cuja versão do decálogo é considerada a mais antiga das duas).[4]

Independentemente do caso, e apesar de não se ter uma ideia certa acerca do momento preciso de sua redação e aceitação, os pesquisadores aceitam a antiguidade do decálogo. Segundo o testemunho bíblico, os profetas do século VIII a.C. já o conheciam, como se conclui pelos oráculos de Oseias:

> Israelitas, ouçam a palavra do SENHOR, porque o SENHOR tem uma acusação contra vocês que vivem nesta terra: "A fidelidade e o amor desapareceram desta terra, como também o conhecimento de Deus. Só se veem maldição, mentira e assassinatos, roubo e mais roubo, adultério e mais adultério; ultrapassam todos os limites! E o derramamento de sangue é constante" (4.1,2).

E também por meio dos oráculos de Jeremias: "Vocês pensam que podem roubar e matar, cometer adultério e jurar falsamente queimar incenso a Baal e seguir outros deuses que vocês não conheceram (7.9)".[5]

Forma, significado e função literária

Os biblistas consideram o decálogo composto originariamente por dez formulações breves, fáceis de memorizar e de ensinar, que já haviam sido ordenadas no início de uma forma descendente, a saber: a primeira metade referente a Deus e a segunda aos homens. Segundo a sugestão de Weinfeld, o texto primitivo reconstruído provavelmente era o seguinte: 1) "Eu o SENHOR, o teu Deus, não fará para ti outros deuses além de mim"; 2) "Não farás escultura nem imagem alguma"; 3) "Não tomarás o nome do SENHOR, teu Deus, em vão"; 4) "Guardarás o dia de sábado";

"Não terás outros deuses além de mim"), para posteriormente se referir a Deus na terceira pessoa ("Não tomarás em vão o nome do SENHOR, o teu Deus, pois o SENHOR não deixará [...]").

[4] Alguns pesquisadores sugeriram, no século XIX, que o caráter do decálogo era "cultual" (Êx 23.10-19; cf. Êx 34.10-26), considerando-se que o decálogo tradicional (Êx 20.1-17), de natureza "ética", foi elaborado em uma etapa posterior da história redacional, inspirado por círculos proféticos. No entanto, os pesquisadores modernos rejeitam essa teoria pela base em pressupostos evolucionistas infundados, segundo os quais o cultual precede sempre o ético no desenvolvimento das sociedades.

[5] V. tb. Sl 50.7,18,19; 81.9-11.

5) "Honra teu pai e tua mãe"; 6) "Não matarás"; 7) "Não adulterarás"; 8) "Não furtarás"; 9) "Não darás falso testemunho contra teu próximo"; 10) "Não cobiçarás a casa de teu próximo".

Só em um estado posterior de desenvolvimento, essas antigas "palavras" foram ampliadas pelas distintas tradições literárias, em função da realidade social e ideológica, chegando a alcançar a forma atual na época pós-exílica (séc. V a.C.). Um exemplo nesse sentido é o mandamento referido ao tema do sábado, ou *shabat*. Segundo a versão atual no livro de Êxodo, o descanso sabático tinha um fundamento cosmogônico-sacral: "Pois em seis dias o Senhor fez os céus e a terra, o mar e tudo o que neles existe, mas no sétimo dia descansou. Portanto, o Senhor abençoou o sétimo dia e o santificou" (20.11). Por sua vez, na versão deuteronomista, o repouso do sétimo dia encontrava sua lógica na explicação sóciomoral: "Lembra-te de que foste escravo no Egito e que o Senhor, o teu Deus, te tirou de lá com mão poderosa e com braço forte. Por isso o Senhor, o teu Deus, te ordenou que guardes o dia de sábado" (Dt 5.15).

Diferentemente das leis comuns dependentes de circunstâncias sociais ou pessoais particulares (como o caso das leis matrimoniais condicionadas pela condição das pessoas), o decálogo se caracteriza pela validez universal, de maneira independente de todas as circunstâncias ou condicionamentos. Segundo essa perspectiva, todo israelita era obrigado a cumprir as ordenanças de não roubar, não matar ou observar o sábado, sem levar em conta o *status* social, a época ou o lugar. Tampouco a formulação mencionava o castigo imposto aos infratores nem especificava os detalhes da falta. O decálogo era considerado o código básico da comunidade israelita, cujo cumprimento era a condição *sine qua non* para a participação na aliança:

> O décimo mandamento, não cobiçar, é irrelevante para qualquer tribunal, pois nenhum tribunal poderia impor castigo pela mera intenção [...]. É um princípio empregado pela justiça de Deus para a comunidade sagrada, não pela jurisprudência humana. Apenas sob os termos do pacto com Deus o homem poderia ser castigado pela violação do mandamento. Os mandamentos eram dados para o povo, não para o tribunal. Quem não observasse os mandamentos se excluía da comunidade de fiéis.[6]

A natureza do decálogo explica também o fato de que sua formulação esteja na segunda pessoa do singular, visto que todos os mandamentos estavam dirigidos a cada membro da comunidade religiosa. O estilo tão original de formulação, no modo "eu e tu", não tem correspondente em testemunhos jurídicos conhecidos do antigo Oriente. Seu estilo tem caráter apodítico, no qual se dirige ao crente ou ouvinte na segunda pessoa, sem mencionar qualquer castigo que será imposto em caso

---

6   Weinfeld, Religión israelita, p. 107 (tradução nossa).

de infração. A natureza da formulação se parece com as instruções próprias de um mestre ao aluno ou do senhor ao vassalo.

Um credo da comunidade israelita

Pelo caráter obrigatório e pela formulação tão concisa, o decálogo era um tipo de credo, próprio da aliança estabelecida entre o Senhor e o povo de Israel. Nesse sentido, a natureza dos "Dez Mandamentos" era semelhante à declaração do *Shemá* (Dt 6.4) — o epítome da fé hebraica: "Ouça, ó Israel: O Senhor, o nosso Deus, é o único Senhor".

Consequentemente, não era coincidência o fato de as unidades literárias do decálogo e o *Shemá*, formuladas em série no livro de Deuteronômio, serem recitadas de maneira combinada no templo durante a liturgia diária, ocasião do sacrifício cotidiano. Como testemunha a tradição rabínica,

> o encarregado [do turno sacerdotal no templo] lhes ordenava [aos sacerdotes]: "recitem uma bênção". Então recitavam uma bênção, diziam os dez mandamentos (Dt 5.6-21), o *Ouça, ó Israel* (Dt 6.4-9), o *se* [...] *obedecerem* (Dt 11.13-21) (*Mishná, Tamid* 5.1).[7]

Essa prática litúrgica antiga tem confirmação arqueológica no papiro Nash[8] e em rolos de filactérios encontrados entre os manuscritos do mar Morto, nos quais o decálogo também era seguido pela oração *Ouça, ó Israel* e *se* [...] *obedecerem*. Todavia, segundo o testemunho presente nos *Talmudes* da Babilônia (*Brachot* 12a) e de Jerusalém (*Brachot* 3c), essa antiga prática foi eliminada do ritual judaico por causa da afirmação dos sectários, ou *minim*, de que o decálogo foi a única parte do Pentateuco revelada de forma direta por Deus no monte Sinai (como certamente afirmava o Deuteronômio), em contraposição à afirmação rabínica de que toda a *Torá* foi entregue a Israel no Sinai (cf. *Mishná, Ética dos pais* 1.1).[9]

---

[7] Por influência judaica, essa prática litúrgica também foi usada entre os cristãos, segundo se conclui pela carta enviada por Plínio, o Jovem (61-112 d.C.), governador da província romana da Bitínia-Ponto, ao imperador Trajano no ano 111: "Além disso, eles afirmavam que toda a sua culpa e erro consistiam em reunir-se em um dia fixo antes do alvorecer e cantar em coros alternativos um hino a Cristo como a um deus e obrigarem-se sob juramento (sacramento) a não mais *perpetrar delito algum, a não cometer furtos, malfeitorias ou adultérios, a não faltar com a palavra dada*, nem a se negar, caso lhes peçam, a fazer um empréstimo" (Epíst. X, 96; citado do site: <http://textoshistoriadelaiglesia.blogspot.com/2009/06/correspondenciaentre-plinio-el-joven-y.html>).

[8] Um manuscrito hebraico (seria o fragmento de um filactério ou uma *mezuzá*?) datado do século II a.C., considerado o manuscrito bíblico mais antigo conhecido antes do descobrimento dos pergaminhos do mar Morto.

[9] Os intérpretes antigos entendiam o decálogo como epítome ou essência de todo o corpo jurídico da *Torá*. Como dizia Fílon de Alexandria: "E assim ocorre que aquelas que ele promulgou em

Figura 5: O decálogo: o código básico de Israel

---

pessoa, por si mesmo, são, ao mesmo tempo, leis e compêndios das leis particulares, tanto que aquelas que ele revelou por intermédio de seu profeta têm as primeiras como ponto de referência e base" (*O decálogo* 19).

As tábuas da Lei

A tradição bíblica estabelece com clareza que o decálogo foi escrito sobre duas tábuas de pedra. Às vezes essas tábuas são chamadas "as tábuas da aliança" (*luchot habrit*, Dt 9.9,11,15), "as tábuas do testemunho" (*luchot haedut*, Êx 31.18; 32.15; 34.29; outras vezes somente "Testemunho" [*haedut*, Êx 25.15; 31.7; 40.20), "as tábuas de pedra" (*luchot haeven*) ou "as tábuas de pedras" (*luchot avanim*, Êx 24.12; 34.1,4; Dt 4.13; 5.22; 9.9-11; 10.1-3; 1Rs 8.9), ou simplesmente "as tábuas" (*haluchot*, Êx 32.16).[10]

De acordo com o que foi reiterado em diversas oportunidades no Pentateuco, o decálogo foi escrito pelo próprio Deus. Como está escrito:

> Essas foram as palavras que o Senhor falou a toda a assembleia de vocês, em alta voz, no monte, do meio do fogo, da nuvem e da densa escuridão; e nada mais acrescentou. Então as escreveu em duas tábuas de pedra e as deu a mim (Dt 5.22; cf. também Êx 24.12; 32.16; 34.1).

Algumas vezes, a tradição bíblica usou a expressão "o dedo de Deus" para indicar a origem divina das tábuas: "Quando o Senhor terminou de falar com Moisés no monte Sinai, deu-lhe as duas tábuas da aliança, tábuas de pedra, escritas pelo dedo de Deus" (Êx 31.18; cf. Dt 9.10).

Segundo Fílon de Alexandria, em cada uma das tábuas estavam escritos apenas cinco mandamentos:

> Sendo dez, foram distribuídos em dois grupos de cinco cada, que foram gravados em duas tábuas. A primeira hierarquia correspondia aos cinco primeiros, enquanto aos outros cinco se considerou que lhes correspondia à segunda. [...] Desse modo, a primeira das tábuas registra o que se refere a Deus, o Pai e Criador do Universo, e conclui com o que se refere aos progenitores, os que, à imitação da sua natureza, engendram seres particulares. Os cinco da segunda tábua compreendem todas as proibições: do adultério, do crime, do roubo, do falso testemunho e da concupiscência (*O decálogo* 50-51).

No entanto, e à luz dos paralelos com o modelo hitita de tratados de governo, alguns estudos contemporâneos sugeriram a possibilidade de que cada uma das tábuas poderia conter o total do decálogo. Dessa forma, cada uma das tábuas foi uma cópia para cada uma das partes do tratado: o Senhor e Israel.

---

[10] Um paralelo notável à tradição bíblica pode ser encontrado na pedra fundamental do santuário privado da deusa Agdistis na Filadélfia (Alaşehi, na atual Turquia) da época helenística, na qual se inscreveu um juramento que continha ordenanças éticas similares à segunda parte do decálogo: não roubar, não assassinar, não cometer adultério etc. Essas regras foram reveladas pela deusa Agdistis ao profeta Dionísio para que fossem gravadas na estela do santuário.

As tábuas da aliança e seu significado icônico

Séculos depois, as "tábuas da aliança" exerceriam papel importante como símbolo visual. Os cristãos usaram as "tábuas da aliança" como atributo judaico de humilhação, como no caso da estátua existente na Catedral de Estrasburgo (1230-1250), em que a "sinagoga" aparece com os olhos vendados, segurando uma lança partida em uma mão e na outra as tábuas de pedra na posição invertida. E, em resposta a esse símbolo de opróbrio e vergonha, os judeus do século XIX orgulhosamente colocaram "as tábuas da Lei" na frente de suas sinagogas, como os cristãos se acostumaram a fixar cruzes na frente das igrejas. Segundo A. Mishory, o propósito dos judeus alemães era reafirmar assim sua identidade, ao usar "as tábuas da aliança" para "ressaltar a importância do pacto do Sinai na história judaica, bem como apresentar aos olhos do mundo a antiguidade e a moralidade da cultura judaica".[11]

Com o nascimento do Estado de Israel, pensou-se mesmo na possibilidade de colocar "as tábuas da aliança" presentes no símbolo da bandeira do Estado sionista, em lugar da estrela de Davi. Embora a tentativa tenha fracassado, as tábuas passaram a fazer parte da linguagem simbólica da nação, transformando-se no ícone visual do grão-rabinato do Estado judaico.

---

[11] Mishory, **Miren y vean**, p. 25 (tradução nossa).

Capítulo 3
"O Senhor, o nosso Deus, é o único Senhor": monoteísmo ou monolatria?

O *Shemá Yisrael* na fé judaica

O livro de Deuteronômio contém uma das expressões mais emblemáticas da fé judaica, conhecida por suas duas primeiras palavras *Shemá Yisrael* ("Ouça, ó Israel"), ou simplesmente por *Shemá*: "Ouça, ó Israel: o Senhor, o nosso Deus, é o único Senhor" (6.4).

Essa afirmação sobre a unicidade de Deus tem papel central na piedade de Israel. Ela é recitada pelo judeu crente duas vezes por dia, na oração matinal e na vespertina, bem como antes de dormir. Além disso, a frase aparece escrita nos pequenos pergaminhos colocados nos filactérios ou *tefilin* da cabeça ou do braço usados durante a oração diurna, bem como na *mezuzá* presa nas ombreiras das portas. A lei judaica também estabelece que essas palavras devem ser pronunciadas pelo moribundo antes de morrer, em clara afirmação da inquebrantável fé no Deus de Israel. Por último, esse credo encerra a cerimônia de *Neilá* no final do dia mais sagrado do calendário judaico: o *Yom Kippur*, o Dia do Perdão.

Moisés e a revolução monoteísta

Desde sempre, o credo do *Shemá* tem sido interpretado como a expressão mais sublime e definitiva da fé monoteísta. Segundo o afamado biblista israelense Yehezkel Kaufmann (1889-1963), a crença num Deus único foi a grande ideia religiosa legada pelo povo de Israel à humanidade:

> A religião de Israel revolucionou a concepção de mundo então existente. Um abismo a separa do paganismo. O *lema* da nova fé era: "O Senhor é Um", mas seria um erro pensar que, entre a religião de Israel e as religiões pagãs, há somente a diferença aritmética. A concepção pagã, mesmo quando diminui o número de deuses, não se aproxima do monoteísmo israelita. No ideal israelita, a unicidade de Deus implica sua onipotência transcendente; rejeita a ideia pagã da realidade que está mais além da divindade, fonte da mitologia e da magia. A afirmação de que a vontade de Deus está acima de tudo e que é absolutamente

livre engendra uma nova hierarquia do pensamento, distinta de todas as categorias do paganismo.[1]

Aceitando com fidelidade o relato dos textos bíblicos, Kaufmann afirmava que a aparição do monoteísmo em Israel deveria estar vinculada à figura de Moisés e aos acontecimentos relativos ao êxodo.[2] Segundo ele, a experiência da sarça ardente vivida por Moisés (Êx 3.1—4.17) foi um verdadeiro ponto de inflexão na história do povo hebreu, e, na verdade, da humanidade inteira:

> No relato da sarça aparecem então, ao mesmo tempo e pela primeira vez, os traços que constituíram o marco histórico para o monoteísmo israelita pelos séculos vindouros: o nome YHWH, o povo de Israel como eleito, a profecia apostólica e a luta contra o paganismo. Podemos afirmar, portanto, que o relato marca o começo de uma época.[3]

Tempos depois, Deus haveria de se manifestar ao povo em uma revelação aberta e pública (Êx 19.16-25). Assim, pois, aos pés do monte Sinai, produziu-se uma revolução religiosa entre as tribos de Israel. Segundo Kaufmann, o politeísmo desapareceu para sempre, para assim dar à luz o primeiro povo monoteísta da história humana.

Monoteísmo ou monolatria nas origens de Israel?

Alguns pesquisadores (como B. Lang) sugeriram que a hipótese da visão do Israel monoteísta desde sua origem proviria da reconstrução tardia pós-exílica. Entretanto, em contrapartida, outros afirmam que o relato bíblico teria alguns elementos históricos muito antigos e faticamente verdadeiros.

Segundo Weinfeld, as listas topográficas egípcias do rei Amenófis III (1417-1379 a.C.), descobertas no templo de Amon em Soleb (Núbia, ao sul do Egito), seriam uma prova disso, como também a lista do rei egípcio Ramsés II (1304-1237 a.C.) achada em Amrah West, em que se encontrou a expressão "a terra de nômades (do) Senhor", junto com "a terra de nômades (de) Seir". Essa tradição extrabíblica, que conecta uma terra de nômades associados ao Senhor com a terra dos edomitas (Seir), nos recorda do que é indicado nas antigas tradições de Israel, segundo as quais o Senhor apareceu em Sinai, Edom, Temã, Parã e Midiã (Dt 33.2; Jz 5.4-5; Hc 3.3-7). Daí considerar algo possível a existência da crença protoisraelita no Senhor na região do Sinai e Edom, e que os fugitivos do Egito (um

---

[1] KAUFMANN, **La época bíblica**, p. 23.
[2] Segundo a tradição bíblica, tanto os primeiros homens (Adão, Caim, Abel, Noé) como os patriarcas de Israel (Abraão, Isaque, Jacó, José) eram todos monoteístas.
[3] KAUFMANN, **La época bíblica**, p. 30.

grupo de *habiru*?)⁴ comandados por Moisés adotaram essa divindade do deserto como seu deus protetor.

Nas palavras de Trebollé Barrera,

> o deus Javé é, portanto, mais antigo que a própria religião de Israel. Era a divindade de uma montanha sagrada situada ao sul da Palestina; definitivamente, um deus vindo de fora, um deus estrangeiro. [...] O javismo teve origem de uma experiência histórica vivida pelo grupo de seguidores de Moisés, que, em determinado momento, se sentiu milagrosamente liberto da escravidão à qual esteve submisso na região do delta do Nilo. [...] O javismo reuniu esses marginalizados, carentes de qualquer outro vínculo de solidariedade, e foi o catalisador que precipitou o movimento de liberação do grupo de escravos liderado por Moisés e inspirado pela fé no deus Javé.⁵

No entanto, e ao contrário do que afirmou Kaufmann, alguns estudiosos rejeitam com veemência falar de monoteísmo na época da fundação de Israel. De acordo com sua opinião, a fé de Israel, no início, tinha um caráter bem mais monolátrico (do grego, "*monos*" = um, e "*latreia*" = adoração), sem negar a existência de outros deuses.

Segundo afirma B. Renaud:

> Estritamente falando, a formulação do primeiro mandamento do decálogo, que todos os judeus e cristãos têm por pedra de toque da fé monoteísta, é apenas monolátrica. Na verdade, a proibição exige o culto exclusivo do Senhor, mas não alega a negação dos demais deuses; ao contrário, supõe sua existência: "Não terás outros deuses além de mim [...], não te prostrarás diante deles nem lhes prestarás culto". Contudo, acrescenta: "Porque eu, o Senhor, o teu Deus, sou Deus zeloso".⁶

---

4   O termo *habiru* é um nome que aparece em várias fontes do antigo Oriente (sumérias, acádias, egípcias, hititas etc.) do segundo milênio a.C. para denominar um grupo de invasores nômades numa ampla área que se estendia desde a Mesopotâmia e Irã até o Egito. Esses *habirus* aparecem descritos nas distintas fontes como nômades, seminômades, mercenários, escravos, servos ou trabalhadores imigrantes.
5   Trebollé Barrera, **Imagen y palabra**, p. 267.
6   Renaud, Moisés y el monoteísmo, p. 379-380. Segundo o egiptólogo J. Assmann: "Em Moisés, não se trata de uma nova cosmologia, mas, sim, de uma nova ordem política, de legislação, constituição, aliança e pacto. Seu objetivo é um monoteísmo político, um monoteísmo de pacto. Ele não disse: 'Não há outros deuses além de mim'; mas, sim: 'Não há outros deuses para ti', quer dizer que tu não deves ter outros deuses. [...] Esses outros deuses não são negados, e sim *proibidos*. Adorá-los não será considerado apenas uma loucura, mas também o pior dos pecados. [...] Por isso deveria falar-se, com maior precisão, de um monojavismo, como se expressa claramente na fórmula "YHWH *ehad*" da oração do "*Shemá*". YHWH é único, é o único deus a quem Israel se vincula" (*La distinción mosaica*, p. 46-47).

Outros textos bíblicos aparentemente confirmam a suposição segundo a qual o Senhor era originariamente o Deus particular de Israel, supondo a existência de outros deuses ao mesmo tempo. Como está escrito no canto triunfal de Moisés durante a travessia do mar Vermelho: "Quem entre os deuses é semelhante a ti, Senhor? Quem é semelhante a ti? Majestoso em santidade, terrível em feitos gloriosos, autor de maravilhas?" (Êx 15.11).

Contudo, a crença em um deus entre outros deuses não significava que o Senhor fosse um deus como os outros. Mesmo não negando a existência de outros seres celestiais, a fé israelita afirmou desde o início a predominância do Senhor sobre todos os outros poderes. Como afirma E. Jacob:

> A história de Israel é, desde o início, e ao longo de todo o seu desenvolvimento, uma sucessão de manifestações da superioridade de Javé sobre os outros deuses: Moisés confunde os deuses do Egito, e o profeta Elias, um dos campeões mais fervorosos do espírito mosaico, ridiculariza os adoradores de Baal e este deus. Ante Javé, os outros deuses não só tomam consciência de sua inferioridade, mas também sofrem uma verdadeira derrota, da qual nunca se recuperarão.[7]

Só no final da época do Primeiro Templo (séc. VIII-VII a.C.), a monolatria se converteu na verdadeira fé monoteísta, pressupondo a inexistência de outros deuses, à exceção do Senhor. Como manifesta o livro de Deuteronômio em reiteradas oportunidades:

> Tudo isso foi mostrado a vocês para que soubessem que o Senhor é Deus, *e que não há outro além dele* (4.35).
> Ouça, ó Israel: O Senhor, o nosso Deus, *é o único Senhor* (6.4).
> Vejam agora que eu *sou o único, eu mesmo. Não há Deus além de mim.* Faço morrer e faço viver, feri e curarei, e ninguém é capaz de livrar-se da minha mão (32.39).

A nova percepção do Deus de Israel se tornou um dos baluartes da teologia do Segundo Isaías. Como afirmava esse profeta de maneira contundente e clara:

> [...] Antes de mim nenhum deus se formou, nem haverá algum depois de mim. Eu, eu mesmo, sou o Senhor, e *além de mim não há salvador algum* (43.10,11).
> "Assim diz o Senhor, o rei de Israel, o seu redentor, o Senhor dos Exércitos: Eu sou o primeiro e eu sou o último; *além de mim não há Deus.* [...] Não tremam, nem tenham medo. Não anunciei isto e não o predisse muito tempo atrás? Vocês são minhas testemunhas. *Há outro Deus além de mim?* Não, não existe nenhuma outra Rocha; não conheço nenhuma" (44.6,8).

---

[7] Jacob, **Teología**, p. 67.

Eu sou o SENHOR, e não há nenhum outro; *além de mim não há Deus.* [...] Eu sou o SENHOR, *e não há nenhum outro.* Eu formo a luz e crio as trevas, promovo a paz e causo a desgraça; eu, o SENHOR, faço todas essas coisas (45.5-7).

A fé monoteísta no judaísmo histórico

A partir daí, a crença no Deus único foi interpretada de distintas maneiras ao longo do judaísmo histórico, e adquiriu significados diferentes e, mesmo, contraditórios. Por um lado, por exemplo, a comunidade do mar Morto redefiniu, na época greco-romana, a doutrina monoteísta em termos dualistas, afirmando que, por baixo do "Deus de conhecimento" de quem "provém tudo o que é e tudo o que será", existia um "manancial da luz" governado pelo "Príncipe das Luzes", pois "a fonte das trevas" era controlada pelo "Anjo das trevas".[8] Por outro lado, no período medieval, a antiga fé monoteísta era entendida nos termos da filosofia aristotélica. De acordo com o grande sábio Maimônides (1135-1204) em alguns de seus 13 princípios: "Que o Criador — bendito seja seu nome — é único, e sua unicidade é incomparável, e que só ele, nosso Deus, foi, é e será" (segundo princípio); "Que o Criador — bendito seja seu nome — é incorpóreo, não está sujeito às leis materiais e não tem imagem alguma" (terceiro princípio); "Que o Criador — bendito seja seu nome — foi o primeiro e será o último" (quarto princípio).

Qualquer que seja a interpretação da vez, o fato é que a fé no Deus único se converteu no próprio pilar da religião judaica, e, com o passar dos séculos, graças ao cristianismo e ao islamismo, se tornou o princípio fundamental de fé de boa parte da humanidade.

---

[8] V. *Regra da comunidade* III, 15-21.

CAPÍTULO 4

A fé de Moisés no Senhor: revolução israelita ou herança egípcia?

O nome de Deus

De acordo com a versão do Pentateuco, o nome inefável de Deus foi anunciado a Moisés pela primeira vez no Egito. Lê-se no relato bíblico:

> Disse Deus ainda a Moisés: "Eu sou o Senhor. Apareci a Abraão, a Isaque e a Jacó como o Deus todo-poderoso, mas pelo meu nome, o Senhor, não me revelei a eles. Depois estabeleci com eles a minha aliança para dar-lhes a terra de Canaã, terra onde viveram como estrangeiros" (Êx 6.2-4).[1]

O nome *El Shadday*, de origem duvidosa,[2] aparece nos relatos patriarcais (Gn 17.1; 28.3; 35.11; 43.14; 48.3; 49.25) e também no oráculo do profeta pagão Balaão (Nm 24.4,16), em Ezequiel (10.5) e, de maneira notável, no livro de Jó (31 vezes!). Por sua vez, o *Tetragrama* (em grego, "composto por quatro letras") ou o nome sagrado de Deus, *YHWH*, que se costumava vocalizar segundo a forma Yahveh (ou a forma corrompida Jeová), tem origem em grupos nômades localizados na região da península do Sinai ao sul da terra de Israel, de acordo com testemunhos arqueológicos encontrados no templo de Amon em Soleb (Núbia, ao sul do Egito) ou na lista do rei egípcio Ramsés II encontrada em Amrah West.[3]

No entanto, a tradição de Êxodo 6 contradiz expressamente a informação contida no livro de Gênesis, de que o nome *Yahveh* já era conhecido na época anterior a Moisés: "Também a Sete nasceu um filho, a quem deu o nome de Enos. Nessa época começou-se a invocar o nome do Senhor" (Gn 4.26). Então, o caso é: como entender a afirmação de Deus de que o nome *Yahveh* não fora revelado antes de Moisés?

---

[1] De acordo com a mentalidade antiga, o nome de um ser não servia apenas para designá-lo, mas também para determinar sua natureza, supondo que o mesmo também tinha poderes sobrenaturais.
[2] Segundo a *Bíblia de Jerusalém* (nota *f* de Gn 17.1): "O sentido é incerto; propôs-se 'Deus da Montanha' segundo o acádico *shadû*; seria preferível entender 'Deus da Estepe', segundo o hebraico *sadeh* é outro sentido do termo acádico. É uma apelação que corresponde ao modo de vida".
[3] Cf. Dt 33.2; Jz 5.4-5; Hc 3.3-7.

Contudo, o problema se complica ainda mais quando lemos atentamente a revelação de Deus a Moisés no monte Horebe/Sinai (Êx 3.1—4.17). Por um lado, e em total acordo com o que foi estabelecido em Gênesis 4, Deus se apresentou a Moisés na sarça ardente, dizendo: "Vá, reúna as autoridades de Israel e diga-lhes: O Senhor, o Deus dos seus antepassados, o Deus de Abraão, de Isaque e de Jacó, apareceu a mim e disse: Eu virei em auxílio de vocês; pois vi o que lhes tem sido feito no Egito" (Êx 3.16), deixando claramente implícito que o nome *Yahveh* era o mesmo com o que ele se revelou aos patriarcas no passado.

Por outro lado, encontra-se nesse mesmo contexto literário da revelação do Horebe outro diálogo entre Deus e Moisés, que contradiz o que foi dito anteriormente:

> Moisés perguntou: "Quando eu chegar diante dos israelitas e lhes disser: O Deus dos seus antepassados me enviou a vocês, e eles me perguntarem: 'Qual é o nome dele?' Que lhes direi?" Disse Deus a Moisés: "Eu Sou o que Sou.[4] É isto que você dirá aos israelitas: Eu Sou me enviou a vocês". Disse também Deus a Moisés: "Diga aos israelitas: O Senhor, o Deus dos seus antepassados, o Deus de Abraão, o Deus de Isaque, o Deus de Jacó, enviou-me a vocês. Esse é o meu nome para sempre, nome pelo qual serei lembrado de geração em geração" (Êx 3.13-15).

Segundo essa passagem, Deus comunicou a Moisés pela primeira vez o nome de *Yahveh* em Horebe, de acordo com a tradição presente em Êxodo 6. Todavia, diferentemente dessa última tradição, Êxodo 3 não faz menção alguma do conceito de que antes dessa revelação o nome usado pelos patriarcas era *El Shadday*.

Como explicar esse acúmulo de tradições, em alguns casos contraditórias, acerca do nome de Deus antes e depois da revelação a Moisés? Uma maneira de resolver essa confusão foi a solução proposta pelos críticos bíblicos (como o caso do biblista alemão Julius Wellhausen [1844-1918]), em que, baseando-se no uso distintivo do nome divino como chave, chegaram à conclusão de que o texto atual do Pentateuco foi formado da combinação de quatro fontes básicas, compostas em lugares e épocas diversos, a saber: 1) a fonte javista, designada pela letra **J** (pelo uso do nome divino YHWH), redigida no reino sulista da Judeia no século X a.C.; 2) a fonte eloísta, designada pela letra **E** (pelo uso do nome divino *Elohim*), composta no reino nortista de Israel entre os séculos X e IX a.C.; 3) a fonte sacerdotal, designada pela letra **P**, que usa o nome divino *El Shadday* até Êxodo 6 (alguns estudiosos afirmam que essa fonte tem tanta antiguidade quanto as duas fontes anteriores, visto que outros sustentam que ela foi redigida durante o exílio babilônico [séc. VI a.C.]); 4) a fonte

---

[4] A expressão "Eu sou o que sou" é certamente esotérica. Segundo parece, ela significa, talvez, o "Ser Eterno", o "Imortal".

deuteronomista, de origem nortista, designada pela letra **D**, que foi escrita entre os séculos VIII e VI a.C.[5]

De acordo com esse modelo analítico, o relato da revelação a Moisés em Horebe resultou da combinação editorial de duas fontes: a tradição javista (Êx 3.1-5,16-20) e a eloísta (v. 6,9-15); por sua vez, a história da vocação de Moisés no Egito (Êx 6.2-13; 6.28—7.7) teve como origem a fonte sacerdotal. Nos primeiros capítulos de Êxodo encontramos duas avaliações diferentes do significado da revelação de Deus a Moisés. Diferentemente da fonte javista (a mais antiga), que considerava a teofania divina uma das muitas estações na longa cadeia da *Heilgeschichte* (em alemão, "História Sagrada"), as fontes eloísta e sacerdotal coincidiram em interpretar a revelação de Deus a Moisés como um acontecimento crucial na história de Israel, denotando que esse gigante do espírito humano foi o primeiro a perceber uma nova dimensão da essência divina.

A fé de Moisés no Senhor: monoteísmo ou henoteísmo?

Segundo o biblista contemporâneo israelense Yehezkel Kaufmann (1889-1963), o relato da sarça ardente, apesar do caráter lendário, testemunha um momento histórico decisivo ocorrido de fato na vida de Moisés. Em suas palavras:

> O simbolismo do relato dá expressão concreta à nova ideia religiosa revelada a Moisés no deserto do Sinai: a vontade de Deus governa todas as coisas, e Ele aparece na chama que, na seca sarça espinhosa, arde, sem que esta se consuma: acontece algo que transcende sua natureza. Esse é o símbolo da Divindade que domina a natureza e por cuja vontade um espinheiro seco não se queima com o fogo [...]. A visão da sarça foi o fundamento do monoteísmo nacional do antigo Israel.[6]

Diferentemente das teorias evolucionistas que pululavam em círculos acadêmicos da época, segundo as quais Israel passou de maneira progressiva do animismo ao politeísmo e dele ao monoteísmo, e que o último estado só se alcançou com os profetas do século VIII ou até mesmo com o Segundo Isaías (séc. VI a.C.), Kaufmann via o surgimento da percepção monoteísta a verdadeira revolução religiosa originária de Israel, graças ao gênio espiritual de Moisés.

---

[5] Para mais detalhes, v. FRIEDMAN, **¿Quién escribió la Biblia?** Segundo a explicação conservadora adotada pelo falecido professor Umberto Cassuto, da Universidade Hebraica de Jerusalém (1883-1951), o uso de distintos nomes divinos se deveu à intenção do autor, não ao resultado da combinação de fontes distintas. De acordo com sua tese, o nome *Yahweh* refletiria a teologia israelita e tradições acerca de Deus e seu povo, pois o nome *Elohim* seria apropriado para os não israelitas (uma tradição universal) e para quem pensa sobre Deus em termos abstratos.

[6] KAUFMANN, **La época bíblica**, p. 30-31.

Entretanto, autores contemporâneos são mais reservados no uso do termo "monoteísmo" para descrever essa nova percepção. Segundo afirmava Roland de Vaux, se por monoteísta se indica a existência de um só Deus, então

> Moisés não era monoteísta, já que não temos indício algum de que professara a crença num único Deus. Temos mais indícios positivos de que não era essa a doutrina do javismo primitivo. O cântico de Êxodo 15.11 pergunta: "Quem entre os deuses é semelhante a ti, Senhor?"; depois de escutar o relato da libertação do Egito, Jetro exclama: "Agora sei que o Senhor é maior do que todos os outros deuses" (Êx 18.11).[7]

A fé de Moisés tinha um caráter bem mais henoteísta (do grego, *henos* = um / *theos* = Deus), a qual afirmava a supremacia do Senhor sem negar a existência de outros deuses. A doutrina mosaica não estabelecia o ensino da unicidade de Deus, e sim a exclusividade de seu culto, ou monolatria (Êx 20.3-5; 22.19; 23.13; 34.14; Dt 5.9-10).[8]

De todo modo, e apesar de não se poder usar o termo técnico "monoteísmo" em sentido estrito, fica claro que já nos níveis mais antigos da fé javista se pode distinguir a presença do conceito novo da divindade, muito diferente do conhecido no antigo Oriente. Segundo essa nova ideia, Deus estava desconectado do ciclo biológico da vida: o Senhor não tinha pais e não foi gerado, não tinha esposa e filhos. Deus estava fora do mundo e era seu governante absoluto.[9]

Todavia, Kaufmann estava certo em considerar a fé mosaica uma "nova ideia religiosa", sem precedente algum na história humana?

A origem do javismo: uma herança egípcia?

Em 1939, o renomado pai da psicanálise, o judeu austríaco Sigmund Freud (1856-1939), sugeriu uma hipótese inovadora no livro *Moisés e a religião monoteísta*. Segundo sua teoria, o Moisés histórico foi um egípcio de linhagem nobre, talvez até membro da casa real, que se tornou prosélito do novo culto exclusivo do disco solar *Áton* promovido pelo faraó Aquenáton (1367-1350 a.C.), e

> ao morrer o rei e ao começar a reação, viu destruídas todas as suas esperanças e perspectivas; se não queria abjurar suas convicções mais estimadas, o Egito já não tinha o que lhe oferecer: havia perdido sua pátria.

---

[7] Vaux, **Historia antigua de Israel** I, p. 439.
[8] Sobre este tema, v. o capítulo anterior.
[9] Cabe aqui a acertada observação de Assmann: "O politeísmo é cosmoteísmo. O divino não se pode desligar do mundo. Contudo, o monoteísmo trata desse desligamento. O divino se emancipa da atadura simbólica ao cosmo, à sociedade e ao destino e se apresenta diante do mundo como uma magnitude independente" (*La distinción mosaica*, p. 50).

Então, continua Freud, Moisés descobriu um recurso extraordinário:

> Ikhnáton, o sonhador, havia perdido o seu povo e deixou seu império desmembrar-se. Com sua natureza enérgica, Moisés forjou o plano de fundar um novo império, de achar um novo povo ao qual poderia dar, para render-lhe culto, a religião desdenhada pelo Egito.[10]

Em suma, segundo Freud, o monoteísmo judaico teve origem na reforma religiosa de Aquenáton.

Pelo que sabemos, a "revolução de Amarna" se caracterizou pela promoção de Áton, o disco solar, à posição de única divindade suprema, em detrimento do tradicional deus Amon. Pouco depois de subir ao trono, o jovem soberano Amenófis IV mudou seu nome para Aqu-en-áton ("o servo de Aton") e abandonou a antiga capital, Tebas, a "cidade de Amon", transferindo-se para a nova capital chamada Aquetáton (atualmente, Tell el-Amarna), situada 500 quilômetros mais ao norte da anterior. Essa revolução religiosa de caráter henoteísta (não "monoteísta", como acreditava Freud) rebaixou Amon e todos os deuses restantes a favor de Aton, considerando-o a fonte universal da vida, representado pelo disco solar com seus raios terminados em mãos que estendem a seus fiéis o símbolo da vida (o *ankh*).[11]

Essa nova concepção religiosa era de caráter exclusivista, excluindo o mítico, o mágico e o taumatúrgico. Aquenáton concebeu uma religião iconoclasta, na qual o deus Aton não podia ser representado pela arte tridimensional. O deus Aton não tinha família e era assexuado, e carecia de qualquer aspecto humano, tanto de palavra como de sentimentos. Diferentemente da obsessão pela morte e o mundo de além-túmulo na religião tradicional, a nova religião viu no Sol "a origem da vida", saudado como o deus universal, criador e sustentador de todos os povos.[12] De acordo com essa visão, o próprio faraó era considerado deus, e as orações dos fiéis se dirigiam

---

[10] Freud, **Moisés**, p. 36-37. A teoria de Freud foi influenciada por diversos escritos compostos no século XIX sobre a educação egípcia de Moisés. Um dos mais importantes foi a obra do dramaturgo, poeta e filósofo alemão Friedrich Schiller (1759-1805), chamada *A missão de Moisés*, que sugeria ter o jovem hebreu aprendido sobre a existência de um Deus único ao estudar no colégio de sacerdotes egípcios.

[11] Essa revolução religiosa também deixou marcas na arquitetura (os santuários não eram cobertos) e nas artes figurativas, fomentando o estilo "naturalista". Para mais detalhes, v. Eliade, **Historia de las creencias y de las ideas religiosas** I, p. 123-125.

[12] Segundo Assmann, "O monoteísmo de Aquenáton de Amarna era um monoteísmo do conhecimento. Por trás dele há uma nova imagem do mundo: todo ser, o conjunto da realidade, se deve ao efeito do Sol, que por meio de seus raios produz luz e calor, e por meio de seu movimento engendra o tempo. Mediante o descobrimento de que o Sol não só gerava a luz, mas também o tempo, Aquenáton concluiu que os outros deuses eram desnecessários para a geração e a conservação do mundo e, por conseguinte, eram inexistentes, puras tapeações" (*La destrucción mosaica*, p. 46).

não a Aton, mas diretamente a Aquenáton, considerado seu filho. Como vemos no "Hino a Aton" inscrito na tumba de Ai, um alto funcionário da corte de Aquenáton:

> Não há outro que te conheça, senão teu filho Aquenáton, que tu fizeste perito em teus planos e em teu poder [...]. Quanto aos que andam a pé, desde que criaste a terra, os criaste para teu filho que nasceu de ti mesmo; o Rei do Alto e Baixo Egito, Aquenáton.[13]

Voltando à teoria de Freud, muitos pesquisadores modernos aceitam basicamente a sugestão do pai da psicanálise, que rejeita os elementos fantasiosos de sua reconstrução "histórica" (como, por exemplo, o "assassinato de Moisés"). Como afirma o professor Israel Knohl (Universidade Hebraica de Jerusalém) em um livro recente sobre as origens da religião israelita, sem dúvida a "religião de Amarna" influenciou os hebreus levitas comandados por Moisés, os quais trouxeram essa visão religiosa do Egito à terra de Canaã. De acordo com a teoria dele, o henoteísmo de Aquenáton foi um catalisador para a formação da visão bíblica da divindade do deus único desconectado totalmente da natureza, cujo culto deveria ser exclusivo. No entanto, e diferentemente da doutrina original egípcia, na visão bíblica a "luz" não deveria ser identificada com o deus criador, mas, sim, vista como uma entidade independente criada antes do Sol (cf. Gn 1.3-4; Sl 104.2).[14]

Para concluir, este breve ensaio tratou de mostrar que as origens da fé de Moisés no SENHOR não podem ser explicadas nos termos da antinomia excludente "revolução israelita" (Kaufmann) / "herança egípcia" (Freud), mas, sobretudo, como resultado de um processo cultural amplo e complexo, no qual Israel se viu influenciado pela "revolução de Aquenáton", mas, por sua vez, deixou uma marca original em sua religião.

---

[13] ELIADE, **De los primitivos al Zen** I, p. 51-52. Os biblistas observaram semelhanças notáveis entre este hino e o salmo 104 da Bíblia hebraica. Entretanto, e apesar das semelhanças em estrutura, estilo e ideias, este salmo apresenta importantes diferenças teológicas que o aproximam de Gn 1 (como o tema da criação da "luz" independente do disco solar).

[14] Para mais detalhes, v. *El código genético*, p. 77-91. V. tb. GALPAZ-FELLER, **Éxodo**, p. 47-60.

Capítulo 5
A deusa Aserá: consorte do Senhor?

A centralização do culto

Um dos temas centrais e característicos do código deuteronomista (cap. 12—26) é a centralização do culto. Conforme essa doutrina revolucionária, e em absoluto contraste com a antiga tradição que permitia a adoração do Senhor em uma pluralidade de lugares (Êx 20.24), o culto a Deus deveria ser realizado de maneira exclusiva no "lugar que o Senhor [...] escolher como habitação do seu Nome" (fórmula regular em Deuteronômio para referir-se ao santuário único).

Como está escrito:

> Destruam completamente todos os lugares nos quais as nações que vocês estão desalojando adoram os seus deuses, tanto nos altos montes como nas colinas e à sombra de toda árvore frondosa. Derrubem os seus altares, esmigalhem as suas colunas sagradas e queimem os seus postes sagrados; despedacem os ídolos dos seus deuses e eliminem os nomes deles daqueles lugares. Vocês, porém, não adorarão o Senhor, o seu Deus, como eles adoram os seus deuses. Mas procurarão o local que o Senhor, o seu Deus, escolher dentre todas as tribos para ali pôr o seu Nome e sua habitação. Para lá vocês deverão ir e levar holocaustos e sacrifícios [...]. Ali, na presença do Senhor, o seu Deus, vocês e suas famílias comerão e se alegrarão com tudo o que tiverem feito, pois o Senhor, o seu Deus, os terá abençoado (12.2-7).[1]

A revolução deuteronomista da centralização do culto se distinguia pelo caráter iconoclasta, ao eliminar de todos os locais de adoração ("tanto nos altos montes como nas colinas e à sombra de toda árvore frondosa") os artefatos de culto "a seus deuses". Da lista de objetos de culto detalhados no texto que deviam ser destruídos

---

[1] Essa legislação serviu de base legal para a política promovida por Josias, rei da Judeia (640-609 a.C.), após o que o templo de Jerusalém se converteu no santuário exclusivo de adoração do único Deus de Israel (2Rs 23.4-27). Para mais detalhes sobre o tema, v. o capítulo "A centralização do culto", p. 189.

("altares" [*mizbechotam*], "colunas" [*matsevotam*], "postes" [*asereiem*], "ídolos" [*pesileiem*]), nosso propósito é continuar concentrando nossa atenção em um deles: o poste (*aserá*).[2]

O símbolo da deusa cananeia Aserá

O poste era feito de madeira que se plantava em locais elevados, ao lado de um altar. Como se deduz do relato sobre o juiz Gideão:

> Naquela mesma noite o Senhor lhe disse: "Separe o segundo novilho do rebanho de seu pai, aquele de sete anos de idade. Despedace o altar de Baal, que pertence a seu pai, *e corte o poste sagrado de Aserá que está ao lado do altar*. Depois faça um altar para o Senhor, o seu Deus, no topo desta elevação. Ofereça o segundo novilho em holocausto *com a madeira do poste sagrado que você irá cortar*" (Jz 6.25,26).

A interpretação do poste como artefato de madeira feito pelo homem é confirmada pelos verbos com os quais está associado: "fazer" (1Rs 14.15); "construir" (1Rs 14.23); "queimar" (Dt 12.3); "quebrar" (Êx 34.13); e "destruir" (Mq 5.13).[3]

Como se pode deduzir do próprio nome, esse objeto cultual estava associado à deusa cananeia *Aserá* (sobre a própria deusa, v. mais adiante). A relação entre a deusa e seu símbolo se manifesta com clareza no relato sobre a reforma de Josias:

> O rei [Josias] deu ordens ao sumo sacerdote Hilquias, aos sacerdotes auxiliares e aos guardas das portas que retirassem do templo do Senhor todos os utensílios feitos *para* Baal e *Aserá* e para todos os exércitos celestes. Ele os queimou fora de Jerusalém, nos campos do vale de Cedrom, e levou as cinzas para Betel. E eliminou os sacerdotes pagãos nomeados pelos reis de Judá para queimarem incenso nos altares idólatras das cidades de Judá e dos arredores de Jerusalém, aqueles que queimavam incenso a Baal, ao sol e à lua, às constelações e a todos os exércitos celestes. Também *mandou levar o poste sagrado* do templo do Senhor para o vale de Cedrom, fora de Jerusalém, para ser queimado e reduzido a cinzas, que foram espalhadas sobre os túmulos de um cemitério público. Também derrubou as acomodações dos prostitutos cultuais, que ficavam no templo do Senhor, onde as mulheres teciam *para Aserá* (2Rs 23.4-7).

O culto à deusa Aserá era popular entre os hebreus da Antiguidade, tanto no Reino de Israel como no de Judá. A seguir, alguns dos textos que certificam isso:

---

[2] Sobre a iconoclastia na época bíblica, v. o capítulo "A religião de Israel sempre se opôs às imagens?", p. 182.
[3] Na tradição antiga (*Septuaginta*, *Vulgata* e a *Mishná*), o termo *aserá* era entendido como "árvore" ou "arbusto". Essa tradução hoje caiu em desuso. Para detalhes, v. Day, Asherah, p. 485-486.

Agora convoque todo o povo de Israel para encontrar-se comigo no monte Carmelo. E traga os quatrocentos e cinquenta profetas de Baal e os *quatrocentos profetas de Aserá*[4] que comem à mesa de Jezabel (1Rs 18.19).

E até a Maaca, sua mãe, removeu para que não fosse rainha, porquanto tinha feito um horrível ídolo (*mifleset*) *a Aserá*; também Asa (rei da Judeia) desfez o seu ídolo horrível e o queimou junto ao ribeiro de Cedrom (1Rs 15.13, *Almeida Revista e Corrigida*).

Manassés (rei de Judá) colocou uma *imagem esculpida da deusa Aserá* no Templo... (2Rs 21.7, *Nova Tradução na Linguagem de Hoje*).[5]

Na maioria dos textos mencionados é clara a associação do poste cultual ou da própria deusa Aserá com Baal, o deus cananeu da tormenta:

[...] todos os utensílios feitos *para Baal e Aserá* e para todos os exércitos celestes (2Rs 23.4).

[...] Despedace *o altar de Baal*, que pertence a seu pai, e corte *o poste sagrado de Aserá* que está ao lado do altar (Jz 6.25).

No templo de Baal, que ele mesmo tinha construído em Samaria, Acabe ergueu *um altar para Baal*. Fez também *um poste sagrado* [...] (1Rs 16.32,33).

Abandonaram todos os mandamentos do Senhor, o seu Deus, e fizeram para si dois ídolos de metal na forma de bezerros e um *poste* sagrado de Aserá. Inclinaram-se diante de todos os exércitos celestiais e *prestaram culto a Baal* (2Rs 17.16; cf. tb. 21.3).

Quem era a deusa Aserá mencionada na Bíblia? Qual o significado do poste sagrado? Por que a associação com o deus Baal?

A deusa Aserá nos textos de Ugarite

As respostas para todas essas perguntas podem ser encontradas nas fontes literárias e iconográficas do antigo Oriente. Primeiro, destacam-se as tábuas mitológicas de Ugarite (a moderna cidade síria de Ras Shamra, na costa mediterrânea), traçadas em escritura cuneiforme (mas no sistema alfabético) nos séculos XIV-XIII a.C. Segundo nos contam esses textos religiosos, a deusa cananeia Atiratu (*Aserá* em ugarítico) era a consorte de Ilu, o deus principal e criador, hierarquia suprema e definidor do destino dos outros deuses.

Atiratu, chamada nos textos épicos "a Grande, Atiratu do Mar", aparece nesses documentos como deusa *(Ilat)* geradora, mãe dos "setenta filhos" divinos. Como dizia um famoso canto de Ugarite: "Invocarei os belos deuses, [os gananciosos e de só um dia], que mamam dos mamilos de Atiratu [dos mamilos da Senhora]" (KTU 1.23, 23-24).

---

[4] Uma glosa acrescentada ao texto original?
[5] Neste último caso não era um poste, mas, sim, uma verdadeira imagem da deusa.

Sobre a dignidade e respeito que sentiam os outros deuses para com ela, vemos na seguinte passagem do mito chamado "O palácio de Balu":

> Depois (que) chegou *Balu*, o vitorioso, / chegou a Virgem *Anatu* (a deusa Anat, germânica / consorte de Baal), / homenageavam a Grande Dama, *Atiratu* do Mar, / presentearam a Progenitora dos deuses. / E respondeu a Grande Dama, *Atiratu* do Mar: "Como homenageais a Grande Dama, *Atiratu* do Mar, / presenteais a Progenitora dos deuses? / Homenageastes (já) o Touro *Ilu*, o bondoso /, ou presenteastes o Criador das criaturas?" / E respondeu a Virgem *Anatu*: / "Homenageamos [agora] a Grande Dama, *Atiratu* do Mar, / presenteamos a Progenitora dos deuses; / [logo] presenteamos ele, / [o pai] de *Balu*, o Vitorioso" (KTU 1.4 III 23-27).⁶

Em alguns textos ugaríticos Aserá é chamada *Qds*. Este nome é testemunhado no Egito em referência a uma deusa que aparece em amuletos e relevos do Novo Império. Ela aparece representada na forma de uma mulher nua que usa a tiara da deusa Hator, parada sobre um leão, que segura nas mãos serpentes ou flores. Diversas estatuetas e placas com a imagem dessa deusa foram escavadas na Síria e na Palestina dos séculos XVIII-XIII a.C. Os estudos concluíram que essas representações seriam da deusa Atiratu.⁷

A clara associação da deusa Atiratu/Aserá com a fertilidade e a procriação explica que seu símbolo era o poste sagrado — óbvia referência analógica à "árvore da vida". A significação da deusa explica, por sua vez, sua relação com o deus Baal, pois o deus cananeu popular era apresentado na mitologia ugarítica como o "deus da tormenta", um deus jovem e ativo, que manda a chuva, da qual dependia a fertilidade dos campos, animais e humanos.⁸

O Senhor e "sua Aserá"

Segundo a Bíblia hebraica, um dos objetivos da reforma deuteronomista era romper toda a conexão possível entre o culto do SENHOR e o da deusa Aserá. Por exemplo, na reforma de Josias, a Bíblia nos conta que o rei "Também *mandou*

---

⁶ Sobre Atiratu, v. DAY, Asherah, p. 483-484; PIKAZA, Ashera.
⁷ É comum identificar a deusa Atiratu/Aserá com Astarote. No entanto, hoje está claro que essas duas figuras eram deusas diferentes do panteão cananeu. Astarote, a versão ugarítica da deusa babilônica Ishtar (deusa da guerra e do amor), era associada à deusa cananeia Anate, também deusa da guerra. O culto a essa deusa era conhecido no Israel antigo e estava relacionado ao deus Baal (Jz 10.6; 1Sm 7.3,4; 12.10). Sobre essa deusa se encontraram diversos testemunhos em imagens de terracota e estatuetas de metal. Nas representações icônicas a deusa aparece desnuda, segurando nas mãos os peitos, e inclusive às vezes se encontra grávida. A deusa aparece parada sobre o lombo de um cavalo ou um leão, brandindo uma espada ou flores de lótus.
⁸ Para mais detalhes sobre a religião de Ugarite, v. MARGUERON, Ugarit.

levar o poste sagrado do templo do SENHOR para o vale de Cedrom, fora de Jerusalém [...]. Também derrubou as acomodações dos prostitutos cultuais, que ficavam no templo do SENHOR, *onde as mulheres teciam para Aserá*" (2Rs 23.6,7).⁹ Da mesma maneira, uma das leis de Deuteronômio estabelecia: *"Não ergam nenhum poste sagrado além do altar que construírem em honra ao* SENHOR, *o seu Deus, e não levantem nenhuma coluna sagrada*, pois isto é detestável para o SENHOR, o seu Deus" (16.21,22). Por esses textos fica claro, portanto, que, antes da reforma religiosa, alguns círculos israelitas supunham algum tipo de relação entre o SENHOR e Aserá. Mas de que tipo?

Uma possível resposta a essa questão se encontraria nos materiais epigráficos encontrados em três sítios arqueológicos, todos localizados ao sul da Judeia: 1) Em 1967 foi encontrada uma inscrição em Khirbet el Qom (sítio localizado a 15 quilômetros a oeste de Hebrom), encontrada sobre um pilar na tumba dos séculos VIII-VII a.C.: "Bendito seja Uryahu pelo *Senhor, sua luz por Aserá* [...]"; 2) Em Tell Miqneh (lugar localizado a 35 quilômetros a oeste de Jerusalém, a antiga Ecrom) encontraram-se dedicatórias a Aserá nesta forma: "Consagrado a Aserá", "Para Aserá"; 3) Nos anos 1976-1978 se encontraram en Kuntillet Ajrud (lugar situado a quase 50 quilômetros ao sul de Cades Barneia) as seguintes inscrições gravadas sobre dois grandes recipientes para grãos ou líquidos *(píthoi)*: "Eu te bendigo pelo *Senhor de Samaria e por sua Aserá*"; "Bendigo-te pelo *Senhor de Temam, e por sua Aserá*".¹⁰

Como se pode imaginar, os estudiosos não chegaram ao acordo pleno sobre a interpretação dessas inscrições. Alguns sugeriram que as palavras "sua aserá" (com letra minúscula) se referiam ao símbolo cultual da deusa, ao passo que a grande maioria supõe que elas faziam alusão à própria deusa: "sua Aserá" (com maiúscula). No caso da última interpretação estar correta, essas antigas inscrições nos revelariam uma nova dimensão da religião israelita, desconhecida e inimaginável antes da descoberta, a saber: que se pensava que Aserá (a deusa cananeia) era consorte do SENHOR!¹¹

---

[9] A prostituição referida aqui é a de tipo sagrado, própria dos cultos cananeus. As prostitutas e os prostitutos serviam aos deuses da fertilidade (cf. Dt 23.18,19), como o caso de Baal, Aserá e Astarote, praticavam a cópula sagrada para potencializar magicamente a procriação e a fertilidade.

[10] As inscrições em Kuntillet Ajrud aparecem próximas a uns *grafites*. Junto a animais e orantes aparecem duas figuras do deus Bes, protetor das gestantes. Atrás dessas duas figuras de Bes aparece outra feminina com uma lira entre os braços.

[11] Sobre "o SENHOR e sua Aserá", v. SEVERINO CROATTO, A deusa Asherá; DAY, Asherah, p. 484-485; PIKAZA, Ashera. Nos documentos aramaicos do século V a.C. encontrados na ilha de Elefantina (atual Assuã, Egito), encontrou-se a fórmula "Anat de Yaho (= Yahweh)". Daí a possibilidade de que os habitantes do lugar, israelitas mercenários da época persa, tenham considerado a deusa Anat (conhecida em Ugarite, mas testemunhada na Bíblia hebraica somente na onomástica [Jz 3.31] ou na toponomástica [Jr 1.1]) como a consorte do SENHOR.

Figura 6: O culto da deusa Astarte: uma prática israelita popular criticada duramente pela religião bíblica.

De Senhor e "sua Aserá" ao deus único, masculino e solitário

Segundo Julio Trebollé Barrera, a conclusão óbvia do que foi exposto anteriormente é:

> Kuntillet e Qom parecem mostrar em todo caso que, até meados do século VIII, o culto monolátrico de Javé não era imposto a todos os setores de Israel nem de Judá, como, por outra parte, dão a entender as críticas constantes nos textos proféticos alusivos a essa época.[12]

Antes da revolução deuteronomista, portanto, o SENHOR da religião israelita histórica (diferente do SENHOR na religião bíblica) tinha Aserá como consorte, tal como Ilu e Atiratu no panteão ugarítico. Como em outras sociedades do antigo Oriente (p. ex., Enlil-Ningal entre os sumérios ou Marduc-Sarpanitu na Babilônia), o SENHOR (princípio masculino) e Aserá (princípio feminino) foram os fundamentos generativos do cosmo, tão essenciais para a sociedade israelita baseada na agricultura e no pastoreio. Daí a conclusão de que a religião de Israel no início se caracterizava por uma "fase politeísta", tendo herdado "o culto a Baal e a Aserá

---
[12] TREBOLLÉ BARRERA, **Imagen y palabra**, p. 136.

como elemento originário e natural da própria religião, não como consequência do sincretismo do israelita com o cananeu".[13]

Todavia, quando ocorreu a revolução monoteísta promovendo a fé no Deus único ("Ouça, ó Israel: O Senhor, o nosso Deus, é o único Senhor" [Dt 6.4]), então o Senhor se transformou no Deus não criado e sem família. Apesar de carecer de vida sexual, esse Deus assumiu traços masculinos e patriarcais ("Deus Pai"), próprios da sociedade androcêntrica.[14] Para Severino Croatto:

> Ao "simplificar" o casal Deus-Deusa, a balança se inclinou para o lado masculino, e assim Javé ficou sozinho, o único em todo sentido. Por quê? Porque esta opção não é mais que o reflexo da cultura patriarcal e kiriarcal[15] existente nesse momento. Dada a alternativa a eleger, era inimaginável a escolha da Deusa, Aserá ou qualquer outra.[16]

Dessa maneira, a "religião oficial" manifestada nos textos bíblicos apresentou uma imagem monoteizada do Senhor, cujo nome, representação e função eram de caráter masculino. O Senhor se tornou o marido que ama ou rejeita a mulher, no geral Jerusalém (Ez 16) ou Samaria (Os 2). Conforme essa nova perspectiva da divindade, agora o Senhor, sem a contraparte feminina, era a única fonte de fertilidade e florescimento:

> [...] seus brotos crescerão. Seu esplendor será como o da oliveira, sua fragrância como a do cedro do Líbano. [...] O que Efraim ainda tem com ídolos? Sou eu que lhe respondo e dele cuidarei. Sou como um pinheiro verde; o fruto que você produz de mim procede (Os 14.6,8).

A partir daqui, a consorte feminina do Senhor se transformou em *erasio memoriae*. O judaísmo rabínico eternizou, por meio da homilética e da liturgia, a dimensão masculina do Deus de Israel. Somente ao final do primeiro milênio de nossa era, a contraparte feminina do Senhor voltaria a reaparecer na literatura mística judaica (no livro *Bahir*) sob a figura da *Shechinah*:

> Como, até a aparição da Cabala, não se falou nunca da Shechinah[17] como de algo distinto do próprio Deus, na Cabala a noção tradicional da Shechinah se transformou em um poder feminino, separado e independente, dentro do mundo

---

[13] Ibid., p. 269-270.
[14] Sobre este tema, v. os capítulos " 'O Senhor, o nosso Deus, é o único Senhor': monoteísmo ou monolatria?", p. 163; "A fé de Moisés no Senhor: revolução israelita ou herança egípcia?", p. 168.
[15] Do grego *kyrios*: "senhor".
[16] Severino Croato, A sexualidade, p. 6.
[17] Do hebraico *shachan*: "habitar", indicação da presença divina.

celestial das sefirot. Na Cabala se faz referência a esse poder com um grande número de símbolos femininos, em especial com o da noiva ou esposa da divindade [...]. Segundo isto, no Bahir surgiu pela primeira vez a ideia de um dualismo masculino e feminino no interior da região divina.[18]

Não seria a Shechinah da Cabala um eco distante da mitológica Aserá, consorte do Senhor, na antiga religião de Israel?

---

[18] Laenen, **La mística judía**, p. 108-109.

Capítulo 6
A religião de Israel sempre se opôs às imagens?

A proibição de imagens

Um dos temas centrais de Deuteronômio é a proibição de culto a imagens, a ponto de merecer um parágrafo especial no decálogo:

> Não farás para ti nenhum ídolo [*pesel*], nenhuma imagem [*temunah*] de qualquer coisa no céu, na terra ou nas águas debaixo da terra. Não te prostrarás diante deles nem lhes prestarás culto, porque eu, o Senhor, o teu Deus, sou Deus zeloso (5.8,9; v. tb. Êx 20.4-6).[1]

Em outro lugar, o deuteronomista justificava a proibição de imagens por meio do desenvolvimento homilético baseado na teofania no Horebe/Sinai, na qual Deus se fez ouvir, mas não se fez ver:

> Vocês se aproximaram e ficaram ao pé do monte. O monte ardia em chamas que subiam até o céu, e estava envolvido por uma nuvem escura e densa. Então o Senhor falou a vocês do meio do fogo. Vocês ouviram as palavras, mas não viram forma [*temunah*] alguma; apenas se ouvia a voz. [...] Portanto, tenham muito cuidado, para que não se corrompam fazendo para si um ídolo, uma imagem (*tavnit*) de alguma forma semelhante a homem ou mulher, ou a qualquer animal da terra, a qualquer ave que voa no céu, a qualquer criatura que se move rente ao chão ou a qualquer peixe que vive nas águas debaixo da terra (4.11-18).[2]

---

[1] A formulação básica dessa proibição aparece em outras seções do Pentateuco: Êx 20.23; 34.17; Lv 19.4; 26.1; Dt 27.15. A proibição do decálogo, segundo explicava Roland de Vaux, não se referia às imagens dos deuses estrangeiros. Para ele, "a proibição se dirige diretamente contra as representações de Yahweh que queriam fazer, não contra toda imagem associada, de uma forma ou de outra, a seu culto" (*Historia antigua*, v. I, p. 441).

[2] Diferentemente de outras partes do Pentateuco em que o caráter físico-visual de Deus fica implícito (v. Gn 30.31; Êx 19.21; Nm 12.8), Deuteronômio pressupõe a invisibilidade de Deus, enfatizando a dimensão auditivo-abstrata do contato entre o homem e o divino.

Segundo a sugestão de Alexander Rofé, o teólogo deuteronomista se referia expressamente nesse texto à proibição de representar, por meio de ícones, os animais sagrados, membros da corte celestial (como no caso dos serafins [Is 6.2]).

Diferentemente da "explicação" proposta em Deuteronômio, alguns estudiosos modernos sugeriram a própria natureza de Deus como motivo fundamental da proibição. Segundo Roland de Vaux, por exemplo: "A proibição das imagens seria, pois, a consequência da transcendência de Javé, significada já no nome com o qual ele quis revelar-se".[3] Por sua vez, o teólogo alemão Gerhard von Rad afirmava que não se devia ver a proibição de imagens como peculiaridade isolada do culto israelita, mas, sim, como uma regra "que [...] fazia parte do mistério no qual se realizava a revelação de Javé no culto e na história".[4]

Seguindo uma estratégia diferente para a interpretação da iconoclastia, Assmann sugeriu que a proibição de toda representação figurativa

> se dirige contra a relação de simbiose com o mundo do cosmoteísmo, contra as imagens como uma forma de envolver-se no mundo. O homem é colocado sobre a criação, não dentro dela. [...] Em sua liberdade, independência e responsabilidade, o homem é uma imagem de deus. A proibição das imagens tem o sentido, tal como o *dominium terrae*, de retirar o mundo da esfera do divino, ou seja, da indisponibilidade humana. O homem deve dispor do mundo: nele reconhece sua não divindade, ou seja, a divindade exclusiva do deus extramundano. Dispor de algo é o contrário de adorá-lo. O mesmo ocorre com as imagens. Deve-se dispor da matéria, não adorá-la. Não se há de adorar as imagens, porque isso suporia adorar o mundo.[5]

A inutilidade dos ídolos

O deuteronomista demonstrou aberta hostilidade para com as imagens, a ponto de chamá-las com apelativos altamente degradantes. Como por exemplo:

> As imagens de escultura de seus deuses queimarás a fogo; a prata e o ouro que estão sobre elas não cobiçarás, nem os tomarás para ti, para que te não enlaces neles; pois *abominação* [*toeva*] são ao SENHOR, teu Deus. Não meterás, pois, *abominação* em tua casa, para que não sejas *anátema* [*cherem*], assim como ela; de todo a *detestarás* [*shaqetz teshaqtsenu*] *e de todo a abominarás*, porque anátema é. (7.25-26, *Almeida Revista e Corrigida*).[6]

---

[3] VAUX, **Historia antigua**, v. I, p. 442.
[4] RAD, **Teología**, v. I, p. 279.
[5] ASSMANN, **La distinction mosaica**, p. 82.
[6] Essa linguagem depreciativa está presente também com vigor inusitado na literatura profética. Nesta, as esculturas e imagens são chamadas polemicamente com termos pejorativos diversos,

Dessa forma, Deuteronômio é o único livro do Pentateuco caracterizado pela ridicularização da adoração a imagens: "Lá vocês prestarão culto a deuses de madeira e de pedra, deuses feitos por mãos humanas, deuses que não podem ver, nem ouvir, nem comer, nem cheirar" (4.28).[7]

De acordo com Yehezkel Kaufmann, essa percepção dos ídolos provém da intuição monoteísta:

> A mensagem de Moisés, o êxodo e o pacto no Sinai geraram uma revolução religiosa entre as tribos de Israel: o politeísmo desapareceu para sempre de seu meio. A prova mais conclusiva é revelada pelo fato de que a Bíblia já não sabe o que é o politeísmo na realidade: desde as partes mais antigas até os assuntos mais recentes apresentam a religião pagã como puro fetichismo, como a adoração da pedra e da madeira.[8]

Seguindo o raciocínio de Kaufmann, em contraste com esse grosseiro e primitivo "fetichismo" das religiões pagãs, a religião de Israel se desenvolveu em torno da tenda da congregação e seu objeto central: a arca. Como dizia ele:

> O centro da tenda sacerdotal era a arca e os querubins. A arca sagrada que contém a figura divina é um elemento comum nas religiões pagãs, e o querubim com as asas estendidas era uma figura egípcia cuja função era proteger o deus dos malefícios demoníacos. Levar a arca na procissão ritual significava levar o próprio deus. Com base nesses elementos antigos, o sacerdócio israelita formou um novo símbolo monoteísta: a arca não contém uma imagem de deus, e sim as tábuas, a materialização de sua palavra; os querubins não protegem a divindade, mas o símbolo de seu pacto com Israel (os próprios querubins representam o carro divino, o símbolo do domínio onipresente de Deus); por fim, o que se levava na arca não era a divindade ou sua imagem, mas, sim, o testemunho de seu pacto.[9]

Kaufmann acreditava, portanto, que Israel fora iconoclasta desde o início. Isso está certo? Se for verdade, como explicar, então, que os israelitas tenham adorado também imagens? Seria um simples "desvio do caminho do SENHOR" ou então uma forma alternativa de servir a Deus? Os pagãos realmente acreditavam que os "fetiches"

---

como: "imundícias" (*gilulim*, Jr 50.2; Ez 22.3-4); "monstros" (*siqus*, Ez 20.7-8); "vaidade" (*hevel*, Jr 10.15); "mentira" (*sheqer*, Jr 10.14; 51.17).

[7] Cf. Dt 27.15; 28.36,64; 29.16; 31.29. Este tema é também muito comum na literatura profética. Cf. Os 4.12; 8.6; 14.4; Is 2.8; Mq 5.12; Jr 10.3-5; e em especial Is 40.19s; 41.7; 44.9-20; 46.6s. O tema da impotência dos ídolos aparece também na liturgia israelita: Sl 115.5-7; 135.15-17. Sobre a sátira religiosa como técnica de distanciamento na Bíblia hebraica, v. ASSMANN, **La distinción mosaica**, p. 30-38.

[8] KAUFMANN, **La época bíblica**, p. 44.

[9] Ibid., p. 47-48.

de madeira e pedra eram deuses? A não representação figurativa do SENHOR era uma intuição original de Israel ou tinha paralelos em outras culturas da época?

O culto às imagens nas religiões do antigo Oriente

A vivência religiosa tem como foco o encontro com o numinoso, com o "absolutamente outro" (Rudolf Otto). Esse encontro com o "poder", tanto em âmbito pessoal como grupal, se configura no culto. Segundo Van der Leeuw, "o santo precisa ter uma figura, precisa ser 'manifestável', ser espacial, temporal, visível ou audível. De modo mais simples, o santo precisa 'suceder' [...]. Todo acontecimento pode ser uma ação do santo. Quando isso ocorre, falamos de um *símbolo*".[10] Nos símbolos, portanto, o santo se torna real e por seu intermédio o homem participa do sagrado.

Assim, as imagens são um tipo de símbolo. Desde o passado imemorial, os homens fazem uso de figuras, estátuas ou qualquer outro objeto para "reter deus, garantir sua presença".[11] Como dizia Nietzsche, a mais antiga imagem de deus "tem de abrigar o deus e ocultá-lo ao mesmo tempo — indicá-lo, mas colocá-lo à vista".[12]

Nas grandes civilizações do antigo Oriente, Egito e Mesopotâmia, o culto às imagens recebia a função central. Apesar dos poucos testemunhos materiais de estátuas de culto que chegaram até nós, as evidências literárias e as representações artísticas provêm de uma informação abundante acerca da fabricação, aparência e uso das imagens no mundo antigo. Na Mesopotâmia, por exemplo, as estátuas eram feitas de madeira e recobertas com metais e pedras preciosas. Exceto pelos tempos antigos, em que os deuses eram representados em forma de animal ou de figuras semi-humanas, em épocas tardias os deuses mesopotâmicos eram representados de maneira antropomórfica. Até então, as estátuas dos deuses se assemelhavam aos seres humanos, e só se poderia distingui-los pela coroa com chifres usada sobre a cabeça (símbolo divino), por algum atributo distintivo ou pelas roupas particulares. Essa "humanidade" dos deuses se manifestava também nos cuidados que os fiéis lhe conferiam. As estátuas eram lavadas e alimentadas como se fossem verdadeiros seres vivos.

Diferentemente do que se costuma acreditar, os antigos não eram estúpidos ignorantes a ponto de confundir o símbolo dos deuses com os próprios deuses. Segundo Curtis,

> para egípcios e mesopotâmios — e quase seguramente também para os cananeus — as imagens não eram objetos inanimados como os profetas hebreus insistiam; antes, eram seres viventes nos quais as deidades estavam de fato presentes.

---

[10] LEEUW, **Fenomenología de la religión**, p. 431.
[11] Ibid., p. 433.
[12] Apud LEEUW, op. cit., p. 434.

O significado fundamental das imagens estava no fato de que se pensava que a vida da deidade estava presente na estátua.[13]

Ou, nas palavras de Jean Bottéro, "tinha-se uma concepção muito realista dessas imagens: na verdade *eram*, ou *continham*, mesmo que obscuramente, a personalidade *representada*".[14] A presença divina na imagem se alcançava por meio de uma cerimônia de consagração, na qual "um pedaço de madeira" era colocado em relação com o mundo divino, sendo assim preparado para servir como receptáculo da divindade.

Aniconismo no antigo Oriente

De forma paralela ao culto iconodúlico, encontra-se na tradição religiosa do antigo Oriente a tendência clara de representar o sagrado de maneira abstrata (aniconismo). Por exemplo, no Egito, na época de Amenófis IV ou Aquenáton (séc. XIV a.C.), o deus Aton era representado pela luz do Sol, acariciando com os raios, em lugar de mãos, plantas, animais ou seres humanos.[15] Da Arábia pré-islâmica nos chegam testemunhos sobre um culto carente de templos, centrado em derredor de colunas. Essas pedras serviam de altar que se aspergia com sangue, e em torno delas realizavam uma procissão no ritual de circuncisão.[16]

Essa tendência ao abstrato deixou rastros também na Síria antiga, no mundo fenício e púnico, e, inclusive, na Mesopotâmia. Neste último caso, por exemplo, encontramos pedras *(kudurru)* em que os deuses eram representados não por imagens antropomorfas, mas por símbolos: Anu e Enlil (coroas com chifres), Marduque (espada) ou Nabu (instrumento de escritura). Na Assíria, em tempos de Tukulti-Ninurta I (séc. XIII a.C.), o culto em honra ao deus nacional Assur não utilizava a imagem antropomorfa desse deus.

Aniconismo no antigo Israel

Nas suas origens, Israel assumiu um aniconismo *de fato*, originado fundamentalmente na herança nômade. Como na tradição pré-islâmica, os hebreus também praticavam o culto às colunas ou *matsevot*, segundo o testemunho arqueológico das escavações em Laquis, Bet Shemesh, Megido, Tel Dan e, em particular, no Neguebe. Como afirma Trebollé Barrera,

---

[13] Curtis, Ídolo, p. 377 (tradução nossa).
[14] Bottéro, **Mesopotamia**, p. 90.
[15] Sobre esse tema, v. o capítulo "A fé de Moisés no Senhor: revolução israelita ou herança egípcia?", p. 168.
[16] Um eco dessa prática antiga no islamismo atual é a circundação repetida da *Ka'aba*, ou Pedra negra, por parte dos fiéis da cidade de Meca.

o Israel antigo praticava o culto anicônico em torno de colunas de pedra como único elemento representativo da divindade. A função de tais *matsevot* era assegurar a presença do deus ou das deusas quando eram invocados. Erguiam-se em espaços sagrados como os de Betel, Gileade, Samaria, Siquém e, em Jerusalém, sobre o monte das Oliveiras (Gn 28.10-22; 31.43-54; 2Rs 3.2; 23.13,14; Js 24.26).[17]

Essa tradição anicônica é o que estava por trás da história do "bezerro(s) de ouro" (Êx 32—34; 1Rs 12.28). Apesar do tom altamente polêmico das versões atuais (provavelmente por causa da edição deuteronomista dos materiais), esse "bezerro" não fora adorado originariamente como um deus em si, mas havia funcionado como um símbolo da presença divina. Como o deus cananeu Baal era visto como aquele que "cavalga nas nuvens", também o Senhor foi imaginado cavalgando sobre o "bezerro de ouro".[18]

Esse aniconismo antigo também explicaria o simbolismo da arca com os querubins. Esse artefato havia sido interpretado em círculos sacerdotais como o trono vazio da divindade, indicando por seu intermédio a presença "física" do Senhor junto a seu povo (Êx 25.10-22; 37.1-9).[19]

Idolatria no antigo Israel?

Entretanto, paralelamente a essa tendência anicônica encontramos na tradição bíblica relatos que apontam para o culto de imagens em Israel. Um exemplo nesse sentido é a história do santuário privado de Mica na montanha de Efraim, na época pré-monárquica de Israel, para quem um fundidor fez um ídolo de metal fundido (Jz 17.4,5).

Na sequência da história, esse ídolo, junto com outros objetos rituais (éfode e terafim), seria roubado pelos danitas e recolocado no santuário fundado por eles em Laís (18.27-31). Dessa história se depreende, pois, que Mica e os danitas consideravam o ídolo a representação do Senhor, não o ídolo de um deus estrangeiro.

A arqueologia pode nos ajudar nesse sentido, como é o caso dos templos escavados em Arad, ao sul de Israel (séc. X-VII a.C.). Em um dos templos, mais precisamente no "santo dos santos", encontrou-se uma coluna, ou *matsevah*, provando

---

[17] Trebollé Barrera, **Imagen y palabra**, p. 139-140. Para mais detalhes, v. o artigo de Avner, Pedras sagradas.
[18] Sobre esse tema, v. o capítulo "O bezerro de ouro: um pecado de idolatria?", p. 168.
[19] Essa interpretação sacerdotal foi rejeitada pelo deuteronomista, argumentando que a arca serviu apenas como receptáculo das tábuas (cf. 31.9,25,26). Essa tradição anicônica do "trono vazio" é conhecida no mundo fenício. Para exemplos, cf. Trebollé Barrera, **Imagen y palabra**, p. 342-343, figuras 22-25.

que até mesmo na época monárquica o SENHOR esteve "presente" por meio de um símbolo figurativo: a coluna.[20]

A iconoclastia: uma revolução deuteronomista

Diferentemente do que os textos bíblicos dão a entender, a iconoclastia não existiu desde o começo em Israel, mas resultou de um longo processo cultural. Como explica Trebollé Barrera:

> a proibição de imagens é, pois, mais recente do que se pensava há anos; sua formulação não parece anterior aos inícios da época deuteronomista, ainda que a proibição em si tenha raízes em formas de religiosidade anicônica de grupos israelitas (semi) nômades. Em todo caso, a própria formulação da proibição do uso de imagens no culto não é muito anterior à época do Exílio. Além disso, e ao longo da história bíblica, a proibição se restringiu ao âmbito das práticas e ritos religiosos, não afetando, em nenhum caso, a produção de objetos artísticos.[21]

A teologia deuteronomista foi tão absoluta na oposição à materialização do SENHOR que rejeitou plenamente a antiga tradição anicônica das colunas, que, como as estátuas e imagens, se converteram também agora em "abominação": "e não levantem nenhuma coluna sagrada, pois isto é detestável para o SENHOR, o seu Deus" (16.22; v. tb. 7.5).[22]

A partir da época pós-exílica, a iconoclastia se transformou em um dos baluartes da fé de Israel. A literatura judaica na época do Segundo Templo aprofundou ainda mais as polêmicas contra a idolatria, desenvolvendo argumentações bastante sofisticadas contra ela,[23] até chegar a imaginar Abraão, o "primeiro monoteísta",[24] como o iconoclasta por antonomásia na história da nação (*Jubileus* 12.9-12; *Gênesis Rabá* 38.13). A partir daí, a tradição iconoclasta haveria de desempenhar uma função central na história do cristianismo (como o caso das guerras iconoclastas em Bizâncio [séc. VIII] ou a iconoclastia da Reforma [séc. XVI-XVII]) e do islamismo (p. ex., a famosa destruição no ano 630 das divindades árabes alojadas na Caaba).

---

[20] Foram encontrados em contextos israelitas estátuas de mulheres nuas, muitas vezes grávidas e com seios muito grandes, semelhantes aos do antigo culto oriental da "Deusa-Mãe". Entretanto, a função originária desses artefatos ainda é uma questão em aberto.
[21] TREBOLLÉ BARRERA, **Imagen y palabra**, p. 145.
[22] No contexto literário imediato, a proibição de erigir uma "coluna" (16.22) aparece indicada depois de mencionar a interdição do "poste": "Não ergam nenhum poste sagrado além do altar que construírem em honra ao SENHOR, o seu Deus" (v. 21). A presença de ambos os artefatos sagrados no mesmo contexto refletiria o culto do SENHOR e sua consorte Aserá no contexto da religião popular israelita, à qual a legislação deuteronomista se opôs de maneira furiosa. Sobre o culto de Aserá, v. o capítulo anterior.
[23] Cf. *Sabedoria* 13—15; Dn 14 (segundo a versão da *Septuaginta*); *Jubileus* 12.1-6; 1Co 10.20s.
[24] Sobre esse tema, v. o capítulo "Abraão: o pai do monoteísmo?", p. 17.

Capítulo 7
A centralização do culto

A revolução deuteronomista

Uma regra fundamental do código deuteronomista é a centralização do culto. Segundo o texto bíblico, Deus ordenou a Israel:

> Destruam completamente todos os lugares nos quais as nações que vocês estão desalojando adoram os seus deuses, tanto nos altos montes como nas colinas e à sombra de toda árvore frondosa. Derrubem os seus altares, esmigalhem as suas colunas sagradas e queimem os seus postes sagrados; despedacem os ídolos dos seus deuses e eliminem os nomes deles daqueles lugares. "Vocês, porém, não adorarão o Senhor, o seu Deus, como eles adoram os seus deuses. Mas procurarão o local que o Senhor, o seu Deus, escolher dentre todas as tribos para ali pôr o seu Nome e sua habitação. Para lá vocês deverão ir" (Dt 12.2-5).[1]

À luz da tradição cúltica de Israel, essa norma representou uma verdadeira revolução na religião antiga do povo hebreu. De acordo com o testemunho bíblico, até então a prática vigente desde o tempo dos patriarcas era adorar a Deus no templo central,[2] ou em pequenas capelas ou altares. Como se pode observar na história de Abraão na chegada a terra de Canaã:

> O Senhor apareceu a Abrão e disse: "À sua descendência darei esta terra". Abrão construiu ali um altar dedicado ao Senhor, que lhe havia aparecido. Dali prosseguiu em direção às colinas a leste de Betel, onde armou acampamento, tendo Betel a oeste e Ai a leste. Construiu ali um altar dedicado ao Senhor e invocou o nome do Senhor (Gn 12.7,8).[3]

Assim, de acordo com o antigo costume vigente, a pluralidade de lugares de culto era legítima e própria da fé israelita. Como estabelecia a antiga legislação mosaica:

---

[1] Em Deuteronômio, a fórmula "local escolhido por Deus para ali pôr o seu Nome e sua habitação" designa exclusivamente a Jerusalém, mesmo que o nome da cidade não apareça expressamente mencionado. Com essa referência velada à cidade, o autor quis evitar o anacronismo, pois era uma verdade bem conhecida que a cidade de Jerusalém só se tornou israelita na época do rei Davi.
[2] Como o caso do santuário em Siló. Cf. 1Sm 1—2.
[3] V. tb. Gn 13.18; 26.25; Jz 6.24,28; 13.16,19; 1Sm 19.35.

"Façam-me um altar de terra e nele sacrifiquem-me os seus holocaustos e as suas ofertas de comunhão, as suas ovelhas e os seus bois. *Onde quer que eu faça celebrar o meu nome*, virei a vocês e os abençoarei" (Êx 20.24). E todos esses altares eram permitidos, a tal ponto que sua destruição era uma verdadeira afronta a Deus, equivalente ao assassinato dos profetas do Senhor (1Rs 19.10). A construção do templo de Jerusalém pelo rei Salomão (aproximadamente no final do século X a.C.) não resultou na erradicação dos altares e capelas nas áreas de campina. Ao contrário, o santuário central localizado na capital do reino e os construídos na periferia provincial conviveram em plena harmonia durante séculos. Assim, pode-se perguntar: quando e por que motivos veio ao mundo a revolução promovida pela legislação deuteronomista?

As origens históricas

A primeira tentativa na direção de se redefinir a religião israelita foi a reforma levada a cabo por Ezequias, rei da Judeia (716-687 a.C.). De acordo com a historiografia bíblica:

> Removeu os altares idólatras, quebrou as colunas sagradas e derrubou os postes sagrados. Despedaçou a serpente de bronze que Moisés havia feito, pois até aquela época os israelitas lhe queimavam incenso. Era chamada Neustã (2Rs 18.4).[4]

Essa reforma de caráter iconoclasta (ou seja, contrária ao culto às imagens sagradas) teve como propósito fundamental o desprendimento dos elementos cananeus presentes na religião israelita. Segundo afirmam os estudiosos, a luta teve início no Reino do Norte nos séculos IX-VIII a.C., como atestam as tradições sobre os profetas Elias, Eliseu, Amós e Oseias. E, por ocasião da queda do Reino de Israel, no ano 722 a.C., pelas mãos dos assírios, essa ideologia foi levada pelos refugiados para a Judeia. Segundo J. Gonçalves,

> considerado como a consequência de seu sincretismo religioso, o trágico fim de Israel demonstrava a justiça do combate contra a canaanização do javismo e, ao mesmo tempo, se convertia numa advertência para Judá. Foi isso que, em nossa opinião, estimulou e alimentou a reflexão teológica e a atividade literária na época de Ezequias; foi isso que criou as condições favoráveis para uma reforma cultual.[5]

---

[4] Esse versículo usa terminologia técnica: 1) "altares" ou *bamot*: denominação de todos os santuários, exceto o templo de Jerusalém; 2) colunas ou *matsevot*: pedras erigidas; 3) postes ou *aserá*: um objeto de culto em forma de árvore, símbolo de vida e fertilidade; 4) Neustã: uma combinação dos termos hebraicos *nechoshet* ("bronze") e *nachash* ("serpente"). Cf. 1Rs 18.22; 2Cr 29.3—31.21.

[5] Gonçalves, La reforma de Ezequías, p. 461. Os arqueólogos acreditam ter encontrado testemunhos concretos dessa reforma. Como exemplo, alegam a supressão do altar de sacrifícios no templo sulista de Arade e o desmantelamento do santuário de Tell es-Seba (Berseba).

Ainda que a reforma de Ezequias não houvesse estabelecido de maneira explícita a proibição da pluralidade dos lugares de culto, a política iconoclasta do rei da Judeia transformou de fato o templo de Jerusalém no único lugar legítimo de culto. Conforme o atestam as palavras do oficial assírio enviado pelo rei Senaqueribe:

> Mas, se vocês me disserem: "Estamos confiando no Senhor, o nosso Deus"; não é ele aquele cujos santuários e altares Ezequias removeu, dizendo a Judá e Jerusalém: "Vocês devem adorar diante deste altar em Jerusalém"? (2Rs 18.22)

Depois do estancamento, ou melhor, do retrocesso, na época do reinado de Manassés (697-642 a.C.), em que ele "Reconstruiu os altares idólatras que seu pai Ezequias havia demolido e também ergueu altares para Baal e fez um poste sagrado para Aserá, como fizera Acabe, rei de Israel. Inclinou-se diante de todos os exércitos celestes e lhes prestou culto. Construiu altares no templo do Senhor, do qual este havia dito: 'Em Jerusalém porei o meu nome'" (2Rs 21.3,4), a verdadeira e definitiva revolução cúltica ocorreu na época do rei Josias, neto de Manassés (640-609 a.C.). De acordo com os detalhes muito ricos do livro de Reis, o jovem rei da Judeia destruiu, profanou e queimou altares e altos, transformando o templo de Jerusalém no único santuário legítimo para o culto do Senhor (2Rs 23.4-20).

De acordo com a própria narrativa bíblica, a reforma religiosa realizada pelo rei Josias teve como inspiração o descobrimento do Livro da Lei por parte do sumo sacerdote Hilquias, durante a reforma na Casa do Senhor. Como consequência dessa descoberta "fortuita", o rei da Judeia teve a oportunidade de ouvir o conteúdo do texto, e então, "na presença do Senhor, fez uma aliança, comprometendo-se a seguir o Senhor e a obedecer de todo o coração e de toda a alma aos seus mandamentos, aos seus preceitos e aos seus decretos, confirmando assim as palavras da aliança escritas naquele livro" (2Rs 23.3). Em razão da plena correspondência entre os conteúdos da política de Josias e o estabelecido pela legislação deuteronomista, pesquisadores argumentam que o livro encontrado "por acaso" no templo era o livro de Deuteronômio ou, mais possivelmente, uma versão mais primitiva que a atual. Em todo caso, fica claro que as normas estabelecidas no capítulo 12 do código deuteronômico serviram de base legal para a política iconoclasta de Josias. Por isso, a conclusão de que o código foi redigido entre a época de Ezequias e a de seu bisneto Josias.

A revolução religiosa promovida por Josias modificou totalmente a realidade ideológica, social, econômica e política do reino da Judeia. Desse tempo em diante, o templo de Jerusalém se transformou no santuário exclusivo de adoração do Deus único de Israel. Assim, a unicidade cúltica era o correlato exato da unicidade teológica. Como o filósofo judeu Fílon de Alexandria formularia com precisão alguns séculos mais tarde: "Mas Moisés previu desde o princípio que não se edificariam muitos templos, nem em muitos lugares nem num mesmo lugar, pois considerava que, assim como Deus é um só, o templo também deve ser um só" (*Leis particulares* I, 67).

Capítulo 8

A legislação deuteronomista: retrógrada ou progressista?

Uma legislação antidemocrática e antiliberal?

O livro de Deuteronômio apresenta algumas regras que aos olhos do homem moderno são anacrônicas e retrógradas, pois se opõem a princípios básicos das sociedades democráticas e ofendem a sensibilidade moral e sexual do homem pós-moderno e liberal.

Um exemplo nesse sentido é a lei que ordena o castigo de morte para as mulheres que não eram virgens quando se casaram:

> Se, contudo, a acusação for verdadeira e não se encontrar prova de virgindade da moça, ela será levada à porta da casa do seu pai e ali os homens da sua cidade a apedrejarão até a morte. Ela cometeu um ato vergonhoso em Israel, prostituindo-se enquanto estava na casa de seu pai. Eliminem o mal do meio de vocês (22.20,21).

Outro exemplo é a regra acerca dos amalequitas:

> Lembrem-se do que os amalequitas lhes fizeram no caminho, quando vocês saíram do Egito. Quando vocês estavam cansados e exaustos, eles se encontraram com vocês no caminho e eliminaram todos os que ficaram para trás; não tiveram temor de Deus. Quando o Senhor, o seu Deus, der a vocês o descanso de todos os inimigos ao seu redor, na terra que ele lhes dá para dela tomarem posse como herança, vocês farão que os amalequitas sejam esquecidos debaixo do céu. Não se esqueçam! (25.17-19).[1]

O terceiro exemplo é a ordenança contra a "mistura de sexos": "A mulher não usará roupas de homem, e o homem não usará roupas de mulher, pois o Senhor, o seu Deus, tem aversão por todo aquele que assim procede" (Dt 22.5).[2]

---

[1] Sobre a batalha de Israel e Amaleque à saída do Egito, v. Êx 17.8-16. Sobre a guerra santa contra Amaleque, v. 1Sm 15.
[2] A Bíblia não explica o motivo dessa regra. Alguns consideram que essa proibição aludiria a certos costumes dos cultos impuros de Canaã ou a práticas de libertinagem sexual, como as conhecidas

De acordo com os textos citados, portanto, o legislador bíblico parece ter permitido, em circunstâncias especiais, o assassinato de mulheres, ter promovido o genocídio e estimulado a intolerância para com o "próximo". E se somarmos a esses exemplos as doutrinas do fanatismo religioso (12.2,3), xenofobia e ultranacionalismo (7.1-16; 23.2-9), então tudo levaria a concluir que a legislação de Deuteronômio, se avaliada de acordo com padrões éticos contemporâneos, era antidemocrática, antiliberal e totalmente oposta aos valores e ao sentimento da cultura ocidental.

A revolução deuteronomista

Sem dúvida, o livro de Deuteronômio se caracteriza pela apresentação de uma ideologia extremamente radical, análoga ao fundamentalismo. Nele encontramos o conceito de anátema *(herem)* como a guerra santa de extermínio contra a população da Palestina, seguindo as ordens divinas. O princípio doutrinário era impedir a mistura com os povos residentes em Canaã, para que, dessa maneira, garantissem a pureza do culto do SENHOR, o Deus único.[3]

Essa rejeição manifesta das nações de Canaã foi acompanhada pela ideia da "eleição de Israel" (7.6; 14.2; 26.18), promovendo a noção da superioridade hebraica sobre o resto dos povos da terra (4.6; 15.6; 26.19; 28.13). Essa ideologia, de claro viés nacionalista, era fruto do sentimento de renascimento nacional surgido na época dos reis Ezequias e Josias (séc. VIII-VII a.C.).[4]

Esse radicalismo doutrinário era consequência direta da transformação estrutural sofrida pela religião israelita na época de Josias (séc. VII a.C.), quando passou de uma tradição de caráter basicamente oral para a tradição de textos escritos. Essa mudança essencial para a civilização hebraica havia exacerbado a "ortodoxia" e o fundamentalismo ideológico. De acordo com Karen Armstrong, "os deuteronomistas eram pensadores ousados e criativos, mas sua teologia muitas vezes se torna estridente... O excesso de certeza e clareza pode resultar na mais cruel intolerância".[5]

Uma legislação humanista e social

Apesar desse aspecto radical e violento da legislação deuteronomista, encontramos nessa mesma obra inúmeras leis de caráter totalmente diferente, próprias de

---

na Grécia e em Roma. Segundo outros, a prática dos travestis e transexuais era vista como ameaça à ordem sexual estabelecida por Deus no início, na Criação (Gn 1.27; cf. tb. a proibição de manter relações sexuais com animais: Êx 22.18; Lv 18.23; 20.15,16). Sobre a proibição de misturar espécies diferentes, v. Lv 19.19; Dt 22.9-11.

[3] Sobre a doutrina bíblica da "guerra santa", v. o capítulo "A guerra santa: uma doutrina bíblica?", p. 140.

[4] Sobre a doutrina da eleição de Israel, v. o capítulo "Terra e povo em Deuteronômio: uma ideologia etnocêntrica", p. 201.

[5] ARMSTRONG, **La gran transformación**, p. 234-235. Sobre a transformação da tradição oral em escrita, ver o capítulo seguinte, "A instituição do livro em Israel", p. 197.

uma legislação moderna e progressista, sem paralelo nos corpos legais do Oriente Médio. Como explica Armstrong:

> Os deuteronomistas eram homens eruditos, e seus feitos eram notáveis. Recorreram a materiais anteriores (antigos arquivos reais, códigos legais, sagas e textos litúrgicos) para criar uma visão totalmente nova, fazendo assim que as tradições antigas falassem às novas circunstâncias de Israel sob o reinado de Josias. De algum modo, lê-se Deuteronômio como um documento moderno. Sua visão de uma esfera secular, um poder judicial independente, uma monarquia constitucional e um Estado centralizado se adiantam até nossa época. Os deuteronomistas desenvolveram também uma teologia muito mais racional, eliminando muitos mitos antigos.[6]

Seguindo esse espírito "moderno" de reforma, o legislador deuteronomista demonstrou interesse especial em proteger os mais desvalidos da sociedade, como estrangeiros, viúvas e órfãos:

> Não neguem justiça ao estrangeiro e ao órfão, nem tomem como penhor o manto de uma viúva. Lembrem-se de que vocês foram escravos no Egito e de que o Senhor, o seu Deus, os libertou; por isso lhes ordeno que façam tudo isso (24.17,18).[7]

Outro caso são as normas de proteção ao devedor e ao assalariado:[8]

> Não tomem as duas pedras de moinho, nem mesmo apenas a pedra de cima, como garantia de uma dívida (24.6).
>
> Quando um de vocês fizer um empréstimo de qualquer tipo ao seu próximo, não entre na casa dele para apanhar o que ele lhe oferecer como penhor. Fique do lado de fora e deixe que o homem, a quem você está fazendo o empréstimo, traga a você o penhor. Se o homem for pobre, não vá dormir tendo com você o penhor. Devolva-lhe o manto ao pôr do sol, para que ele possa usá-lo para dormir, e lhe seja grato. Isso será considerado um ato de justiça pelo Senhor, o seu Deus (v. 10-13).
>
> Não se aproveitem do pobre e necessitado, seja ele um irmão israelita ou um estrangeiro que viva numa das suas cidades. Paguem-lhe o seu salário diariamente, antes do pôr do sol, pois ele é necessitado e depende disso. Senão, ele poderá clamar ao Senhor contra você, e você será culpado de pecado (v. 14,15).[9]

---

[6] Ibid., p. 232.
[7] Cf. tb. v. 19-22; 14.21,29; 16.11,14. Essa preocupação para com os pobres e estrangeiros aparece também na legislação sacerdotal. Cf. Lv 19.9,10; 23.22.
[8] Cf. Êx 22.20,21,24-26; Lv 19.9,10.
[9] Uma evidência concreta de que essas regras não foram utópicas, antes vigoraram na vida real dos israelitas, é o óstraco (peça de cerâmica escrita com tinta) encontrado na fortaleza de Hashavyahu (lugar situado próximo de Yavne Yam, ao sul de Jaffa, em Israel), escrito em páleo-hebraico na

Um último exemplo é a atitude para com os escravos:

> Se seu compatriota hebreu, homem ou mulher, vender-se a você e servi-lo seis anos, no sétimo ano dê-lhe a liberdade. E, quando o fizer, não o mande embora de mãos vazias. Dê-lhe com generosidade dos animais do seu rebanho e do produto da sua eira e do seu tanque de prensar uvas. Dê-lhe conforme a bênção que o SENHOR, o seu Deus, lhe tem dado. Lembre-se de que você foi escravo no Egito e que o SENHOR, o seu Deus, o redimiu. É por isso que hoje lhe dou essa ordem. Mas se o seu escravo lhe disser que não quer deixá-lo, porque ama você e sua família e não tem falta de nada, então apanhe um furador e fure a orelha dele contra a porta, e ele se tornará seu escravo para o resto da vida. Faça o mesmo com a sua escrava. Não se sinta prejudicado ao libertar o seu escravo, pois o serviço que ele prestou a você nesses seis anos custou a metade do serviço de um trabalhador contratado. Além disso, o SENHOR, o seu Deus, o abençoará em tudo o que você fizer (Dt 15.12-18).[10]

A legislação deuteronomista: retrógrada ou progressista?

Como se depreende do nosso breve estudo, a legislação de Deuteronômio enfatizava bastante a importância da justiça, equidade e compaixão, sendo mais humanista e respeitosa em relação aos direitos humanos que as legislações vigentes em algumas sociedades contemporâneas. Sendo esse o caso, como é possível conciliar essa ideologia de espírito social-democrata com o extremismo fundamentalista e a intolerância presentes também na mesma legislação?

A resposta para semelhante questão aparentemente se encontraria na natureza revolucionária da ideologia deuteronomista. Da mesma forma que outras revoluções ideológicas na história da humanidade, como no caso da Revolução Francesa ou Bolchevique, que, no interesse de melhorar a condição social e moral dos homens, fizeram uso da violência descontrolada para apagar todo rastro do "antigo regime", também a revolução deuteronomista sofreu do mesmo defeito. Como em outros casos, os ideólogos deuteronomistas se convenceram também de trazer a Israel uma "verdade" inovadora que haveria de ser a "panaceia" para todos os problemas da sociedade israelita. O objetivo originário e sincero era criar "o novo israelita", fiel ao Senhor, respeitoso ao irmão e sensível aos direitos sociais. Mas essa "revolução espiritual",

---

época do rei Josias, na qual um colono ou escravo prestava queixa a uma autoridade por ter roubado um objeto de sua casa, por uma falta ou dano não cometido. Essa peça se encontra hoje no Museu de Israel, em Jerusalém.

[10] Em contraste com a antiga legislação presente no "Código da Aliança" (Êx 21.1-11), o legislador deuteronomista demonstrou maior sensibilidade humana e social ao considerar os escravos, homens e mulheres, seres humanos dignos de direitos, que, apesar de se verem forçados a vender seu corpo e trabalho por motivos econômicos, não deixavam de ser irmãos dos demais israelitas.

apesar de suas boas intenções, se viu perseguida pelo alto grau de radicalismo ideológico, particularismo e intolerância religiosa.

Essa anormalidade da ideologia deuteronomista também foi percebida por alguns pensadores antigos de Israel, que demonstraram reservas diante do exacerbado nacionalismo e exclusivismo dessa ideologia. Portanto, em lugar da doutrina que promovia o amor do SENHOR como prerrogativa exclusiva dos israelitas — Ouça, ó Israel: O SENHOR, o nosso Deus, é o único SENHOR. Ame o SENHOR, o seu Deus, de todo o seu coração, de toda a sua alma e de todas as suas forças (Dt 6.4,5) —, esses sábios, como no caso do Segundo Isaías, introduziram algumas mudanças nos princípios ideológicos deuteronomistas, com os quais trouxeram uma mensagem renovadora de universalismo, tolerância e respeito ao próximo:

> E os estrangeiros que se unirem ao SENHOR para servi-lo, para amarem o nome do SENHOR e prestar-lhe culto, todos os que guardarem o sábado deixando de profaná-lo, e que se apegarem à minha aliança, esses eu trarei ao meu santo monte e lhes darei alegria em minha casa de oração. Seus holocaustos e demais sacrifícios serão aceitos em meu altar; pois a minha casa será chamada casa de oração para todos os povos (Is 56.6,7).

Capítulo 9
A instituição do livro em Israel

O livro de Moisés

No final do livro de Deuteronômio, ao relatar alguns dos últimos feitos concretizados por Moisés antes de sua morte, conta-se o seguinte:

> Depois que Moisés terminou de escrever num livro as palavras desta lei do início ao fim, deu esta ordem aos levitas que transportavam a arca da aliança do Senhor: "Coloquem este Livro da Lei ao lado da arca da aliança do Senhor, do seu Deus, onde ficará como testemunha contra vocês" (Dt 31.24-26).[1]

No entanto, a ideia não era que o livro da Lei caísse nas mãos dos levitas como um texto esotérico, mas, sim, que, diferentemente da prática difundida em todo o antigo Oriente de preservar os materiais escritos em palácios ou templos bem resguardados do povo (como o caso dos arquivos descobertos na biblioteca real de Mari [Síria, III milênio a.C.]), a ideologia expressada com clareza e sem ambiguidades no livro de Deuteronômio era que a Lei divina deveria ter uma dimensão pública e democrática. Como está escrito nessa mesma seção da *Torá*:

> Moisés escreveu esta lei e a deu aos sacerdotes, filhos de Levi, que transportavam a arca da aliança do Senhor, e a todos os líderes de Israel. E Moisés lhes ordenou: "Ao final de cada sete anos, no ano do cancelamento das dívidas, durante a festa das cabanas, quando todo o Israel vier apresentar-se ao Senhor, o seu Deus, no local que ele escolher, vocês lerão esta lei perante eles para que a escutem. Reúnam o povo, homens, mulheres e crianças, e os estrangeiros que morarem nas suas cidades, para que ouçam e aprendam a temer o Senhor, o seu Deus, e sigam fielmente todas as palavras desta lei. Os seus filhos, que não conhecem esta lei, terão que ouvi-la e aprender a temer o Senhor, o seu Deus, enquanto vocês viverem na terra da qual tomarão posse quando atravessarem o Jordão" (Dt 31.9-13).[2]

---

[1] A palavra "Lei" no referido versículo, como também em outras partes do mesmo livro (cf. 1.5; 4.8,44; 17.19), refere-se exclusivamente ao livro de Deuteronômio (ou a partes dele). O livro aqui mencionado tinha forma de rolo, provavelmente feito de papiro.

[2] A ordenança de ler a Lei de forma pública se assemelha à prática conhecida no antigo Oriente, segundo a qual os tratados de aliança eram lidos em cerimônias rituais abertas, realizadas em datas preestabelecidas.

O livro na época de Josias

De acordo com a opinião amplamente aceita hoje em círculos acadêmicos, essa concepção deuteronomista do "Livro da Lei" vinculada à figura mítica de Moisés não seria mais que a projeção no passado do papel alcançado pelo próprio livro de Deuteronômio na reforma realizada pelo rei Josias no reino de Judá (640-609 a.C.).

Conforme o relato presente em 2Reis, na época desse monarca, e a fim de realizar as obras de reforma no templo de Jerusalém sob a direção do sumo sacerdote Hilquias, foi encontrado "por acaso" um Livro da Lei na casa do Senhor (2Rs 22.3-8). A descoberta foi anunciada ao soberano, e este, logo após se inteirar do conteúdo (v. 10), convocou todos os anciãos, profetas e sacerdotes a fim de realizar a leitura solene e pública do conteúdo do Livro da Aliança (23.1-3).[3]

A cerimônia pública da leitura da Lei exerceu uma influência tão forte nos ouvintes que o rei ordenou a retirada do santuário do Senhor de "todos os utensílios feitos para Baal e Aserá e para todos os exércitos celestes", iniciando assim a revolução religiosa da centralização do culto ao Senhor em Jerusalém (v. 4-20).[4] Dessa maneira, o Livro da Lei "escrito" por Moisés se transformou no primeiro texto referendado pela autoridade régia, com o propósito de servir como única e legítima constituição sagrada do reino de Judá. A consagração de Deuteronômio (ou, mais provavelmente, da versão antiga dele) transformou o "Livro" em um objeto de constante estudo. De acordo com o que ficou estabelecido na mesma legislação deuteronomista, os israelitas deveriam estudar o livro dia e noite e ensiná-lo a seus filhos, mulheres e, até mesmo, aos estrangeiros (Dt 31.11-13; Js 1.8; Sl 1.2). Não é por acaso, então, que Deuteronômio é o único livro do Pentateuco a usar a raiz do verbo *lamad/limed* ("ensinar, educar"). Daí em diante, a instituição do estudo da palavra escrita se transformou em um conceito referencial em Israel.[5]

No entanto, os livros não eram só a prerrogativa exclusiva dos sacerdotes para preservar e transmitir tradições cultuais e jurídicas às gerações seguintes, mas também um meio eficaz e idôneo de manter presentes os oráculos dos profetas na memória coletiva do povo. Claro exemplo é o do grande profeta (de origem sacerdotal) Jeremias (640-587 a.C.). Lê-se no texto:

> "No quarto ano do reinado de Jeoaquim, filho de Josias, rei de Judá, o Senhor dirigiu esta palavra a Jeremias: 'Pegue um rolo e escreva nele todas as palavras que

---

[3] A leitura pública do Livro da Lei nos tempos de Josias se parece, de maneira impressionante, com a ordem pronunciada por Moisés de ler a Lei a cada sete anos "aos ouvidos de todo o Israel", mencionada neste capítulo.

[4] Sobre esse tema, cf. o capítulo "A centralização do culto", p. 189.

[5] Sem dúvida, não foi casual o fato de terem encontrado na Judeia, relativo a essa época (séc. VII a.C.), um grande número de tábuas escritas ou óstracos, revelando assim a significativa difusão da leitura e da escrita em Israel.

lhe falei a respeito de Israel, de Judá e de todas as outras nações, desde que comecei a falar a você, durante o reinado de Josias, até hoje. [...] Então Jeremias chamou Baruque, filho de Nerias, para que escrevesse no rolo, conforme Jeremias ditava, todas as palavras que o Senhor lhe havia falado" (36.1,2,4).

O livro na época do Exílio

Com a destruição do templo de Jerusalém no ano 586 a.C. e o exílio na Babilônia, aparentemente a instituição do livro tomou um impulso inusitado. Conforme a reconstrução sugerida pelos historiadores, os sacerdotes — reconhecidos pela tradição porque seus lábios "devem guardar o conhecimento, e da sua boca todos esperam a instrução na Lei" (Ml 2.7) — haviam empreendido (ou, aliás, continuado) a reunião persistente das tradições sacerdotais, sapienciais e proféticas do antigo Israel.[6] E assim, ao longo dos séculos VI e V a.C., na realidade política, social e existencial de desterro, foi criado um amplo corpo de literatura — códigos legais, histórias e profecias —, estabelecendo os fundamentos das futuras Sagradas Escrituras.

Uma mostra da função e significado que o "Livro" havia desempenhado em seu período essencial para a sobrevivência do povo judeu seria o relato da cerimônia realizada em Jerusalém nos tempos de Esdras e Neemias, em pleno período persa (em meados do século V a.C.), quando, no primeiro dia do sétimo mês (ou seja, o dia do início do ano-novo outonal [cf. Êx 23.16; 34.22]), na praça que ficava em frente da porta das Águas em Jerusalém, o sacerdote-escriba Esdras leu a Lei (provavelmente, o texto do Pentateuco existente naqueles dias, ou, talvez, um compêndio dele) "desde o raiar da manhã até o meio-dia, [...] na presença dos homens, mulheres e de outros que podiam entender" (Ne 8.3).

Mesmo que essa cerimônia tenha sido realizada muitos anos depois do regresso dos judeus à terra de Israel em consequência do decreto do rei persa Ciro (538 a.C.), seu caráter excepcional nos permite entender, em parte, a revolução que se havia realizado na longínqua Babilônia durante o Exílio, a saber: a criação de um ritual em que se lia em público o Livro da Lei no contexto litúrgico, e em que o próprio livro era fruto de adoração religiosa (cf. Ne 8.4-8).[7]

Como se pode explicar essa revolução cultural? Alguns acreditam que essa transformação tenha sido o resultado da crise espiritual sofrida pelo povo hebreu como consequência das tragédias vividas. A destruição do templo de Jerusalém e o Exílio foram o ponto de inflexão na relação entre o Deus de Israel e o "povo eleito".

---

[6] Prova da centralidade do livro entre os círculos sacerdotais no Exílio é a enigmática "visão do livro", na qual o Senhor ordenou que o profeta Ezequiel comesse um rolo escrito por fora e por dentro (Ez 2.8—3.3).

[7] Com certeza essa cerimônia apresenta antecipadamente algumas das características do culto sinagogal que se desenvolveria em Israel nos séculos seguintes.

A crença tradicional na providência divina e no agir divino na história a favor de Israel havia sido substituída pela sensação de vazio, silêncio e afastamento. O Deus todo-poderoso parecia ter entrado em estado de letargia e esquecimento (Sl 74.22,23), ocultando seu rosto e deixando Israel à mercê de suas culpas (Is 64.6; Dt 31.17,18). E, por causa dessa sensação de distanciamento, talvez a profecia clássica já não tivesse lugar na vida espiritual da nação. A palavra divina não podia ser expressa e ouvida com clareza. Por isso, a palavra viva de Deus acabou se transformando em Lei escrita, e a proximidade de Deus na tradição bíblica se viu alterada para a presença distante, reclusa na morada celestial (cf. *1Enoque* 14), manifestando, dessa maneira, que a época clássica de Israel havia chegado ao fim e que, do período persa em diante, o povo judeu havia entrado na era pós-clássica.[8]

Comentário final

Daí em diante, e até nossos dias, a tarefa de compor, estudar, interpretar e transmitir livros se transformou em uma característica própria de Israel. Livros de todo tipo, desde obras litúrgicas, legais, ou místicas, até históricas, exegéticas ou filosóficas foram compostas, copiadas e ensinadas pelos judeus ao longo dos anos.

Toda essa substanciosa obra criativa de Israel pôde ser realizada graças à inovadora doutrina teológica desenvolvida pelo rabinismo, segundo a qual o termo técnico *"Torá"* deixou de se referir de maneira exclusiva ao Pentateuco de Moisés e se tornou um conceito mais flexível, até incluir toda a inovação no campo da interpretação dos textos sagrados, levada a cabo por um sábio ao longo das gerações até o infinito.[9] Dessa maneira, de acordo com uma formulação bem-sucedida do escritor judeu francês contemporâneo Armand Abécassis, o judeu não tem sido, ao longo da história, o "povo do Livro", mas, sim, o "povo da interpretação do Livro". Assim, a leitura e a interpretação se transformaram na atividade quintessencial do judeu, transformando desse modo o judaísmo em uma civilização *livrocêntrica*.[10]

---

[8] Embora a sensação de distanciamento de Deus houvesse feito que os judeus convertessem a palavra viva do SENHOR em texto, paradoxalmente esse próprio feito permitiu reproduzir *ad eternum* a palavra divina, transformando, dessa maneira, o ato único e inimitável do discurso profético numa eternização da palavra. Sobre a mudança estrutural da religião de Israel passando da época do Primeiro Templo à época do Segundo Templo, cf. o excelente artigo de STONE, Escritura, historia y redención.

[9] Segundo a máxima do *Talmude de Jerusalém*: "As Escrituras, a *Mishná*, o *Talmude* e a *Hagadá*, incluindo o que no futuro havia de ensinar um aluno adiantado na presença de seu mestre, já foi dito a Moisés no Sinai" (*Peah*, cap. 2.4) [tradução nossa].

[10] Para mais detalhes sobre o tema, cf. ROITMAN, El judaísmo.

Capítulo 10
Terra e povo em Deuteronômio: uma ideologia etnocêntrica?

As primícias da terra

De acordo com o que estabelece a regra de Deuteronômio, uma vez que os israelitas chegassem a Canaã e tomassem posse da terra, deviam tomar as primícias de todos os produtos da terra, colocá-los em uma cesta, levá-los "ao local que o Senhor, o seu Deus, escolher para habitação do seu Nome", e apresentar-se diante do sacerdote anunciando: "Declaro hoje ao Senhor, o seu Deus, que vim para a terra que o Senhor jurou aos nossos antepassados que nos daria" (26.3).[1]

Na sequência do ritual, e logo depois de o sacerdote receber a oferta e a depositar diante do altar de Deus, então o crente deveria proclamar o seguinte credo ou profissão de fé:

> [...] "O meu pai era um arameu errante. Ele desceu ao Egito com pouca gente e ali viveu e se tornou uma grande nação, poderosa e numerosa. Mas os egípcios nos maltrataram e nos oprimiram, sujeitando-nos a trabalhos forçados. Então clamamos ao Senhor, o Deus dos nossos antepassados, e o Senhor ouviu a nossa voz e viu o nosso sofrimento, a nossa fadiga e a opressão que sofríamos. Por isso o Senhor nos tirou do Egito com mão poderosa e braço forte, com feitos temíveis e com sinais e maravilhas. Ele nos trouxe a este lugar e nos deu esta terra, terra onde manam leite e mel. E agora trago os primeiros frutos do solo que tu, ó Senhor, me deste". Ponham a cesta perante o Senhor, o seu Deus, e curvem-se perante ele (v. 5-10).

A profissão de fé

Diferentemente dos regulamentos sobre as primícias registrados em Levítico 23.9-21, com as medidas, sacrifícios e datas precisas em que o ritual deveria ser realizado, no livro de Deuteronômio não se fazia alusão alguma a esses temas. Não se afirmava

---

[1] Como no caso dos primogênitos do homem e dos animais (Êx 13.1,2,11-16; 22.28), as primícias da terra também deviam ser consagradas ao Senhor. Cf. Êx 23.19; 34.26; Lv 2.12,14; 23.10-17; Dt 18.4. De acordo com Nm 28.12,13, essas primícias correspondiam aos sacerdotes.

com precisão a data exata em que o homem do campo deveria levar as primícias, evitavam-se todas as referências à quantidade de produtos que se havia de levar e, em especial, havia a omissão da questão dos sacrifícios. Em seu lugar, e em total acordo com a ideologia deuteronomista, a ordenança mencionava de modo expresso a oração que deveria ser pronunciada pelo homem do campo à maneira de um credo.[2]

A leitura simples do texto revela que essa oração não tinha como tema central o trabalho agrícola (como se esperaria do contexto ritual); em vez dele se encontrava a história da salvação do povo, centrada na libertação do Egito.[3] A cerimônia ritual era mais um ato litúrgico destinado a dar significado educativo-nacional ao evento religioso.

De acordo com essa profissão de fé, o homem do campo agradecia a Deus por sua providência para com Israel, que depois de ser "errante" e "imigrante" em suas origens, e de sofrer maus-tratos e dura servidão no Egito, foi retirado de lá com "mão poderosa e braço forte" para ser levado à terra prometida: "Ele nos trouxe a este lugar e nos deu esta terra, terra onde manam leite e mel" (v. 9).

A terra de Israel: uma bênção divina

No entanto, para o autor deuteronomista, a terra de Israel era muito mais que a antiga fórmula de "terra onde manam leite e mel".[4] De uma perspectiva religiosa, esse território era visto como único no mundo, abençoado pela graça do Senhor:

> Pois o Senhor, o seu Deus, os está levando a uma boa terra, cheia de riachos e tanques de água, de fontes que jorram nos vales e nas colinas; terra de trigo e cevada, videiras e figueiras, de romãzeiras, azeite de oliva e mel; terra onde não faltará pão e onde não terão falta de nada; terra onde as rochas têm ferro e onde vocês poderão extrair cobre das colinas. Depois que tiverem comido até ficarem satisfeitos, louvem o Senhor, o seu Deus, pela boa terra que lhes deu (8.7-10).

De acordo com a perspectiva desse sábio antigo, a terra de Israel era também mais rica e variada que a terra do Egito:

> A terra da qual vocês vão tomar posse não é como a terra do Egito, de onde vocês vieram e onde plantavam as sementes e tinham que fazer a irrigação a pé, como numa horta. Mas a terra em que vocês, atravessando o Jordão, vão entrar para dela tomar posse, é terra de montes e vales, que bebe chuva do céu (11.10-11).[5]

---

[2] Para outros exemplos de orações, cf. Dt 21.7,8; 26.13-15.
[3] Cf. Dt 6.20-23; Js 24.1-13; Ne 9.7-25.
[4] Cf. Êx 3.8,17; 13.5; 33.3; Lv 20.24; Nm 13.27; 14.8.
[5] Em outras partes do Pentateuco, no entanto, o Egito era representado como uma terra fértil (Gn 13.10; Êx 16.3; Nm 20.5). Além disso, Nm 16.13 é o único lugar em todo o Pentateuco em que se diz que o Egito, não a terra de Israel, era "uma terra onde manam leite e mel".

Além das diferenças (objetivas ou subjetivas) existentes nas condições naturais de ambos os territórios, havia um abismo conceitual que separava a terra de Israel da terra do Egito. Os egípcios confiavam na tecnologia humana ("tinham que fazer a irrigação a pé, como numa horta"),[6] enquanto a terra de Israel era protegida pela providência divina: "É uma terra da qual o Senhor, o seu Deus, cuida; os olhos do Senhor, o seu Deus, estão continuamente sobre ela, do início ao fim do ano" (11.12).

De acordo com a teologia deuteronomista, a bênção divina estava condicionada ao comportamento do povo. Ao contrário da doutrina presente nas fontes antigas, segundo a qual a terra de Israel havia sido dada ao povo hebreu de maneira incondicional como herança eterna (Gn 17.8; 48.4), o livro de Deuteronômio adotou uma posição diferente a respeito, estabelecendo que a providência divina dependia da não adoração de deuses estranhos por parte de Israel:

> Por isso, tenham cuidado para não serem enganados e levados a desviar-se para adorar outros deuses e a prostrar-se perante eles. Caso contrário, a ira do Senhor se acenderá contra vocês e ele fechará o céu para que não chova e para que a terra nada produza, e assim vocês logo desaparecerão da boa terra que o Senhor lhes está dando (11.16-17).[7]

A doutrina do povo eleito

A doutrina sobre a terra de Israel estava ligada de maneira visceral a outra ideia cardeal da religião deuteronomista, a saber: a eleição do povo hebreu. Já nas antigas tradições se tinha afirmado que Deus havia "conhecido" (*yada*, Gn 18.19; Am 3.2) e "separado" (*hivdil*, Lv 20.26) Israel dentre todas as nações. Contudo, foi em Deuteronômio em que se usou pela primeira vez o verbo "eleger" *(bachar)* para indicar essa relação tão singular entre Deus e seu povo:

> Pois vocês são um povo santo para o Senhor, o seu Deus. O Senhor, o seu Deus, os escolheu dentre todos os povos da face da terra para ser o seu povo, o seu tesouro pessoal (7.6).
>
> E hoje o Senhor declarou que vocês são o seu povo [...]. Ele declarou que lhes dará uma posição de glória, fama e honra muito acima de todas as nações que ele fez, e que vocês serão um povo santo para o Senhor, o seu Deus, conforme ele prometeu (26.18,19).

Segundo afirmou E. Jacob,

> Deuteronômio encontrou bem preparado o terreno para a elaboração mais sistemática da doutrina da eleição. Impressionado pela pregação dos profetas

---

[6] Provavelmente, o texto fez referência às máquinas usadas pelos egípcios para extrair água do Nilo.
[7] Cf. Dt 4.25-28; 29.23-27; 30.17,18.

acerca da iminência do juízo, procura, por meio do retorno às fontes, reconstituir a realidade do povo santo, como existia nos tempos mosaicos. Para mostrar a perenidade da eleição, se fazem frequentes menções das promessas feitas aos patriarcas (Dt 1.8; 6.10; 9.5; 10.11; 30.20), porque os patriarcas receberam uma palavra, e para Deuteronômio a Palavra é a revelação divina superior. Mas, para voltar ao povo de Deus, só será eficaz o retorno a Moisés. [...] Com um vigor que no hebraico se consegue por meio da repetição, Deuteronômio lança as bases da teocracia, que é seu propósito estabelecer: o povo de Israel é separado dos outros povos, citando a ideia da separação mais acentuada aqui que no javista, os outros povos desaparecem do horizonte e são entregues aos falsos deuses pelo próprio Javé (Dt 4.19). A separação implica a exigência de pertencer a Javé e de servi-lo com todo o ser e com todo o coração.[8]

A ideia de eleição tinha o propósito de reforçar e enaltecer a particularidade de Israel:

> E para que, ao erguerem os olhos ao céu e virem o sol, a lua e as estrelas, todos os corpos celestes, vocês não se desviem e se prostrem diante deles, e prestem culto àquilo que o SENHOR, o seu Deus, distribuiu a todos os povos debaixo do céu. A vocês, porém, o SENHOR tomou e tirou da fornalha de fundir ferro, do Egito, para serem o povo de sua herança, como hoje se pode ver (4.19,20).

O povo de Israel era considerado "santo" por natureza, em virtude da eleição divina incondicional (7.6; 14.1,21).[9]

Usando uma linguagem teológica, o deuteronomista considerava os israelitas "os filhos do SENHOR" (Dt 14.1). Em termos sociológicos, a ideologia adotada e promovida pelo Deuteronômio era mais um grosseiro e exacerbado etnocentrismo.[10]

A eleição de Israel no judaísmo histórico

Na época do Segundo Templo, a entrega da *Torá* e a concessão do *shabat* eram interpretadas como sinais manifestos da eleição de Israel por parte de Deus (cf. Ne 9.7-14). Sobre o *shabat*, por exemplo, dizia o autor anônimo do *Livro dos jubileus*:

---

[8] JACOB, **Teología**, p. 196-197.
[9] Para outro conceito da condição "sagrada" de Israel, cf. Êx 22.30; Lv 19.2; 20.26. De acordo com M. Weinfeld, a doutrina de eleição era diferente da adotada pelo *Segundo Isaías*, segundo a qual a eleição não tinha como objetivo separar Israel; ao contrário, permitia a difusão da fé no SENHOR entre todos os povos do mundo (Is 49.6,7; v. tb. 42.1; 43.10; 44.1-5).
[10] Segundo R. PREISWERK e D. PERROT (*Etnocentrismo*, p. 54), se entende por etnocentrismo "a atitude de um grupo que consiste em atribuir a si mesmo o lugar central em relação a outros grupos, em valorizar de modo positivo suas realizações e particularismos, e que tende ao comportamento de projeção a respeito dos grupos de fora, que são interpretados por meio do modo de pensar interno do grupo".

O Criador de tudo abençoou o sábado, mas não santificou todo povo e nação com sua observância, apenas Israel: só a ele deu o sábado para que comam, bebam e descansem sobre a terra. O Criador de tudo dispôs esse dia para bênção, santidade e glória, dentre todos os dias (2.31,32).

Da mesma forma, os rabinos formularam a seguinte bênção que se lê antes da leitura da *Torá*, declarando:

> Bendito sejas tu, SENHOR, nosso Deus, Rei do Universo, que nos elegeste dentre os povos ao nos entregar tua *Torá*; bendito sejas tu, SENHOR, que nos revelaste a *Torá*.

Esses dois testemunhos da eleição de Israel se transformaram em pilares da identidade judaica, a ponto de estarem identificados na liturgia judaica do *shabat*, quando durante a santificação *(kidush)* do vinho os judeus manifestam a singularidade de Israel, afirmando:

> Bendito sejas tu, SENHOR, Deus nosso, Rei do Universo, que nos santificaste com teus preceitos. Com teu amor e bondade paternal, nos concedeste o *shabat* e sua santidade, em memória da obra de tua criação. A primeira entre nossas festividades, nos recorda nossa libertação do Egito. Porque a nós elegeste dentre os povos, nos revelaste tua sagrada *Torá* e nos confiaste com amor o repouso sabático. Bendito sejas tu, SENHOR, que santificas o *shabat*.

O renomado sábio rabino Akiva (séc. II d.C.) sintetizou com grande precisão essa doutrina da eleição de Israel (séc. II d.C.), quando pronunciou seu famoso aforismo:

> Amado é o povo de Israel, pois eles são chamados filhos de Deus; é um carinho ainda maior o fato de fazê-los cientes de que foram chamados filhos de Deus, pois foi dito: Vós sois os filhos do Eterno, vosso Deus. Amado é o povo de Israel, pois a ele foi entregue um artigo precioso; um carinho ainda maior é o fato de fazê-los cientes de que lhes foi entregue um artigo precioso, pois foi dito: Eu dei a vós um bom Ensinamento; não abandoneis Minha *Torá* (Pv 4.2) (*Mishná, Ética dos pais* III, 14).

Séculos depois, o famoso poeta e filósofo espanhol Yehuda Halevi (1075-1141) transformaria a doutrina da eleição de Israel em um dos conceitos centrais de sua filosofia, ao afirmar que Deus distinguiu Israel do resto dos povos conferindo-lhe o dom da profecia, o grau imediatamente inferior ao dos próprios anjos:

> Deixa-me um pouco até que te declare a grandeza e excelência do povo de Israel, e basta-me por prova Deus tê-los escolhido por povo seu dentre as nações do mundo, e representar o caso divino sobre a multidão, até que chegaram todos eles ao grau da profecia (*Cuzari* I, 95).

Comentário final

Por experiência, sabemos que essa exacerbação da ideia de eleição pode resultar com facilidade no sentimento de superioridade, até cair no tosco nacionalismo e xenofobia. Lamentavelmente não faltam exemplos na história da humanidade, em que os sentimentos patrióticos e o amor pelo nacional se transformaram em um monstro sedento por sangue.

Por isso, é meritório o fato de que, apesar da clara orientação etnocêntrica e nacionalista, o autor deuteronomista ser sensível a essa possível desvirtuação ao observar que a eleição divina não se deveu a méritos próprios e virtudes intrínsecas de Israel, mas, sim, à graça e ao amor divinos:

> O Senhor não se afeiçoou a vocês nem os escolheu por serem mais numerosos do que os outros povos, pois vocês eram o menor de todos os povos. Mas foi porque o Senhor os amou e por causa do juramento que fez aos seus antepassados. Por isso ele os tirou com mão poderosa e os redimiu da terra da escravidão, do poder do faraó, rei do Egito (7.7,8).

Como afirmava o profeta Amós, a eleição de Israel não era um privilégio ("Vocês, israelitas, não são para mim melhores do que os etíopes", declara o Senhor. "Eu tirei Israel do Egito, os filisteus de Caftor e os arameus de Quir" [9.7]), mas, sim, uma exigência de fidelidade e justiça, uma responsabilidade: "Ouçam esta palavra que o Senhor falou contra vocês, ó israelitas; contra toda esta família que tirei do Egito: 'Escolhi apenas vocês de todas as famílias da terra; por isso eu os castigarei por todas as suas maldades' " (3.1,2).

Capítulo 11
O que significa a expressão "não poderá entrar na assembleia do Senhor"?

A ordenança bíblica

O livro de Deuteronômio detalha os que não serão admitidos "na assembleia do Senhor" (23.1-8), a saber: 1) "qualquer que tenha os testículos esmagados ou tenha amputado o membro viril" (v. 1); 2) o bastardo (v. 2); 3) o amonita e o moabita (v. 3); 4) o edomita e o egípcio (v. 7).

No entanto, a proibição não é absoluta. O texto estabelece diferenças entre as distintas categorias de pessoas. Por um lado, a regra bíblica estabelece que os bastardos, os amonitas e os moabitas não poderão participar das assembleias "ou qualquer dos seus descendentes, até a décima geração" (v. 3). Contudo, de modo diferente deles, no caso do edomita e do egípcio, a proibição de admissão era mais "moderada". Seja pelo fato de o edomita ser um "irmão" dos hebreus, e, no caso do egípcio, "pois vocês viveram como estrangeiros na terra deles", em ambos os casos os seus descendentes da terceira geração têm permissão para ser admitidos na assembleia do Senhor (v. 9).

Interpretação da expressão

No entanto, o que significa "pode entrar na assembleia do Senhor" [*lavo' beqahal Adonai*]? De acordo com a tradição, os sábios de Israel entenderam a expressão no sentido de "relação marital". De acordo com essa interpretação, a passagem de Deuteronômio tinha como propósito regular com quem os israelitas não poderiam se casar.[1] O texto havia proibido a relação com eunucos (ou seja, homens castrados), provavelmente por considerar a deformação dos testículos ou a mutilação do pênis uma aberração contra o corpo, ou talvez por ser uma prática de origem pagã (cf. Lv 21.20; 22.24). E, no caso do bastardo (em hebraico, *mamzer*), por colocar em risco a pureza do grupo.[2]

---

[1] Cf. *Esdras* 9.1,2; *Mishná, Yevamot* 8,2,3; *Talmude babilônico, Yevamot* 76b; *Kidushin* 73a.
[2] O vocábulo *mamzer* aparece na Bíblia hebraica só aqui e em Zc 9.6, e seu sentido exato não foi estabelecido. A exegese explicou o termo no sentido de "bastardo". A lei judaica (*Talmude babilônico,*

A segunda classe de pessoas eram os estrangeiros. Como vimos anteriormente, o texto distingue de forma inequívoca os moabitas dos amonitas e os egípcios dos edomitas. Apesar da manifestação expressa na versão bíblica (Dt 23.5,6), não ficam muito claros os motivos pelos quais o texto mostra semelhante hostilidade para com amonitas e moabitas (povos localizados no atual território da Jordânia).[3] Alguns autores modernos sugeriram que o texto refletiria uma época em que Israel se via atacado por esses povos (cf. Am 1.13; Jr 48; 49.1-6; Ez 25.2ss; Sf 2.8,9).

Não obstante, outros exegetas entenderam o significado da passagem em Deuteronômio de maneira totalmente diferente. De acordo com essa interpretação alternativa, o texto fazia alusão às pessoas proibidas de entrar no templo. Como se pode inferir do livro de Lamentações, em que as palavras "ela viu nações pagãs entrarem *em seu santuário [ba'u miqdashah]*" encontra seu paralelo na expressão *"Não entrarão em sua assembleia [lo'-yavo'u baqahal lakh]"*.

Caso essa interpretação da passagem esteja certa, Deuteronômio teria fixado as categorias de pessoas que não tinham permissão de participar nas assembleias cultuais de Israel (como interpreta a *Bíblia de Jerusalém*) ou, mais estritamente falando, entrar no santuário do Senhor. Segundo essa exegese, os mutilados sexualmente e os bastardos foram proibidos de entrar no templo para evitar macular a pureza do lugar. E isso estava em total acordo com o espírito da legislação sacerdotal:

> Diga a Arão: Pelas suas gerações, nenhum dos seus descendentes que tenha algum defeito poderá aproximar-se para trazer ao seu Deus ofertas de alimento. Nenhum homem que tenha algum defeito poderá aproximar-se: ninguém que seja cego ou aleijado, que tenha o rosto defeituoso ou o corpo deformado; ninguém que tenha o pé ou a mão defeituosos, ou que seja corcunda ou anão, ou que tenha qualquer defeito na vista, ou que esteja com feridas purulentas ou com fluxo, ou que tenha testículos defeituosos. Nenhum descendente do sacerdote Arão que tenha qualquer defeito poderá aproximar-se para apresentar ao Senhor ofertas preparadas no fogo. Tem defeito; não poderá aproximar-se para trazê-las ao seu Deus (Lv 21.17-21).[4]

Yevamot 49a; *Kidushin* 10b) definiu o termo como o indivíduo nascido de pessoas cujo casamento era proibido (cf. Lv 20.10ss).

[3] Alguns sugeriam que a interdição dos amonitas e moabitas estaria relacionada ao tema da bastardia (tema que aparece no contexto literário imediato; cf. v. 2), pois ambos os povos eram considerados pela etnografia bíblica descendentes de uma relação incestuosa. Cf. Gn 19.30-38.

[4] A proibição de acesso a mutilados ou defeituosos ao santuário, bem como a interdição de sacrificar animais defeituosos (Lv 22.18-25), se devia ao fato de que tudo que se referisse ao culto deveria ser sem mácula alguma, como uma metáfora visual da perfeição do próprio Deus: "Sejam santos porque eu, o Senhor, o Deus de vocês, sou santo" (Lv 19.2). Séculos depois, essa mesma regra serviria para estabelecer quem não poderia ser membro da comunidade do mar Morto e, dessa maneira, preservar a pureza do grupo. Como está escrito: "E todo aquele que está com a carne contaminada,

A segunda classe de pessoas eram os estrangeiros. Tanto no caso extremo dos moabitas e dos amonitas, como no caso mais atenuado dos egípcios e dos edomitas, ambos eram proibidos de entrar no santuário do Senhor. Segundo se apreende dos textos antigos, esse tema era um assunto particularmente polêmico entre os judeus exilados na Babilônia, quando os estrangeiros começaram a se aproximar de Israel.

Encontramos na literatura bíblica a posição isolacionista de clara orientação etnocêntrica adotada pelo profeta Ezequiel, quando ele afirmava com veemência: "Assim diz o Soberano, o Senhor: Nenhum estrangeiro incircunciso no coração e na carne entrará no meu santuário, nem tampouco os estrangeiros que vivem entre os israelitas" (44.9). Assim, de acordo com essa opinião, o templo era uma questão estritamente nacional, e por isso só os israelitas puros de linhagem poderiam servir ali.[5] Um profeta anônimo dessa mesma época (conhecido como Segundo Isaías na literatura acadêmica) adotou uma posição totalmente contrária, de caráter universalista, segundo a qual as portas do templo do Senhor deveriam estar abertas também para os estrangeiros:

> E os estrangeiros que se unirem ao Senhor para servi-lo, para amarem o nome do Senhor e prestar-lhe culto, todos os que guardarem o sábado deixando de profaná-lo, e que se apegarem à minha aliança, esses eu trarei ao meu santo monte e lhes darei alegria em minha casa de oração. Seus holocaustos e demais sacrifícios serão aceitos em meu altar; pois a minha casa será chamada casa de oração para todos os povos (56.6,7).[6]

Os estrangeiros e o templo na época do Segundo Templo

Essa séria discussão entre isolacionistas e universalistas acerca da admissão de estrangeiros no templo continuou sendo um tema de atrito entre os israelitas

---

com os pés ou mãos paralisados, coxo, cego, surdo, mudo ou com a carne contaminada com mancha visível aos olhos, ou o ancião vacilante que não consegue manter-se firme no meio da assembleia, esses não entrarão para ocupar seu lugar no meio da congregação dos homens famosos, porque os anjos de santidade estão no meio de sua congre[gação]" (*Regra da congregação* II, 5-9).

[5] Posição similar pode ser identificada na resposta dada pelos dirigentes dos retornados de Judá aos "inimigos de Judá e de Benjamim (samaritanos?)", em ocasião do oferecimento por parte destes de participar na reconstrução do templo de Jerusalém: "Não compete a vocês a reconstrução do templo de nosso Deus. Somente nós o construiremos para o Senhor, o Deus de Israel" (Ed 4.3).

[6] Essa posição tão tolerante diante dos estrangeiros aparece também refletida na oração (provavelmente apócrifa e tardia) posta na boca do rei Salomão, durante a inauguração do templo: "Quanto ao estrangeiro, que não pertence a Israel, o teu povo, e que veio de uma terra distante por causa do teu nome [...] quando ele vier e orar voltado para este templo, ouve dos céus, lugar da tua habitação, e atende ao pedido do estrangeiro, a fim de que todos os povos da terra conheçam o teu nome e te temam, como faz Israel, o teu povo, e saibam que este templo que construí traz o teu nome" (1Rs 8.41-43). Para mais detalhes sobre o tema, cf. Weinfeld, *La tendencia universalista*.

na época do Segundo Templo. De acordo com o testemunho do historiador judeu Flávio Josefo, os judeus permitiram a entrada de estrangeiros na área do templo. Contudo, mais além da balaustrada de pedra que rodeava a estrutura do próprio templo, os estrangeiros eram proibidos de avançar para dentro do complexo sagrado. Segundo nos conta o historiador antigo:

> Quando se atravessava este espaço em direção à segunda torre do templo, via-se ao redor uma balaustrada de pedra, de três côvados de altura e elaborada com grande finura. Em intervalos iguais, pequenas colunas contendo, umas em caracteres latinos, outras em letras gregas, a lei de pureza e a proibição para todo estrangeiro de entrar no "lugar santo", que é como se chamava o segundo recinto (*Guerra dos judeus* V, v, 2).[7]

Os sectários da comunidade do mar Morto tinham uma posição mais radical, opondo-se com força à entrada de estrangeiros no recinto sagrado. De acordo com a opinião deles, no futuro templo escatológico, os estrangeiros de todo tipo não seriam admitidos no espaço sagrado do santuário. Como está escrito em *4QFlorilégio* (4Q174):

> Isto [se refere à] casa que [eles estabeleceram] para [ele] ao final dos dias, como está escrito no livro de [Moisés: "Um templo do Senhor] estabelecerás com tuas mãos. YHWH reinará para todo o sempre!" [Êx 15.17,18]. Isto [se refere à] casa na qual não entrará [...] nunca, nem o amonita, nem o moabita, nem o bastardo, nem o estrangeiro, nem o prosélito, nunca, porque ali [revelará] aos santos; [glória] eterna aparecerá sobre ela sempre [...] (frag. 1-3, col. I, 2-5).

Em contraposição a essas posições nacionalistas e estreitas, a expulsão dos vendedores do templo feita por Jesus teve como propósito, segundo alguns intérpretes, protestar precisamente contra a expulsão dos gentios. Segundo a descrição dos fatos no evangelho de Marcos:

> Chegando a Jerusalém, Jesus entrou no templo e ali começou a expulsar os que estavam comprando e vendendo. Derrubou as mesas dos cambistas e as cadeiras dos que vendiam pombas e não permitia que ninguém carregasse mercadorias pelo templo. E os ensinava, dizendo: "Não está escrito: *'A minha casa será*

---

[7] Informação confirmada pela arqueologia; lê-se na inscrição em grego: "Nenhum estrangeiro penetre no interior da balaustrada e do recinto que cercam o santuário. Aquele que venha a ser apanhado só a si próprio deverá culpar pela morte que será seu castigo" (*Bíblia de Jerusalém*, nota *c* de Ez 44.9).

chamada casa de oração para todos os povos'? [Is 56.7] Mas vocês fizeram dela um *'covil de ladrões'* [Jr 7.11]" (11.15-17).

Caso essa interpretação esteja certa, a posição tolerante e universalista de Jesus estava em total consonância com uma enraizada tradição existente desde os tempos do profeta Isaías (séc. VIII a.C.), segundo a qual o monte do templo seria um ponto focal de encontro para todos os povos do mundo:

> Nos últimos dias o monte do templo do SENHOR será estabelecido como o principal; será elevado acima das colinas, e todas as nações correrão para ele. Virão muitos povos e dirão: "Venham, subamos ao monte do SENHOR, ao templo do Deus de Jacó, para que ele nos ensine os seus caminhos, e assim andemos em suas veredas". Pois a lei sairá de Sião, de Jerusalém virá a palavra do SENHOR (2.2,3).

CAPÍTULO 12

A instituição da realeza: uma perspectiva judaica

A lei do rei

No livro de Deuteronômio se encontra a seguinte legislação sobre a instituição dos reis:

> Se quando entrarem na terra que o Senhor, o seu Deus, lhes dá, e tiverem tomado posse dela, e nela tiverem se estabelecido, vocês disserem: "Queremos um rei que nos governe, como têm todas as nações vizinhas", tenham o cuidado de nomear o rei que o Senhor, o seu Deus, escolher. Ele deve vir dentre os seus próprios irmãos israelitas. Não coloquem um estrangeiro como rei, alguém que não seja israelita (17.14,15).

Na sequência, o legislador estabelece com exatidão os limites do seu poder: "não deverá adquirir muitos cavalos, nem fazer o povo voltar ao Egito" (v. 16); "não deverá tomar para si muitas mulheres" e "também não deverá acumular muita prata e muito ouro" (v. 17). E termina a seção estabelecendo:

> Quando subir ao trono do seu reino, mandará fazer num rolo, para o seu uso pessoal, uma cópia da lei que está aos cuidados dos sacerdotes levitas. Trará sempre essa cópia consigo e terá que lê-la todos os dias da sua vida, para que aprenda a temer o Senhor, o seu Deus, e a cumprir fielmente todas as palavras desta lei, e todos estes decretos. Isso fará que ele não se considere superior aos seus irmãos israelitas e que não se desvie da lei, nem para a direita, nem para a esquerda. Assim prolongará o seu reinado sobre Israel, bem como o dos seus descendentes (v. 18-20).[1]

---

[1] Nos demais livros do Pentateuco não há referência à instituição dos reis. A redação desse estatuto revela sua composição realizada em círculos de escribas da corte real, provavelmente na época de Josias, rei de Judá (640-609 a.C.). Do ponto de vista literário, essa "lei do rei" se assemelha à literatura existente no antigo Oriente destinada a orientar e educar os reis. Na época helenística, essa literatura era chamada *peri basileias* (em grego, "sobre a realeza").

A visão de Deuteronômio sobre a instituição real supõe como premissa que a origem da realeza em Israel teve fontes externas e que ocorreu graças ao desejo do povo de querer imitar as nações vizinhas (cf. 1Sm 8.5). E isso porque, de acordo com a ideologia antiga de Israel, não havia lugar para o rei humano, sendo o Senhor o único e verdadeiro rei do povo hebreu (em sentido literal, uma teocracia).[2] Como aparece formulado de maneira clara nas palavras de Deus a Samuel, em resposta à solicitação do povo de nomear um rei para seu governo: "Atenda a tudo o que o povo está lhe pedindo; não foi a você que rejeitaram; foi a mim que rejeitaram como rei" (1Sm 8.7). E, no mesmo espírito, o juiz Gideão respondeu à proposta de que ele e sua descendência servissem como reis: "Não reinarei sobre vocês [...] nem meu filho reinará sobre vocês. O Senhor reinará sobre vocês" (Jz 8.23).

Essa ideia antimonárquica teve origem no conceito bíblico, segundo o qual o rei poderia ser um verdadeiro déspota, com poder absoluto sobre os governados (cf. a história sobre o reinado de Abimeleque [Jz 9]). Segundo a advertência pronunciada pelo profeta Samuel:

> Samuel transmitiu todas as palavras do Senhor ao povo que estava lhe pedindo um rei, dizendo: "O rei que reinará sobre vocês reivindicará como seu direito o seguinte: ele tomará os filhos de vocês para servi-lo em seus carros de guerra e em sua cavalaria, e para correr à frente dos seus carros de guerra. Colocará alguns como comandantes de mil e outros como comandantes de cinquenta. Ele os fará arar as terras dele, fazer a colheita, e fabricar armas de guerra e equipamentos para os seus carros de guerra. Tomará as filhas de vocês para serem perfumistas, cozinheiras e padeiras. Tomará de vocês o melhor das plantações, das vinhas e dos olivais, e o dará aos criados dele. Tomará um décimo dos cereais e da colheita das uvas e o dará a seus oficiais e a seus criados. Também tomará de vocês para seu uso particular os servos e as servas, e o melhor do gado e dos jumentos. E tomará de vocês um décimo dos rebanhos, e vocês mesmos se tornarão escravos dele. Naquele dia, vocês clamarão por causa do rei que vocês mesmos escolheram, e o Senhor não os ouvirá" (1Sm 8.10-18).[3]

A instituição dos reis israelitas no contexto do antigo Oriente

Em geral, os reis eram vistos nas culturas humanas como portadores de poder, capazes de curar e controlar os acontecimentos cósmicos (p. ex., chuvas e colheitas),

---

[2] A palavra "teocracia" (do grego, "governo de Deus") foi cunhada por Flávio Josefo para caracterizar a forma de governo dos judeus: "Uns outorgam o poder à monarquia, outros à oligarquia, e outros ao povo. Mas nosso legislador, rejeitando todos esses métodos, instituiu o governo teocrático. Permita-me usar esta palavra, ainda que violente a linguagem. Atribuiu a Deus o poder e a força, e persuadiu o povo a voltar os olhos para ele" (*Contra Apião* II, 16).

[3] Os arqueólogos encontraram textos que provam que o despotismo era com certeza uma prática dos reis cananeus anteriores a Israel.

garantindo o bem-estar do mundo. Segundo definia Gerard van der Leeuw: "O poder do rei não é um grande poder humano, mas *o* poder, o poder do mundo; seu imperialismo não é avidez, mas, sim, a afirmação de sua posição universal; suas vestes, 'a vestimenta viva da divindade'".[4]

No antigo Oriente, o rei era considerado o elo entre o mundo terreno e o celestial. A sociedade humana era vista como parte do cosmo, e a função do rei era manter a harmonia universal. Surgem daí as qualidades divinas ou semidivinas do soberano. No Egito, o rei era visto como um ser absolutamente divino, descendente dos deuses e a reencarnação do deus Hórus. Atribuíam a ele poderes supramundanos, com características próprias dos deuses. O faraó desfrutava certamente do poder absoluto, mas não podia exercê-lo de maneira volúvel, e sim nos limites da ordem, justiça e direito (*Ma'at*).

Na Mesopotâmia, por sua vez, o conceito de realeza era de essência totalmente diferente. O rei não era considerado divino, mas um ser mortal, eleito pelo deus Marduque (chefe do panteão) para o governo das "quatro regiões" (ou seja, da terra inteira). O soberano era o chefe civil e militar e também o sumo sacerdote da cidade. Sua função, portanto, era administrar o reino, representar o povo diante dos deuses, e servir aos deuses por meio da construção de templos e dos serviços religiosos estatais.

Assim, à luz dessas noções da instituição real no Oriente, a visão israelita desenvolveu uma concepção particular que enfatizava a dependência que o rei devia ao SENHOR e sua responsabilidade para com o povo. Encontramos características comuns com as da realeza oriental. O rei israelita também detinha responsabilidades profanas (militares, [1Sm 13.16*s*; 2Sm 5.6*s*], administrativas e econômicas [1Rs 9.26*s*]), bem como cultuais (2Sm 6.17*s*; 1Rs 8.14.62*s*). Embora o rei israelita não fosse considerado divino, a partir de Davi surgiu uma ideologia "de adoção". Conforme está escrito: "Eu serei seu pai, e ele será meu filho" (2Sm 7.14; cf. Sl 2.7; 89.27*ss*).

No entanto, o rei de Israel não estava acima da lei, visto que também estava sujeito a ela. Por essa razão, é comum encontrar na Bíblia hebraica as denúncias dos profetas contra os abusos de poder por parte dos reis. É o caso da repreensão de Natã a Davi pelo crime contra Urias, o hitita, para ficar com sua mulher Bate-Seba (2Sm 12.1-15), ou as palavras de condenação do profeta Elias contra o rei Acabe, pelo assassinato de Nabote para ficar com sua vinha (1Rs 21.17-26).

Voltando ao texto de Deuteronômio, sua legislação limitava com clareza o poder do soberano em três campos: militar, sexual e econômico.[5] Além disso, e em

---

[4] LEEUW, **Fenomenología de la religión**, p. 112.
[5] Essa ideologia deuteronomista inspirou a descrição do reinado do rei Salomão, explicando assim os motivos que resultaram no cisma político e religioso na época de seu filho Roboão: riqueza (1Rs 10.14-25), carros e cavalos (v. 26-29) e mulheres (11.1-13).

total correspondência com essa orientação, a legislação deuteronomista estabelecia a obrigação do rei de copiar e ler a Lei "todos os dias de sua vida" (ou seja, o código de Deuteronômio). Assim como todo israelita, o rei também deveria submeter-se à autoridade da Lei e assim aceitar o domínio de Deus como Rei do Universo,[6] uma regra que antecipava o espírito democrático do Ocidente e a sujeição do poder do governante ao controle supremo da Lei.[7]

O rolo do templo

Séculos depois, a legislação presente em Deuteronômio serviu de base para a nova reflexão sobre o tema da realeza no *Rolo do templo* (LVI:12-LIX:21). Essa obra repete as normas presentes em seu antecedente bíblico (LVI:12-19), mas encontramos alguns acréscimos e modificações significativas: 1) exige-se do rei a prática monogâmica (LVII:15-19); 2) deverão escrever ao rei (provavelmente os sacerdotes) a Lei (LVI:20-21); 3) a continuação dinástica depende da obediência à lei de Deus (LIX:14-21); e 4) especificam-se as obrigações do rei em assuntos judiciais e militares (LVII:1-13).

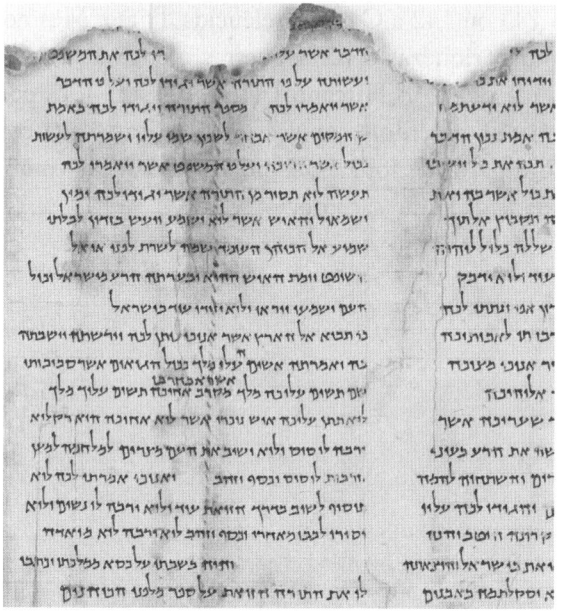

Figura 7: Coluna LVI do Rolo do templo na qual se faz referência à instituição da realeza em Israel.

---

[6] Segundo as palavras de Assmann: "O deus bíblico reclama para si exatamente essa soberania jurídica quando se apresenta como legislador. Ele, por sua vez, leva a competência ao rei, coloca-se em seu lugar e o desloca do trono da realeza jurídica soberana" (*La distinción mosaica*, p. 61).

[7] Segundo nos conta o historiador antigo Hecateu de Abdera (300 a.C.), também no antigo Egito havia instruções para o rei com a finalidade de gerar o temor a Deus.

Em geral, pode-se dizer que a última legislação tem alcance muito mais limitado que a presente na tradição bíblica. Pode-se observar que alguns temas bem distintos da ideologia real davídica não aparecem aqui, como a linhagem davídica, a adoção divina e a atividade cultual. Encontramos também uma norma que estabelece a sujeição do rei às indicações do sumo sacerdote:

> E se saírem à guerra contra seus inimigos, guardar-se-ão de toda impureza e de toda indecência e de toda iniquidade e culpa. Não sairão até ter entrado na presença do sumo sacerdote e que este tenha consultado para ele a sentença de Urim e Tumim.[8] Conforme suas ordens sairá, e conforme suas ordens entrará, ele e todos os filhos de Israel que estão com ele; não sairá segundo o conselho de seu coração até que tenha consultado a sentença de Urim e Tumim (LVIII:15-19).

De acordo com os especialistas, algumas das regras desse texto antigo diziam respeito aos governantes macabeus da época. Por exemplo, a norma de que o rei devia eleger mil homens por tribo, "para que não seja capturado pelas mãos das nações" (col. LVII:7), foi uma resposta à tomada como prisioneiro e execução de Jônatas, o Macabeu, no ano 143 ou 142 a.C., pelo selêucida Trifão. Mesmo assim, a expressa proibição de acumular riquezas e sair a guerras ofensivas era uma crítica contra a política empreendida por João Hircano I (135-104 a.C.). E, por último, a subordinação do rei ao sumo sacerdote suporia uma crítica velada contra a prática dos macabeus, quando, a partir de Jônatas, os líderes asmoneus combinaram o governo civil com a autoridade do sumo sacerdócio.[9]

---

[8] Um tipo de ordálio do antigo Israel. Cf. Êx 28.30; Lv 8.8; Nm 27.21.
[9] Antes dos macabeus, nunca o rei de Israel havia sido, ao mesmo tempo, sumo sacerdote (v. nesse caso o modelo definitivo de governo em Israel na visão de Zc 4). Essa inovação promovida pelos reis asmoneus foi um tema de polêmica no judaísmo antigo, que provavelmente resultou na concepção da seita de Qumran: no final dos tempos surgiriam dois Messias, um de Israel e outro de Arão (*Documento de Damasco B* XX, 1).

Capítulo 13
Livre-arbítrio ou determinismo no judaísmo?

A doutrina do livre-arbítrio

O livro de Deuteronômio apresenta o texto clássico da Bíblia sobre a doutrina do livre-arbítrio:

> Vejam que hoje ponho diante de vocês vida e prosperidade, ou morte e destruição. [...] Hoje invoco os céus e a terra como testemunhas contra vocês, de que coloquei diante de vocês a vida e a morte, a bênção e a maldição. Agora escolham a vida, para que vocês e os seus filhos vivam, e para que vocês amem o Senhor, o seu Deus, ouçam a sua voz e se apeguem firmemente a ele. Pois o Senhor é a sua vida, e ele lhes dará muitos anos na terra que jurou dar aos seus antepassados, Abraão, Isaque e Jacó (30.15-20).

A passagem citada admite três pressupostos básicos: a capacidade racional do homem, o livre-arbítrio como faculdade inata e a aptidão humana de distinguir o bem do mal. Segundo se infere do texto, o pensador deuteronomista via a eleição como um ato livre da consciência, sem coerção externa ou predeterminação alguma.[1] Como a escolha de Eva no paraíso (alguns sugerem que esse relato poderia ter inspirado o autor deuteronomista): "Quando a mulher viu que a árvore parecia agradável ao paladar, era atraente aos olhos e, além disso, desejável para dela se obter discernimento, tomou do seu fruto, comeu-o" (Gn 3.6).[2]

A retribuição individual

Uma consequência natural da doutrina deuteronomista da livre eleição é a retribuição individual pelos atos cometidos:

---
[1] Nas palavras de Assmann, "o monoteísmo liberou o homem para a responsabilidade moral" (*La distinción mosaica*, p. 52).
[2] Há outras passagens na Bíblia hebraica, no entanto, que parecem pressupor a coerção externa, como as do endurecimento do coração do faraó (Êx 7.3,4; 9.12; 10.1,2) e de Seom, rei de Hesbom (Dt 2.30), ou do pecado de Davi por incitação do Senhor (2Sm 24.1).

> "Pois hoje lhes ordeno que amem o Senhor, o seu Deus, andem nos seus caminhos e guardem os seus mandamentos, decretos e ordenanças; então vocês terão vida e aumentarão em número, e o Senhor, o seu Deus, os abençoará na terra em que vocês estão entrando para dela tomar posse. Se, todavia, o seu coração se desviar e vocês não forem obedientes, e se deixarem levar, prostrando-se diante de outros deuses para adorá-los, eu hoje lhes declaro que, sem dúvida, vocês serão destruídos. Vocês não viverão muito tempo na terra em que vão entrar e da qual vão tomar posse, depois de atravessarem o Jordão" (Dt 30.16-18).

Essa nova percepção se opunha de maneira flagrante e consciente à antiga noção prevalecente em Israel, segundo a qual a retribuição era coletiva:[3] "Os pais não serão mortos em lugar dos filhos, nem os filhos em lugar dos pais; cada um morrerá pelo seu próprio pecado" (Dt 24.16; tb. 7.10; 2Cr 25.4). De acordo com esse conceito revolucionário, a responsabilidade era individual. Como dizia o profeta Ezequiel:

> "Esta palavra do Senhor veio a mim: O que vocês querem dizer quando citam este provérbio sobre Israel: 'Os pais comem uvas verdes, e os dentes dos filhos se embotam?' Juro pela minha vida, palavra do Soberano, o Senhor, que vocês não citarão mais esse provérbio em Israel. Pois todos me pertencem. Tanto o pai como o filho me pertencem. Aquele que pecar é que morrerá. [...] Aquele que pecar é que morrerá. O filho não levará a culpa do pai, nem o pai levará a culpa do filho. A justiça do justo lhe será creditada, e a impiedade do ímpio lhe será cobrada" (Ez 18.1-4,20; tb. 14.12-23; Jr 31.29,30).

A ideia de conversão e arrependimento

Outra ideia que complementava esses conceitos era a noção do arrependimento, supondo que a conversão sincera do pecador podia anular o decreto divino do castigo:

> "Quando todas essas bênçãos e maldições que coloquei diante de vocês lhes sobrevierem e elas os atingirem onde quer que o Senhor, o seu Deus, os dispersar entre as nações, e quando vocês e os seus filhos voltarem para o Senhor, o seu Deus, e lhe obedecerem de todo o coração e de toda a alma, de acordo com tudo o que hoje lhes ordeno, então o Senhor, o seu Deus, lhes trará restauração, terá compaixão de vocês e os reunirá novamente de todas as nações por onde os tiver espalhado. [...] Vocês obedecerão de novo ao Senhor e seguirão todos os seus mandamentos que lhes dou hoje. Então o Senhor, o seu Deus, abençoará o que as suas mãos fizerem, os filhos do seu ventre, a cria dos seus animais e as colheitas da sua terra. O Senhor se alegrará novamente em vocês e os tornará prósperos, como se alegrou em seus antepassados, se vocês obedecerem ao Senhor, o seu Deus, e guardarem os seus mandamentos e

---

[3] Cf. Gn 18.24; Êx 20.5; 34.7; Nm 14.18; Dt 5.9.

decretos que estão escritos neste Livro da Lei, e se vocês se voltarem para o Senhor, o seu Deus, de todo o coração e de toda a alma" (Dt 30.1-3,8-10).[4]

Anos mais tarde, esses temas encontrariam concretização narrativa no livro bíblico de Jonas (uma obra escrita provavelmente depois do Exílio, no decurso do séc. V a.C.), ao descrever a conversão de Nínive (o símbolo emblemático do mal para os israelitas) e o perdão divino:

> Os ninivitas creram em Deus. Proclamaram um jejum, e todos eles, do maior ao menor, vestiram-se de pano de saco. [...] Tendo em vista o que eles fizeram e como abandonaram os seus maus caminhos, Deus se arrependeu e não os destruiu como tinha ameaçado (3.5,10).

O livro de Jonas ensinava, portanto, que o decreto divino não era final e irrevogável. O futuro é suscetível de apelação e mudança, não o destino absoluto e predeterminado.[5]

Livre-arbítrio ou predestinação no judaísmo histórico?

Na época helenístico-romana (séc. IV a.C. a I d.C.), os temas do livre-arbítrio e determinismo mereceram especial atenção em círculos filosóficos. A filosofia estoica (fundada por Zenão de Cítio no séc. IV a.C.), por exemplo, concebia o destino como a estrita cadência dos acontecimentos (causas) ligados entre si. Segundo o estoico Crisipo de Solis (séc. III a.C.):

> Os acontecimentos anteriores são causa dos que os seguem, e dessa maneira todas as coisas estavam ligadas umas às outras; assim não ocorre coisa alguma no mundo que não seja inteiramente consequência daquela e ligada a ela como sua causa (*Stoicorum Veterum Fragmenta*, II, 945).[6]

De acordo com essa perspectiva, ao estarem todos os acontecimentos do mundo rigorosamente determinados e tendo o homem como parte da ordem ou *logos* universal, a liberdade consistia em aceitar o destino, vivendo conforme a natureza.

O estoicismo e outras escolas filosóficas da época (como o caso do epicurismo) levaram os homens ao estado de pessimismo e fatalismo. A sensação era que toda a realidade estava regida por *Tique* e *Fortuna* (a deusa do destino na religião grega e na romana, respectivamente).

---

[4] Sobre o tema, v. tb. Ez 18.21-32; 33.10-20.
[5] Isto explica por que os rabinos haviam escolhido este livro para ser lido como parte da liturgia do Dia do Perdão, ou *Yom Kipur*, o dia mais sagrado do calendário judaico.
[6] Citação extraída de: <http://es.wikipedia.org/wiki/Estoicismo>.

Como dizia o poeta romano Manilio (séc. I d.C.?): "O destino rege o mundo; tudo obedece a uma lei fixa".[7]

Como consequência da atmosfera cultural da época, também os intelectuais judeus na Antiguidade demonstraram interesse particular nos temas do livre-arbítrio e determinismo. Um exemplo é o sábio hierosolimitano Jesus ben Sira (primeiro terço do séc. II a.C.), que, influenciado pela teologia deuteronomista, defendeu com firmeza as doutrinas do livre-arbítrio e da responsabilidade individual:

> Não digas: "É o Senhor que me faz pecar", porque ele não faz aquilo que odeia. Não digas: "É ele que me faz errar", porque ele não tem necessidade de homem pecador. O Senhor odeia toda espécie de abominação e nenhuma é amável para os que o temem. Desde o princípio ele criou o homem e o abandonou nas mãos de sua própria decisão. Se quiseres, observarás os mandamentos para permanecer fiel ao seu prazer. Ele colocou diante de ti o fogo e a água; para o que quiseres estenderás tua mão. Diante dos homens está a vida e a morte, ser-te-á dado o que preferires. É grande, pois, a sabedoria do Senhor, ele é todo-poderoso e vê tudo. Seus olhos veem os que o temem, ele conhece todas as obras do homem. Não ordenou a ninguém ser ímpio, não deu a ninguém licença de pecar (*Eclesiástico* 15.11-20).

Esse tema filosófico-religioso ocupou um lugar privilegiado entre os tópicos discutidos pelos sábios da época, a ponto de se converter em objeto de polêmica e distinção entre as seitas judaicas. Segundo o historiador Flávio Josefo, os saduceus adotaram a posição conservadora, seguindo os princípios estabelecidos pela antiga teologia deuteronomista: "Os saduceus [...] excluem completamente o destino e sustentam que Deus não pode nem fazer nem prevenir o mal; afirmam que o homem escolhe livremente o bem ou o mal e que cada qual atua de uma ou outra maneira de acordo com sua vontade" (*Guerra dos judeus* II, viii, 14).

Em aberta oposição à teologia tradicional, a seita dos essênios assumiu a posição totalmente contrária, considerando "que tudo deve deixar-se nas mãos de Deus" (*Antiguidades judaicas* XVIII, i, 4). Segundo se entende pelas palavras de Josefo, esses piedosos adotaram uma concepção quase sem antecedentes na história do pensamento de Israel (não obstante Ez 20), segundo a qual Deus predeterminava o destino dos homens.

Esse testemunho literário sobre os essênios se viu confirmado com o descobrimento dos manuscritos do mar Morto, quando, entre esses preciosos documentos antigos, se encontrou a seguinte passagem:

---

[7] Apud Río, **La libertad humana**, p. 99.

Do Deus de conhecimento provém tudo o que é e o que será. Antes de existirem fixou todos os seus planos, e quando existem completam suas obras de acordo com suas instruções, segundo seu plano glorioso e sem mudar nada (*Regra da comunidade* III, 15-16).[8]

Uma consequência direta dessa noção era a crença dos membros de Qumran e de outros círculos apocalípticos no judaísmo do Segundo Templo de que o destino dos homens e dos povos estava inscrito em tábuas celestiais, como parte do plano da história universal estabelecido por Deus desde o princípio dos tempos. Como a visão que teve o patriarca antediluviano Enoque, por ocasião de sua viagem celestial:

> Disse-me [o anjo Uriel]: "Olha, Enoque, as tábuas celestiais e lê o que está nelas, toma conhecimento de cada coisa". Olhei as tábuas celestiais, li tudo que estava escrito e soube de tudo; e li o livro de todas as ações dos homens e todos os seres carnais que existem sobre a terra, até a eternidade (*1Enoque* 81.1,2).[9]

A atitude farisaico-rabínica

Diferentemente das opiniões antinômicas mencionadas antes, a seita dos fariseus (um movimento popular de caráter laico) adotou uma posição intermediária. Segundo Josefo, eles "atribuem tudo ao destino e a Deus e acreditam que a faculdade de agir bem ou mal depende, em grande parte, do próprio homem, mas que o destino deve colaborar com cada ato particular" (*Guerra dos judeus* XVIII, viii, 14). Ou como formularia aforisticamente o grande sábio rabínico Akiva (séc. II d.C.) alguns anos depois: "Tudo está previsto [*tsafui*] [por Deus], a liberdade de escolher é dada ao homem" (*Mishná, Ética dos pais* III, 19).[10]

O movimento farisaico-rabínico combinou as duas opiniões extremas de sua época, criando assim um paradoxo ao afirmar, ao mesmo tempo, dois princípios aparentemente contraditórios: o livre-arbítrio e o determinismo. O rabino M. Lehmann formulou assim esse paradoxo:

> Nenhuma pessoa com uso da razão pode deixar de se fazer a seguinte pergunta: Como é possível que o homem disponha de livre-arbítrio se suas ações são

---

[8] Os membros da comunidade de Qumran acreditavam na dupla predestinação, segundo a qual Deus estabeleceu o destino de todos os seres viventes no próprio início da Criação, tendo estabelecido para cada caso sua salvação ou perdição.

[9] Esta perspectiva dos membros da comunidade de Qumran acerca do destino explica a presença de horóscopos e de materiais astrológicos entre os manuscritos do mar Morto. Para mais detalhes, v. SCHMIDT, *Astrología y predestinación*.

[10] Tradução segundo LEHMANN, **Tratado de los padres**, p. 376. Outra possível tradução desta difícil passagem: "Tudo é observado, e a liberdade é um dom recebido" (*La Misna*, ed. Del Valle, p. 797).

conhecidas de antemão e, por conseguinte, devem estar estabelecidas também de antemão? Se antes do crime Deus já sabia que Caim mataria Abel, então Caim não poderia fazer outra coisa além de assassinar seu irmão. Então, onde está a liberdade do homem?[11]

Essa contradição teológica e filosófica desafiou os sábios judeus por gerações. Um exemplo nesse sentido é a solução proposta pelo afamado filósofo judeu Maimônides (1135-1204):

> Você pode se perguntar: uma vez que Deus conhece o futuro, ele sabe se uma pessoa será justa ou má? Se ele sabe que a pessoa será justa, então é impossível que seja má? Se Deus sabe que alguém será justo, é possível, mesmo que ele exerça sua liberdade, ser mau? A resposta à pergunta é "[...] maior que a terra e a sua largura é maior que o mar" (Jó 11.9); isso engloba vários princípios cruciais da fé; todavia, deve-se entender as frases seguintes. Explicamos antes, no segundo capítulo de *Hilchot yesodei hatorah*, que Deus não "sabe" com um conhecimento que esteja fora e afastado de si mesmo como faz o homem, cujo conhecimento está separado dele. Em contrapartida, Deus e seu conhecimento são um. Nós, com nosso intelecto limitado, não podemos compreender de forma completa este conceito, como está fora de nossa compreensão entender nem mesmo uma parte limitada do entendimento do nosso Criador, como está escrito: "Você não poderá ver a minha face, porque ninguém poderá ver-me e continuar vivo" (Êx 33.20). Da mesma forma, o conhecimento de Deus está além da compreensão humana e sobre isso está escrito: "Pois os meus pensamentos não são os pensamentos de vocês, nem os seus caminhos são os meus caminhos" (Is 55.8). Portanto, não entendemos o conhecimento perfeito da criação de Deus; no entanto, sabemos, sem qualquer dúvida, que as ações do homem estão em suas próprias mãos e que Deus não o induz a fazer o bem ou o mal. De fato, não é só uma questão de fé, mas, sim, que entendemos isso por meio de provas filosóficas; portanto, os profetas ensinaram que a pessoa será julgada de acordo com seus feitos. Isso constitui o princípio fundamental sobre o qual se sustentam todas as palavras proferidas pelos profetas (*Mishneh Torah, Hilchot teshuvah* 5,5).[12]

De acordo com Maimônides, portanto, o paradoxo não tinha solução em termos da compreensão humana, mas no âmbito da onisciência divina (por natureza, diferente da sabedoria humana) essas duas verdades adotadas pelos fariseus podiam coexistir sem se anular reciprocamente. Não obstante, a solução de Maimônides foi criticada com dureza por seu contemporâneo, rabino Abraão ben David, que escreveu em seu comentário sobre essa passagem:

---

[11] LEHMANN, **Tratado de los padres**, p. 376-377.
[12] Citado do *website*: <http://www.science-halacha.com/rambam/Rmbmt-shva-Spn.pdf>.

O autor deste estudo não demonstrou aqui ser um verdadeiro sábio, pois o verdadeiro sábio não começa a desenvolver um tema quando não sabe como concluí-lo. Maimônides apresentou problemas cuja solução não pode ser encontrada pelo raciocínio, e logo os transpõe ao terreno do dogma. Opino, portanto, que seria mais sensato de sua parte evitar totalmente o questionamento; assim, pelo menos, teria evitado que a dúvida se insinuasse em corações piedosos.[13]

Seja qual for a solução desse paradoxo filosófico, desde os tempos de Deuteronômio até nossos dias o judaísmo histórico assumiu como verdades fundamentais de sua fé as ideias sobre o livre-arbítrio, a responsabilidade individual e a retribuição pessoal. Segundo a religião de Israel, o destino não está predeterminado por Deus ou pelos astros. O mau não está condenado a ser assim por um destino cego e preestabelecido, mas é assim por decisão própria. Daí o pecador é livre para pecar e para se arrepender (ou fazer *teshuvah*).

---

[13] Apud LEHMANN, **Tratado de los padres**, p. 379.

Epílogo

No início desta obra, convidamos o leitor a fazer uma longa viagem por caminhos tortuosos e desconhecidos para descobrir um novo horizonte do mundo bíblico. E agora que chegamos ao final do percurso, podemos olhar para trás e avaliar com uma justa perspectiva se os objetivos estabelecidos no início foram de fato atingidos.

Nosso estudo detalhado sobre numerosas passagens do Pentateuco expôs um texto bíblico complexo, com não poucas repetições e contradições, onde se combinam fontes literárias de origem e natureza distintas. Essa aparente falta de coerência não ocorreu por causa de inexperiência ou ignorância dos editores antigos em manipular as fontes, mas, sim, por uma estratégia consciente e orientada a fim de transmitir um ensinamento moral por meio desse recurso literário, a saber: não existe a verdade única e absoluta. A "realidade" é um caleidoscópio de reflexos infinitos.

Desse modo, esse espírito crítico inerente aos textos bíblicos está em total acordo com a perspectiva científica adotada no trabalho, por meio da qual se manifestou a dimensão histórica da tradição israelita antiga, recontextualizando crenças, práticas e instituições. Essa aproximação crítica, em alguns casos, pôs em dúvida "verdades sacrossantas" da fé, desqualificando as leituras fundamentalistas como impróprias e anacrônicas. Dessa maneira, a narração bíblica deixou de ser uma história "objetiva" para se converter em um mito polivalente sujeito a leituras diversas. Mas, em outras oportunidades, essa mesma leitura aparentemente subversiva permitiu entender os textos em seus marcos culturais específicos, recuperando diálogos esquecidos e polêmicas perdidas nas brumas do tempo.

No entanto, não só a dimensão histórica dos textos bíblicos foi objeto de estudo. A dimensão atemporal mereceu nossa atenção e nos levou a analisar a capacidade inesgotável da exegese para transformar personagens bíblicas e dotá-las de novos conteúdos. Dessa maneira, foram expostos o dinamismo e a vitalidade da tradição, por meio da qual judeus e cristãos não apenas solucionaram problemas textuais, mas também redefiniram suas identidades religiosas.

Como resultado de nosso estudo, pode-se concluir que a religião israelita histórica era com certeza muito distinta da imagem de "religião bíblica" presente na tradição. A fé israelita não foi uma "essência" definitiva, absoluta e estática, revelada por Deus no monte Sinai, mas, sim, o resultado de ocorrências históricas complexas, repletas de desafios, idas e vindas. Os israelitas na época bíblica e, depois, os judeus em épocas posteriores entenderam de maneiras diversas seu acervo, enriquecendo-o com uma policromia de matizes. A revolução deuteronomista nos ensina como lição que a fidelidade honesta à tradição não implica servilismo. Ao contrário, os antigos e piedosos se viram livres para redefinir sua herança religiosa em função de novas percepções espirituais sobre Deus e o homem. Vem daí a intuição profunda de que o segredo da religião de Israel foi, e continua sendo, sua flexibilidade e capacidade mimética para manter o diálogo constante e criativo com seu entorno, moldando suas formas e conteúdos em função dos desafios de seu tempo.

E uma última reflexão. Espera-se que este estudo crítico-histórico da tradição bíblica tenha despertado no leitor, tanto judeu como cristão, o senso profundo de respeito e tolerância para com o "próximo", livre de preconceitos e estigmas. Em diversas oportunidades ao longo deste trabalho, defendi que as tradições judaicas e cristãs se entrecruzam e se iluminam, demonstrando assim a origem comum das duas heranças religiosas. A publicação deste livro por parte de um judeu em uma editora cristã é a prova mais evidente de que os "irmãos" não devem lutar pela "primogenitura", mas que podem unir esforços com base em suas diferenças. Depois de séculos de ressentimento e perseguições, chegou o momento de recuperar a memória perdida da unidade primordial. Queira Deus que esta obra tenha contribuído de alguma forma para atingir tal objetivo.

Glossário e fontes

Agostinho (de Hipona; 354-430): teólogo e pensador muito influente no cristianismo latino, nascido no norte da África.

Antiguidades bíblicas: livro pseudepigráfico conhecido também com o nome de *Pseudo-Fílon*. Existe só em versão latina, mas provavelmente a obra foi composta originariamente em hebraico, antes de meados do século II d.C. O livro reconta e expande as histórias bíblicas, desde Adão até a morte do rei Saul.

Apocalipse: do grego, "visão". É um gênero literário muito popular na literatura judaica da época do Segundo Templo, caracterizado por apresentar revelações diretas de Deus a personagens ilustres do passado de Israel, interpretadas geralmente por intermédio de um ser celestial. Essas visões descrevem mistérios celestes concernentes a Deus (sua morada, seu trono, seus anjos), aos astros e fenômenos atmosféricos, ou segredos concernentes à história e ao fim dos tempos.

Apocalipse de Abraão: livro pseudepigráfico sobre o patriarca Abraão e suas viagens celestes. O texto existe apenas em manuscritos eslavos, sendo os mais antigos do século XIV, que revelam um original grego.

Apócrifo de Gênesis: obra em aramaico encontrada na caverna 1 junto com outros manuscritos do mar Morto no ano de 1947. Essa composição reconta, com expansões e acréscimos, as histórias de Gênesis. Composto provavelmente no século I a.C.

Bahir: uma obra do misticismo judaico primitivo, composta provavelmente em Provença no século XII.

Bar-Kochba: líder da segunda revolta judaica contra os romanos entre os anos 132 e 135 d.C. Seu nome verdadeiro era Simão ben Kosiba, e seu pseudônimo *Bar-Kochba* (= "filho da estrela") foi transmitido pelas fontes cristãs. Era considerado o messias por alguns círculos e contou com o apoio do renomado sábio rabi Akiva.

Baruque: obra de caráter apocalíptico, cujo personagem central é Baruque, filho de Neriá (o escriba de Jeremias [cf. Jr 36]). Esse livro é conhecido em um único manuscrito escrito da Bíblia em língua siríaca (aramaico cristão), mas se considera que a obra foi escrita originariamente em hebraico, provavelmente entre os anos 70 e 132 d.C.

BÊNÇÃOS PATRIARCAIS: seção de um manuscrito hebraico (*4QPesher de Gênesis*ª) encontrado entre os MANUSCRITOS DO MAR MORTO, conservado em sete fragmentos e datado da segunda metade do século I a.C.

QUARTO LIVRO DOS MACABEUS: livro PSEUDEPIGRÁFICO de caráter sapiencial escrito em grego, provavelmente no século I d.C.

CHASSIDISMO: movimento místico judeu, originado no leste da Europa no século XVIII. Sua fundação é atribuída ao rabino Israel ben Eliezer, conhecido como "Baal Shem Tov".

CUZARI: obra filosófica composta em hebraico pelo médico, poeta e filósofo espanhol rabino Yehudah Halevi (1075-1141), baseada na lendária conversão do rei dos cazares (região próxima ao mar Negro) ao judaísmo como resultado de uma disputa entre teólogos cristãos, muçulmanos e judeus.

DIÁLOGO COM TRIFÃO: obra apologética escrita em grego pelo teólogo cristão Justino Mártir, oriundo de Nablus, na terra de Israel (100-165? d.C.).

DOCUMENTO DE DAMASCO: uma obra sectária em hebraico encontrada entre os MANUSCRITOS DO MAR MORTO em vários manuscritos, em especial na caverna 4. Duas cópias medievais desse texto foram encontradas na GUENIZÁ DO CAIRO. Trata-se de uma antologia de normas sobre diversos temas, tanto do campo religioso como do sexual ou jurídico.

ECLESIÁSTICO: livro APÓCRIFO de caráter sapiencial, escrito pelo sábio hierosolimitano Jesus ben Sira (início do séc. II a.C.). A obra foi composta originariamente em hebraico; logo foi traduzida para o grego (*Septuaginta*) e para outras línguas (latim, siríaco etc.). Fragmentos do livro na versão hebraica originária foram achados entre os manuscritos medievais encontrados na GUENIZÁ DO CAIRO (séc. XIX), entre os MANUSCRITOS DO MAR MORTO e na fortaleza de Massada (deserto da Judeia).

EPÍSTOLAS UNIVERSAIS: sete cartas do Novo Testamento que não foram escritas por PAULO, reunidas em uma só coleção. O nome "universais" se deve ao fato de a maioria delas ser dirigida aos cristãos em geral.

ESSÊNIOS: seita de ascetas judeus que viveram na terra de Israel no final da época greco-romana (séc. II a.C. a I d.C.). Esse movimento se caracterizou por viver em comunidade e seguir estritas regras de pureza ritual. São mencionados nos escritos de FÍLON DE ALEXANDRIA, FLÁVIO JOSEFO e PLÍNIO, O VELHO. A maioria dos pesquisadores os identifica com os sectários de Qumran e a "Comunidade" ou *Yahad* mencionados nos MANUSCRITOS DO MAR MORTO.

FARISEUS: seita judaica existente na terra de Israel na época greco-romana (séc. II a.C. a I d.C.). Esse movimento teve grande apoio popular e era composto majoritariamente por leigos. São mencionados no Novo Testamento, nos textos de FLÁVIO JOSEFO e nas fontes rabínicas. Desse grupo surgiu o movimento rabínico.

FILACTÉRIOS: em hebraico, *tefilin*. É um termo que deriva do grego *phylakterion* ("proteção, amuleto") e se refere a pequenas caixinhas de couro onde são colocados pequenos pergaminhos com citações do Pentateuco, a saber: Êx 13.1-10,11-16; Dt 6.4-9,13-21. Essas caixinhas são amarradas na frente e no braço (geralmente, o esquerdo) do judeu durante a oração matinal.

FÍLON (DE ALEXANDRIA; 20 a.C.? a 40 ou 50 d.C.?): um prolífico filósofo judeu que escreveu em grego obras filosóficas e em especial uma grande série de comentários sobre o PENTATEUCO. Sua exegese alegórica se caracterizava pela descoberta de realidades espirituais ou ideias abstratas por trás de personagens, objetos ou acontecimentos relatados nas Escrituras.

FLÁVIO JOSEFO (37?-100 d.C.?): historiador judeu de origem sacerdotal, nascido em Jerusalém. Serviu como comandante das forças judaicas na Galileia, durante a Grande Revolta (66-73 d.C.) contra os romanos. Logo depois de ser tomado prisioneiro, foi adotado pelo general Vespasiano como seu protegido e passou a viver o resto de sua vida em Roma. Autor das obras *Antiguidades judaicas*, *Guerras dos judeus*, *Contra Apião* e de uma autobiografia (*Vida de Josefo*).

FONTE ELOÍSTA: os especialistas chamam "eloísta" à série de textos no Pentateuco de características comuns (sobretudo quanto a um estilo mais sóbrio e monótono, sua moral mais exigente e uma teologia que se esforça por respeitar a distância que separa o homem de Deus). Essa fonte datada dos séculos IX-VIII a.C., emprega o apelativo *Elohim* para referir-se a Deus; daí seu nome. É geralmente conhecida pela letra E (de *Elohim*).

FONTE SACERDOTAL: série de textos do Pentateuco de características comuns, composta pela elite religiosa e intelectual de Judá. Redigida de modo definitivo ao final do século VI a.C., valendo-se de materiais e tradições muito antigos. Essa fonte é geralmente conhecida pela letra P (do alemão *Priesterschrift*).

FONTE JAVISTA: série de textos no Pentateuco de características comuns, composta por círculos próximos aos dignitários da corte de Judá, provavelmente nos séculos X-IX a.C. Essa fonte emprega o apelativo *yhwh* (Yahweh) para designar Deus; daí a origem desse nome. É conhecida pela letra J (de *Javé*). Seu estilo é vivo e pitoresco, e sua teologia se caracteriza por dissolver a distância entre o homem e Deus.

GÊNESIS RABÁ: uma antologia rabínica de caráter homilético sobre diversos versículos do livro de Gênesis, editado ao final do século IV ou início do século V d.C., na terra de Israel. Faz parte de uma coleção chamada *Midrash Rabba*.

GUENIZÁ DO CAIRO: depósito de manuscritos medievais, textos em hebraico, aramaico e outras línguas, encontrados na sinagoga do antigo Cairo (Fustat) no final do século XIX.

Hodayot, manuscrito de: composição poética escrita em hebraico, encontrada junto com outros manuscritos do mar Morto na caverna 1 (dos manuscritos), no ano de 1947. Outras cópias de fragmentos da mesma obra foram encontradas na caverna 4.

Jubileus, Livro dos: livro pseudepigráfico escrito em hebraico, provavelmente em meados do século II a.C. Diversos manuscritos fragmentados desse livro foram encontrados na língua original entre os manuscritos do mar Morto, mas só no etíope clássico, ou *ge'ez*, foi conservado quase integralmente. Há também uma seção substancial da obra em latim. De caráter exegético, a obra reconta com ampliações e modificações as histórias presentes no livro de Gênesis e a primeira parte do livro de Êxodo. Segundo se supõe, seu autor anônimo pertenceu a círculos sacerdotais anteriores a Qumran. Hoje em dia, o livro é considerado sagrado pela Igreja da Etiópia.

Judite, livro de: livro escrito provavelmente em hebraico no final do século II a.C., mas preservado em grego (Septuaginta) e em outras versões (latim, siríaco, etc.). Essa novela histórica de caráter fictício conta as proezas da piedosa Judite, que salvou a Judeia e o templo de Jerusalém de cair nas mãos dos assírios comandados pelo general Holofernes. Essa obra é considerada apócrifa por judeus e protestantes e deuterocanônica pelos católicos.

Livros Apócrifos: do grego, "coisa oculta". Uma coleção de escritos do final da época pós-bíblica (séc. IV-II a.C.), que foram excluídos da coleção de livros sagrados (posteriormente, o "cânon bíblico") estabelecida na Palestina nos primeiros séculos de nossa era. Essas obras, preservadas em grego na Septuaginta e traduzidas dela para outras línguas, foram reverenciadas e transmitidas pelos cristãos. Entre elas se encontram os livros de Judite e Eclesiástico.

Livro I de Enoque: obra de caráter apocalíptico atribuída ao patriarca antediluviano Enoque. É composta de distintas partes, como "O livro dos vigilantes" (cap. 1—36) ou "O livro dos luminares" (cap. 72—82). Composto em parte ou em sua totalidade originariamente em aramaico. Restos desses textos aramaicos foram encontrados entre os manuscritos do mar Morto, cujas cópias mais antigas datam do século III a.C. Esse livro existe em versão completa só no etíope clássico (*ge'ez*) e é considerado sagrado pela Igreja da Etiópia.

Livro Hebraico de Enoque: essa obra é conhecida também como *3Enoque*, ou "Livro de Hekhalot" ou "Capítulos de Rabi Yismael". É uma obra de caráter místico, composta provavelmente nos séculos V ou VI d.C.

livros pseudepigráficos: do grego, "falsamente atribuídos". Essas obras foram majoritariamente escritas entre os séculos III a.C. a II d.C. Os livros são chamados "pseudepigráficos" por terem sido atribuídos a figuras míticas do antigo Israel, como o caso de Abraão ou Moisés. Esse grupo compreende obras de diversas características literárias: APOCALIPSE (APOCALIPSE DE ABRAÃO), TESTAMENTOS (TESTAMENTOS DOS DOZE PATRIARCAS) e expansões exegéticas das histórias bíblicas (JUBILEUS). Esses livros foram estudados e transmitidos principalmente pelos cristãos.

MACHZOR: livro de orações para as festividades judaicas.

MANUSCRITO DO TEMPLO: dois manuscritos dessa obra escrita em hebraico foram encontrados na caverna 11 de Qumran no ano de 1956. Uma das cópias (11Q19) é o manuscrito mais extenso achado entre todos os manuscritos encontrados na área do mar Morto. Ambos os manuscritos foram copiados entre o final do século I a.C. e início do século I d.C. Mas a obra foi escrita originariamente na época dos macabeus, na segunda metade do século II a.C. Essa composição se caracteriza por apresentar uma interpretação de materiais jurídicos contidos no PENTATEUCO, com particular ênfase em temas referentes ao templo (a estrutura edilícia, os sacrifícios, o calendário litúrgico e as regras sobre a pureza ritual).

MANUSCRITOS DO MAR MORTO: manuscritos judaicos antigos encontrados entre os anos 1947 e 1956, em 11 cavernas da região do mar Morto, próximas às ruínas de Qumran (provável assentamento da seita ESSÊNIA). A grande maioria desses documentos está escrita em couro de animal, e uma minoria em papiros. Uma boa parte está escrita em hebraico, mas há também em aramaico e em grego. Entre eles foram encontrados os manuscritos bíblicos mais antigos do mundo, bem como restos de livros APÓCRIFOS e documentos sectários (como a REGRA DA COMUNIDADE).

MEKILTA: uma coleção rabínica de interpretações do livro de Êxodo, atribuída ao rabino Yishmael, provavelmente editada no século II d.C.

MEZUZÁ: pergaminho escrito com passagens do Pentateuco (Dt 6.4-9,13-21), que, coberto com um envoltório ou uma caixinha de cristal, madeira, metal ou de qualquer outro material, está colocado sobre o marco da porta das casas judaicas em cumprimento da ordenança bíblica: "Escreva-as [ou seja, as palavras do SENHOR] nos batentes das portas de sua casa e em seus portões" (Dt 6.9).

MIDRASH: termo hebraico que significa interpretação ou exegese. O termo é usado hoje em dia para designar especificamente a exegese praticada pelos rabinos e contida em obras como os TALMUDES DA BABILÔNIA e de JERUSALÉM e em várias coleções rabínicas, como o GÊNESIS RABÁ.

MISHNÉ TORÁ: compêndio monumental da lei judaica composto pelo grande filósofo, médico e jurista espanhol rabino Moisés, filho de Maimon (Maimônides) [1135-1204].

MISHNÁ: codificação em hebraico da lei oral judaica, editada pelo rabino Judá, o Príncipe [Yehudah Hanassi], no final do século II d.C.

Mussaf: seção da liturgia judaica que se recita ao final da oração matinal como um apêndice, nas orações do sábado ou *shabat* e das festividades.

Números Rabá: uma composição midráshica medieval sobre o livro bíblico de Números.

Paulo (de Tarso, na atual Turquia; 10?-62 d.C.?): o grande apóstolo da cristandade. Suas epístolas agrupadas no Novo Testamento formam os textos mais antigos da Bíblia cristã.

Pentateuco: os cinco primeiros livros da Bíblia hebraica — Gênesis, Êxodo, Levítico, Números e Deuteronômio —, também conhecidos pela palavra hebraica Torá.

Pesikta de-rav Kahana: uma coleção rabínica de sermões de caráter midráshico designados para as festas judaicas e outras ocasiões especiais, editada no século V d.C. na terra de Israel.

Pesikta rabbati: uma coleção rabínica de sermões de caráter midráshico designados para as festas judaicas e outras ocasiões especiais, editada nos séculos VI-VII d.C.

Plínio, o Velho (23/24—79 d.C.): geógrafo e naturalista romano, autor da obra monumental *História natural*.

Poema de Gilgamesh: poema composto em 12 tábuas de argila, que conta as proezas do rei mítico de Uruk. Essa composição foi encontrada em 1853 entre os milhares de tabuinhas cuneiformes escavadas na biblioteca de Assurbanípal. A versão mais completa é conhecida em língua assíria, mas se conhecem também fragmentos do poema em versões diversas: babilônica, suméria, hurrita-hitita e, inclusive, palestina.

rabi Eliezer (os Capítulos de): midrash escrito em hebraico, que reconta, com expansões e modificações, as histórias do Pentateuco. Essa obra tem materiais antigos, mas foi editada de maneira definitiva depois da conquista da Palestina pelos árabes, no século VIII-IX d.C.

Regra da comunidade: composição escrita em hebraico e encontrada entre os manuscritos do mar Morto na caverna 1 no ano de 1947. Cópias fragmentadas dela foram encontradas em outras cavernas próximas a Qumran. Essa obra sectária é o manual de disciplina da "Comunidade" ou *Yahad (*uma comunidade de essênios?) e é o primeiro antecedente desse gênero literário conhecido no Ocidente antes das regras monásticas do século V d.C.

Regra da guerra: um dos manuscritos do mar Morto, descoberto na caverna 1 no ano de 1947. Essa composição sectária escrita em hebraico descreve um confronto que ocorrerá no final dos tempos entre os "filhos da luz", assistidos pelos exércitos angélicos, e os "filhos das trevas", comandados por Belial ou Satanás. Composta provavelmente no fim do século I a.C.

SABEDORIA, LIVRO DE: livro APÓCRIFO atribuído ao rei Salomão, escrito em grego (Alexandria?), provavelmente ao final do século I a.C. ou início do século I d.C.

SADUCEUS: seita judaica da época greco-romana, cujos membros pertenciam à classe sacerdotal e aos círculos aristocráticos.

SEFER HAYASHAR: compilação midráshica composta em hebraico, que contém expansões das histórias bíblicas. Seu lugar de composição parece ter sido a Itália, provavelmente não antes do século XIII d.C.

SEPTUAGINTA: do grego, "Setenta". Tradução da Bíblia hebraica para o grego, realizada entre os séculos III e I a.C. em Alexandria, Egito.

SIFREI NÚMEROS: comentário rabínico em hebraico sobre o livro de Números, orientado a tratar basicamente questões de caráter legal.

SEGUNDO ISAÍAS: um profeta anônimo que viveu na época exílica e pós-exílica (séc. VI a.C.), cujas palavras se preservaram no livro de Isaías (cap. 40—66).

TALMUDE BABILÔNICO: compêndio legal e de exegese bíblica redigido na Babilônia nos séculos V-VI d.C.

TALMUDE DE JERUSALÉM: compêndio legal e de exegese bíblica compilado na terra de Israel no final do século IV ou início do séc. V d.C.

TARGUM PSEUDO-JÔNATAS: também chamado "Targum Hierosolimitano". É uma tradução anônima para o aramaico dos textos bíblicos com ampliações e paráfrases, baseados em materiais muito antigos. Essa composição tomou sua forma definitiva na época pós-talmúdica (séc. VII-IX).

TERCEIRO LIVRO DOS MACABEUS: obra PSEUDEPIGRÁFICA composta em grego, provavelmente em Alexandria, no final do século I a.C. ou início do seguinte, antes da revolta na Palestina do ano 66 d.C. Apesar do nome, o livro não narra acontecimentos da época dos macabeus, nem os tem como protagonistas, mas, sim, relata a perseguição contra os judeus do Egito realizada por Ptolomeu IV Filopator (221-203 a.C.).

TESTAMENTO DE JÓ: livro PSEUDEPIGRÁFICO atribuído à personagem bíblica Jó. Ao que parece, composto originariamente em grego, no Egito [Alexandria?], entre os séculos I a.C. e II d.C.

TESTAMENTO DE JOSÉ: essa obra faz parte do livro PSEUDEPIGRÁFICO TESTAMENTOS DOS DOZE PATRIARCAS.

TESTAMENTO DE JUDÁ: essa obra faz parte do livro APÓCRIFO TESTAMENTOS DOS DOZE PATRIARCAS.

TESTAMENTOS DOS DOZE PATRIARCAS: livro PSEUDEPIGRÁFICO que contém as últimas palavras pronunciadas pelos 12 filhos de Jacó antes da morte deles. A obra é conhecida em grego e em outras versões, e provavelmente foi escrita em grego por um autor cristão, baseando-se em materiais semíticos antigos (como no caso do Testamento de Levi).

Testamento de Levi: essa obra faz parte do livro pseudepigráfico chamado Testamentos dos doze patriarcas. A versão grega desse livro parece ter sido composta de materiais semíticos, como os encontrados na língua aramaica na guenizá do Cairo e nos manuscritos do mar Morto.

Torá: do hebraico, "ensinamento". Em seu sentido mais específico, esse termo designa o Pentateuco de Moisés.

Zelotes: seita de extremistas judeus que viveram na terra de Israel durante a época romana. É chamada a "quarta filosofia" por Flávio Josefo. Provavelmente, uma derivação do movimento fariseu.

Bibliografia

I. Edições de textos

1. Livros deuterocanônicos/apócrifos

Bíblia de Jerusalém: nova edição, revista e ampliada. São Paulo: Paulus, 2002.

2. Textos pseudepigráficos

CORRIENTE, Federico; PIÑERO, Antonio. Libro de los Jubileos. In: MACHO, A. Díez (Ed.). **Apócrifos del Antiguo Testamento**. Madrid: Cristiandad, 1983. v. II. p. 67-193.

_____. Libro 1 de Henoc. In: MACHO, A. Díez (Ed.). **Apócrifos del Antiguo Testamento**. Madrid: Cristiandad, 1984. v. IV. p. 13-143.

FUENTE ADÁNEZ, A. de la. Antigüedades bíblicas (Pseudo-Filón). In: MACHO, A. Díez (Ed.). **Apócrifos del Antiguo Testamento**. Madrid: Cristiandad, 1983. v. II. p. 198-316.

LÓPEZ SALVÁ, Mercedez. Libro cuarto de los Macabeos. In: MACHO, A. Díez (Ed.). **Apócrifos del Antiguo Testamento**. Madrid: Cristiandad, 1982. v. III. p. 121-166.

NAVARRO, Mª ÁNGELES. Libro Hebreo de Henoc. In: MACHO, A. Díez (Ed.). **Apócrifos del Antiguo Testamento**. Madrid: Cristiandad, 1984. v. IV. p. 205-291.

PIÑERO, A. Testamentos de los doce patriarcas. In: MACHO, A. Díez (Ed.). **Apócrifos del Antiguo Testamento**. Madrid: Cristiandad, 1987. v. V. p. 11-158.

_____. Testamento de Job. In: MACHO, A. Díez (Ed.). **Apócrifos del Antiguo Testamento**. Madrid: Cristiandad, 1987. v. V. p. 161-213.

3. Flávio Josefo

Obras completas de Flavio Josefo. Trad. e notas de L. Farré. Buenos Aires: Acervo Cultural, 1961. v. I-V.

4. Fílon de Alexandria

Obras completas de Filón de Alejandría. Trad., introdução e notas de J. M. Triviño. Buenos Aires: Acervo Cultural, 1975-1976. v. I-V.

5. Manuscritos do deserto da Judeia

Textos de Qumrán. Ed. e trad. de F. García Martínez. Madrid: Trotta, 1993.

6. Fontes rabínicas e medievais

YEHUDA HA-LEVI. **Cuzary**. Ed. J. Imirizaldu. Madrid: Editora Nacional, 1979.

La Misna. Ed. Carlos del Valle. Madrid: Editora Nacional, 1981.

Majzor para Rosh Hashaná y Iom Kipur. Trad. M. Edery. Notas, meditações e supervisão geral de M. T. Meyer. Buenos Aires: Consejo Mundial de Sinagogas/ Seminario Rabínico Latinoamericano, 1967.

Los capítulos de Rabbí Eliezer. Trad., introdução e notas de M. Pérez Fernández. Valencia: Institución San Jerónimo, 1984.

7. Textos do antigo Oriente e Grécia

HERÓDOTO. **Los nueve libros de la Historia**. Trad. e notas de P. Bartolomé Pou. Notas de prólogo de E. M. Aguilera. Barcelona: Iberia, 1976. v. I-II. [**Histórias**. São Paulo: Prestígio, 2002.]

HOMERO. **La Ilíada**. Estudo preliminar de J. P. Bonet. Trad. L. S. Estalella. Barcelona: Bruguera, 1978. [**Ilíada**. São Paulo: Penguim Books, 2013.]

Mitos y leyendas de Canaán. Según la tradición de Ugarit. Textos, versão e estudo por G. del Olmo Lete. Madrid: Cristiandad, 1981.

Poema babilónico de la Creación. Enuma Elis. Ed. F. L. Peinado e M. G. Cordero. Madrid: Editora Nacional, 1981.

Poema de Gilgamesh. Ed. F. Lara. Madrid: Editora Nacional, ²1983. [**A epopeia de Gilgamesh**. São Paulo: Martins Fontes, 2011.]

8. Fontes islâmicas

El Corán. Ed. J. Cortes. Madrid: Editora Nacional, 1979. [**Alcorão**. Rio de Janeiro: O. Pierre, 1980.]

9. Fontes do cristianismo

MARTIR, J. Diálogo con Trifón. In: **Padres apologetas griegos**. Trad. e notas de D. Ruiz Bueno. Madrid: Biblioteca de Autores Cristianos, 1979.

Obras de San Agustín. Trad. e notas de S. Santamaría del Río e M. Fuertes Lanero. Madrid: Biblioteca de Autores Cristianos, 1978. v. XVII.

II. Obras e artigos consultados

ADAR, Zvi. **El relato bíblico**. Trad. E. Guilon. Jerusalém: Organización Sionista Mundial, 1959.

ALBANI, M. Horoscopes. In: SCHIFFMAN, L. H.; VANDERKAM, J. C. (Ed.). **Encyclopedia of the Dead Sea Scrolls**. Oxford: Oxford University Press, 2000. v. 1. p. 370-373.

ÁLVAREZ, C.; SEN, F. **Eva**. Madrid: Edimat, 2005.

ANTELO, J.; MANTEIGA, J. L. Gigantes en el descubrimiento de América. Testimonios de los primeros europeos en el continente americano. Disponível em: <http://www.geocities.ws/jhantelo/gea1.htm>.

ARANDA PÉREZ, G.; MARTÍNEZ GARCÍA, F.; PÉREZ FERNÁNDEZ, M. **Literatura judía intertestamentaria**. Estella [Navarra]: Verbo Divino, 1996. [**Literatura judaica intertestamentária**. São Paulo: Ave-Maria, 2000.]

ARMSTRONG, K. **La gran transformación**. Trad. A. Herrera. Barcelona: Paidós, 2007. [**A grande transformação**: o mundo na época de Buda, Sócrates, Confúcio e Jeremias. São Paulo: Companhia das Letras, 2008.]

_____. **La historia de la Biblia**. Trad. M. Vaquero. Barcelona: Debate, 2008. [**A Bíblia**: uma biografia. Rio de Janeiro: J. Zahar, 2007.]

ASSMANN, J. **La distinción mosaica o el precio del monoteísmo**. Trad. G. González Diéguez. Madrid: Akal, 2006.

AUERBACH, Erich. **Mimesis**. La representación de la realidad en la literatura occidental. Trad. J. Villanueva e E. Imaz. México: Fondo de Cultura Económica, 1982. [**Mimesis, a representação da realidade na literatura ocidental**. São Paulo: Ed. Perspectiva Univers. de São Paulo, 1971.]

AVNER, Uzi. Sacred Stones in the Desert. **Biblical Archaeological Review** 27/3 (2001) 31-41.

BAR, D. **Santificando la tierra**. Los lugares santos judíos en el Estado de Israel 1948-1968. Jerusalém: Yad Itzhak Ben-Zvi/Ben-Gurion University, 2007 [em hebraico].

BERNAL, F. Balaam, el profeta enigmático. Disponível em: <http://webcache.googleusercontent.com/search?q=cache:J41n749HP0QJ:protestantedigital.com/

magacin/8404/Balaam_el_profeta_enigmatico+&cd=1&hl=pt-BR&ct=clnk&gl=br>. Acesso em: 7 jul. 2015.

BOCCACCINI, Gabriele. **Roots of Rabbinic Judaism**. Grand Rapids, MI: W. B. Eerdmans, 2000.

BOTTÉRO, Jean. **La religión más antigua**: Mesopotamia. Trad. M. Tabuyo e A. López. Madrid: Trotta, 2001.

BRIEND, J. José. In: LEMAIRE, A. [Ed.]. **El mundo de la Biblia**. Trad. J. M. Parra Ortiz. Madrid: Complutense, 2000. p. 340-344.

_____. La travesía del Jordán en la gesta de Israel. In: LEMAIRE, A. [Ed.]. **El mundo de la Biblia**. Trad. J. M. Parra Ortiz. Madrid: Complutense, 2000. p. 382-384.

BUBER, M. **Cuentos jasídicos.** Los maestros continuadores. Trad. S. Merener. Buenos Aires: Paidós, 1978. v. I-II.

CASSUTTO, M. D. Decálogo. **Encyclopaedia Biblica**. Jerusalém: Mosad Bialik, 1965. v. 2. cols. 590-596.

COATS, G. Joseph, son of Jacob. In: FREEDMAN, D. N. [Ed.]. **Anchor Bible Dictionary**. New York et al.: Doubleday, 1992. v. 3. p. 976-981.

COLLINS, R. F. Ten Commandments. In: FREEDMAN, D. N. [Ed.]. **Anchor Bible Dictionary**. New York et al.: Doubleday, 1992. v. 6. p. 383-387.

CROATTO, J. Severino. La sexualidad de la Divinidad. Reflexiones sobre el lenguaje acerca de Dios. Disponível em: <www.claiweb.org/ribla/ribla38/la%20sexualidad%20de%20la%20divinidad.html>. Acesso em: 14 jul. 2015.

_____. La diosa Asherá en el antiguo Israel: el aporte epigráfico de la arqueologia. Disponível em: <www.claiweb.org/ribla/ribla38/la%20diosa%20ashera.html>. Acesso em: 14 jul. 2015.

CURTIS, E. M. Idol, Idolatry. In: FREEDMAN, D. N. [Ed.]. **Anchor Bible Dictionary**. New York et al.: Doubleday, 1992. v. 3. p. 376-381.

DAY, J. Asherah. In: FREEDMAN, D. N. [Ed.]. **Anchor Bible Dictionary**. New York et al.: Doubleday, 1992. v. 1. p. 483-486.

_____. Dragon and Sea, God's Conflict with. In: FREEDMAN, D. N. [Ed.]. **Anchor Bible Dictionary**. New York et al.: Doubleday, 1992. v. 2. p. 228-231.

DELCOR, M. **Mito y tradición en la literatura apocalíptica**. Madrid: Cristiandad, 1977.

ELIADE, M. **Lo sagrado y lo profano**. Trad. L. Gil. Madrid: Guadarrama, 1973. [**O sagrado e o profano**: a essência das religiões. São Paulo: Martins Fontes, 2010.]

_____. **De los primitivos al Zen**: dioses, diosas y mitos de la creación. Trad. D. Rocco de Vignolo e E. J. Míguez. Buenos Aires: Megalópolis, 1977. v. 1.

_____. **Historia de las creencias y de las ideas religiosas**. Trad. J. Valiente Malla. Madrid: Cristiandad, 1978. v. I. [**História das crenças e das ideias religiosas**: da idade da pedra aos mistérios de Elêusis. Rio de Janeiro: Zahar, 2010. v. I.]

EVANS, C. A. Abraham in the Dead Sea Scrolls: A Man of Faith and Failure. In: FLINT, P. W. [Ed.]. **The Bible at Qumran**. Text, Shape, and Interpretation. Grand Rapids MI/Cambridge: W. B. Eerdmans, 2001. p. 149-158.

FELDMAN, L. H. Abraham the Greek Philosopher in Josephus. **Transactions and Proceedings of the American Philological Association** 99 (1968), p. 143-156.

FINKELSTEIN, I.; SILBERMAN, N. **La Biblia desenterrada**. Trad. J. L. Gilaristu. Madrid: Siglo XXI de España, 2003.

FRAADE, S. Ascetical Aspects of Ancient Judaism. In: GREEN, A. [Ed.]. **Jewish Spirituality I.** From the Bible through the Middle Ages. New York: Crossroad, 1986. p. 253-288.

FRETZ, M. J.; PANITZ, R. I. Caleb. In: FREEDMAN, D. N. [Ed.]. **Anchor Bible Dictionary**. New York et al.: Doubleday, 1992. v. 1. p. 808-810.

FREUD, S. **Moisés y el monoteísmo**. Trad. R. Rey Ardid. Buenos Aires: Proyectos Editoriales, 1988. [**Moisés e o monoteísmo**. Rio de Janeiro: Imago, 1997.]

FREUND, R. A. **Digging Through the Bible**. Understanding Biblical People, Places and Controversies Through Archaeology. Lanham et al.: Rowman and Littlefield, 2009.

FRIEDMAN, R. **¿Quién escribió la Biblia?** Trad. J. M. Apfelbäume. Barcelona: Martínez Roca, 1988.

_____. **La desaparición de Dios**. Or Yehuda: Dvir, Kinneret Zmora-Bitan, 2004 [em hebraico]. [**O desaparecimento de Deus**: um mistério divino. Rio de Janeiro: Imago, 1997.]

GALIL, G. **El mundo de la Biblia**: el libro de Éxodo. 5. imp. Tel-Aviv, 2000.

GALPAZ-FELLER, P. **Éxodo**: realidad o ilusión. Tel-Aviv: Schocken, 2002 [em hebraico].

GARCÍA MARTÍNEZ, F. Los manuscritos del mar Muerto y el mesianismo cristiano. In: PIÑERO, A.; FERNÁNDEZ-GALIANO, D. [Ed.]. **Los manuscritos del mar Muerto**. Balance de hallazgos y de cuarenta años de estúdios. Córdoba: El Almendro, 1994. p. 189-206.

GASTER, Th.D. **Mito, leyenda y costumbre en el libro de Génesis**. Estudio interpolado de textos de James J. Frazer. Trad. D. Sánchez-Bustamante. Barcelona: Barral Editores, 1971.

Gonçalves, J. La reforma de Ezequías. In: Lemaire, A. [Ed.]. **El mundo de la Biblia**. Trad. J. M. Parra Ortiz. Madrid: Complutense, 2000. p. 458-464.

Graves, R.; Patai, R. **Los mitos hebreos**. Trad. L. Echávarri. Buenos Aires: Losada, 1969.

Haran, M. Nazir. **Encyclopaedia Biblica**. Jerusalém: Mosad Bialik, 1968. v. V. cols. 795-799 [em hebraico].

Hoffman, Y. **La doctrina del Éxodo en la Biblia**. Tel-Aviv: Tel-Aviv University, 1983 [em hebraico].

Hughes, P. E. Moses' Birth Story: A Biblical Matrix for Prophetic Messianism. In: Evans, C. A.; Flint, P. W. [Ed.]. **Eschatology, Messianism, and the Dead Sea Scrolls**. Grand Rapids, MI/Cambridge: W. B. Eerdmans, 1997. p. 10-22.

Jacob, Ed. **Teología del Antiguo Testamento**. Trad. D. Vidal. Madrid: Marova, 1969.

Jofré, G. Éxodo, ¿Historicidad o leyenda?. Disponível em: <http://www.egiptologia.com>.

Karabatea, M. **La mitología griega**. Trad. S. Vásquez Alvear. Atenas: Adam, s.d.

Kaufmann, I. **La época bíblica**. Trad. Z. Szankay. Buenos Aires: Paidós, 1964.

Kee, H. C. et al. **The Cambridge Companion to the Bible**. Cambridge: Cambridge University Press, 1997.

Keel, O. **La iconografía del Antiguo Oriente y el Antiguo Testamento**. Trad. A. Piquer. Madrid: Trotta, 2007.

Keller, W. **Y la Biblia tenía razón**. Trad. J. M. Caballero Cuesta. Barcelona: Omega, ^{9}1961. [**E a Bíblia tinha razão**. São Paulo: Círculo do Livro, 1989.]

Kirsh, J. **Dios contra los dioses**. Historia de la guerra entre monoteísmo y politeísmo. Trad. G. Dols. Barcelona: Ediciones B, 2006.

Knohl, I. **El código genético de la Biblia**. Or Yehuda: Dvir, Kinneret, Zmora-Bitan, 2008 [em hebraico].

Kugel, J. **The Bible as It Was**. Cambridge, MA/London: The Belknap Press of Harvard University Press, ^{4}2000.

Laenen, J. H. **La mística judía**. Una introducción. Trad. X. Pikaza. Madrid: Trotta, 2006.

Leeuw, G. van der. **Fenomenología de la religión**. Trad. E. de la Peña. México: Fondo de Cultura Económica, 1975.

Lehmann, M. (Ed.). **Pirke Avot**. Bogotá: Presencia, ^{2}1993.

Leibovitz, N. **Reflexiones sobre la Parasha**. Trad. M. Krasnikier, Sh. Rosenberg e M. Halevi. Jerusalém: Organización Sionista Mundial, 1969.

LEMAIRE, A. Los hebreos en Egipto. In: IDEM (Ed.). **El mundo de la Biblia**. Madrid: Complutense, 2000. p. 345-348.

LÉVI-STRAUSS, C. **Mitológicas I**: Lo crudo y lo cocido. Trad. J. Almela. México: Fondo de Cultura Económica, 1968. [**O cru e o cozido**. São Paulo: CosacNaify, 2010.]

LIEBES, Y. El amor de Dios y sus celos. **Dimui 7** (1994) 30-36 [em hebraico].

MARGALIT, B. Los hechos de Balaam ben Beor del valle de Sucot. **Al Ha-Perek** 15 (1998) 3-10 [em hebraico].

MARGUERON, J. C. Ugarit, el encuentro entre Oriente y el Mediterráneo. In: LEMAIRE, A. [Ed.]. **El mundo de la Biblia**. Trad. J. M. Parra Ortiz. Madrid: Complutense, 2000. p. 205-229.

MAYS, J. L. [Ed.]. **Harper's Bible Commentary.** San Francisco: Harper & Row, 1988.

MAZAR, L. El ascenso y el ocaso del libro de Josué en la educación official. In: **Studies in Jewish Education**. Jerusalém: The Hebrew University Magness Press, 2003. v. IX. p. 11-46 [em hebraico].

MILGROM, J.; AVISHUR, Y. (Ed.). **El mundo de la Biblia**: el libro de Números. Tel-Aviv, ^{4}1997 [em hebraico].

MISHORY, A. **Miren y vean**. Iconos sionistas y símbolos visuales en la cultura israelí. Tel-Aviv: Am Oved, 2000 [em hebraico].

MOORE CROSS, F. El contexto histórico de los manuscritos. In: SHANKS, H. [Ed.]. **Los manuscritos del mar Muerto**. Trad. R. A. Díez Aragón e M. del Carmen Blanco Moreno. Barcelona et al.: Paidós, 1998. p. 63-76.

NELSON, R. D. Josiah in the Book of Joshua. **Journal of Biblical Literature** 100 (1981) 531-540.

OTTO, R. **Lo Santo**: lo racional y lo irracional en la idea de Dios. Trad. F. Vela. Madrid: Alianza, 1980.

PAGOLA, J. A. **Jesús**. Aproximación histórica. Madrid: PPC, 2008. [**Jesus**: aproximação histórica. Petrópolis, RJ: Vozes, 2013.]

PÉREZ FERNÁNDEZ, M. Los libros sagrados del judaísmo: Biblia, Targum, Misnah y Talmudes. In: PIÑERO, A.; PELÁEZ, J. [Ed.]. **Los libros sagrados en las grandes religiones**. Córdoba: El Almendro, 2007. p. 73-93.

PIKAZA, X. Ashera, diosa condenada. ¿Antifeminismo en la Biblia? Disponível em: <http://blogs.periodistadigital.com/xpikaza.php/2006/08/22/p41654>.

PREISWERK, R.; PERROT, D. **Etnocentrismo e historia**. México: Nueva Imagen, 1979.

Rad, G. von. **Teología del Antiguo Testamento**. Salamanca: Sígueme,1975. v. I-II. [**Teologia do Antigo Testamento**. São Paulo, SP: Aste, 2006.]

_____. **Estudios sobre el Antiguo Testamento**. Salamanca: Sígueme, 1976.

Ramsey, G. W. Joshua. In: Freedman, D. N. [Ed.]. **Anchor Bible Dictionary**. New York et al.: Doubleday, 1992. v. 3. p. 999-1000.

Renaud, B. Moisés y el monoteísmo. In: Lemaire, A. [Ed.]. **El mundo de la Biblia**. Trad. J. M. Parra Ortiz. Madrid: Complutense, 2000. p. 378-381.

Reanaud, B.; Léon-Dufour, X. Celo. In: Léon-Dufour, X. [Ed.]. **Vocabulario de teología bíblica**. Barcelona: Herder, 1980. p. 156-158. [**Vocabulário de teologia bíblica**. 10. ed. Petrópolis, RJ: Vozes, 2009.]

Río, M. **Estudio sobre la libertad humana**. Anthropos y Anagke. Buenos Aires: G. Kraft, 1955.

Ríos-Zarzosa, S. de los. Fundamentalismo judío y libros sagrados. In: Piñero, A.; Peláez, J. [Ed.]. **Los libros sagrados en las grandes religiones**. Córdoba: El Almendro, 2007. p. 123-134.

Rofe, A. **Introducción a la composición del Pentateuco**. Jerusalém, 1994 [em hebraico].

Roitman, A. **Sectarios de Qumrán**. Vida cotidiana de los esenios. Barcelona: Martínez Roca, 2000.

_____. El judaísmo: una civilización libro-céntrica. **Boletín del Instituto de Investigaciones bibliográficas**, nueva época, VII/1-2 (2002) 11-31.

_____. The Traditions about Abraham's Early Life in the Book of Judith (5,6-9). In: Chazon, E. G.; Satran, D.; Clements, R. A. [Ed.]. **Things Revealed; Studies in Early Jewish and Christian Literature in Honor of Michael E. Stone**. Leiden: Brill, 2004. p. 73-87.

Rylaarsdam, J. C. Nazir. **The Interpreter's Dictionary of the Bible**. New York-Nashville: Abingdon Press, 1961. v. 3. p. 526-527.

Sacchi, P. **Historia del judaísmo en la época del Segundo Templo**. Trad. C. Castillo Mattasoglio e A. Sánchez Rojas. Madrid: Trotta, 2004.

Schmidt, F. Astrología y predestinación en Qumrán. **Qadmoniot** 114/2 (1997) 115-118 [em hebraico].

Sered, S. Rachel, Mary, and Fatima. **Cultural Anthropology 6** (1991) 131-146.

Shavit, Y.; Eran, M. **La guerra de las tablas**. La defensa de la Biblia en el siglo XIX y la controversia Babel-Bibel. Tel-Aviv: Am Oved, 2003 [em hebraico].

SHILO, M. Self-sacrifice, National-Historical Identity and Self-denial: the experience of Jewish immigrant women in Jerusalem, 1840-1914. **Women's History Review** 11/2 (2002) 201-229.

SHINAN, A.; ZACOVITCH, Y. **No está así escrito en la Biblia**. Tel-Aviv: Yedioth Aharonot, 2004 [em hebraico].

SIMON, U. El Abraham bíblico — la bendición de las contradicciones. **Abraham, el padre de los creyentes**. Su imagen a la luz de la interpretación a lo largo de los siglos. Jerusalém: Universidad de Bar-Ilán, 2002. p. 41-46 [em hebraico].

SKA, J.-L. Moisés, la génesis del texto de Éxodo. In: LEMAIRE, A. [Ed.]. **El mundo de la Biblia**. Madrid: Complutense, 2000. p. 368-377.

_____. **Los enigmas del pasado**. Trad. M. Montes. Estella [Navarra]: Verbo Divino, 2003.

_____. **Abrahán y sus huéspedes**. El patriarca y los creyentes en el Dios único. Trad. P. Barrado e Mª Pilar Salas. Estella [Navarra]: Verbo Divino, 2004.

SPINOZA, Baruch. Tratado teológico-político. In: WEINBERG, G. [Ed.]. **Obras completas de Spinoza**. Buenos Aires: Acervo Cultural, 1977. v. II.

STEGEMANN, H. **Los esenios, Qumrán, Juan Bautista y Jesús**. Trad. R. Godoy. Madrid: Trotta, 1996.

STONE, M. Three Transformations in Judaism: Scripture, History and Redemption. **Numen** 32 (1985) 218-235.

TREBOLLÉ BARRERA, J. **Imagen y palabra de un silencio**. Madrid: Trotta, 2008.

VAUX, R. de. **Historia antigua de Israel**. Trad. A. Domínguez. Madrid: Cristiandad, 1975. v. I-II.

_____. **Instituciones del Antiguo Testamento**. Barcelona: Herder, 1992.

VEGAS MONTANER, L. La figura de Abraham en el Midras Génesis Rabbah. **Cuadernos 'Ilu** 3 (2000) 127-146. Disponível em: <http://revistas.ucm.es/index.php/ILUR/article/viewFile/ILUR00002201A/26629>.

VIDAL MANZANARES, C. **Cuentos del Antiguo Egipto**. Barcelona: Martínez Roca, 1998.

WEINFELD, M. La tendencia universalista y la tendencia sectaria en la época del retorno. **Tarbiz** 33 (1964) 228-242 [em hebraico].

_____. Israelite Religion. In: SELTZER, R. M. [Ed.]. **Religions of Antiquity**. New York e London: Macmillan/Collier Macmillan, 1989. p. 96-121.

_____. Deuteronomy, Book of. In: FREEDMAN, D. N. [Ed.]. **Anchor Bible Dictionary**. New York et al.: Doubleday, 1992. v. 2. p. 168-183.

_____. **El mundo de la Biblia**: el libro del Deuteronomio. Tel-Aviv: 1999 [em hebraico].

_____. **El mundo de la Biblia**: el libro del Génesis. Tel-Aviv: 2000 [em hebraico].

WIESEL, Elie. **Mensajeros de Dios**. Retratos y leyendas bíblicos. Trad. F. Mateo. Buenos Aires: Seminario Rabínico Latinoamericano, 1981.

ZAKOVITCH, Y. **El concepto de milagro en la Biblia**. Tel-Aviv: Ministerio de Defensa, 1987 [em hebraico].

_____. The Exodus from Ur of the Chaldeans — A Chapter in Literary Archaeology. **Ki Baruch Hu** — Ancient Near Eastern, Biblical and Judaic Studies in Honor of B. A. Levine. Winona Lake, 1999. p. 429-439.

ZERUBAVEL, Y. **Recovered Roots**: Collective Memory and the Making of Israeli National Tradition. Chicago: University of Chicago Press, 1997.

Índice de ilustrações

Figura 1: pág. 35
Tapete no qual está representada a tumba de Raquel à luz da lua.
Escola de Bezalel, Jerusalém, 1920-1931.
Lã e algodão: 72,5 x 101 cm.
Inscrição sob a imagem: "Ouve-se uma voz em Ramá, pranto e amargo choro; é Raquel, que chora por seus filhos [...]" (Jr 31.15).
Museu de Israel (Jerusalém).
Fotografia: © Museu de Israel (Jerusalém) — Avshalom Avital.

Figura 2: pág. 71
Balaão e a jumenta (*c.* 1620).
Pieter Lastman, 1583-1633.
Óleo sobre tábua: 41,3 x 60,3 cm.
Doação de Lila e Herman Shickman (Nova York) aos Amigos Americanos do Museu de Israel.
Museu de Israel (Jerusalém).
Fotografia: © Museu de Israel (Jerusalém) — David Harris.

Figura 3: pág. 92
O sacrifício de Isaque (*c.* 1660).
Gabriel Metsu (1629-1667).
Óleo sobre lona: 61 x 47 cm.
Doação de Emile E. Wolf (Nova York), através da Fundação Cultural América-
-Israel.
Museu de Israel (Jerusalém).
Fotografia: © Museu de Israel (Jerusalém) — David Harris.

Figura 4: pág. 119
Estatueta de um touro.
Região de Samaria, século XII a.C.
17,5 x 12,4 cm.
Oficina Arqueológica da Administração Civil da Judeia e Samaria.
Museu de Israel (Jerusalém).
Fotografia: © Museu de Israel (Jerusalém).

Figura 5: pág. 160
Pentateuco de Ratisbona.
Alemanha, *c.* 1300.
Pergaminho: 24,5 x 18,5 cm.
Moisés recebendo as Tábuas da Lei no monte Sinai e levando-as até o povo.
Museu de Israel (Jerusalém).
Fotografia: © Museu de Israel (Jerusalém) — David Harris.

Figura 6: pág. 179
Estatuetas da deusa Astarte.
Judá, Idade de Ferro, séculos VIII-VI a.C.
Cerâmica: 12,5 — 17 cm (altura).
Autoridade Arqueológica de Israel.
Empréstimo de longo prazo, família Reigenberg (Jerusalém).
Fotografia: © Museu de Israel (Jerusalém) — Nahum Slapak.

Figura 7: pág. 215
Fragmento do manuscrito do Templo (11Q19).
Qumran, séculos I a.C. a I d.C.
O Santuário do Livro (Museu de Israel [Jerusalém]).
Fotografia: © Museu de Israel (Jerusalém) — Ardon Bar Hama.

Esta obra foi composta em *Adobe Caslon Pro*
e impressa por Imprensa da Fé sobre papel
Offset 70 g/m² para Editora Vida.